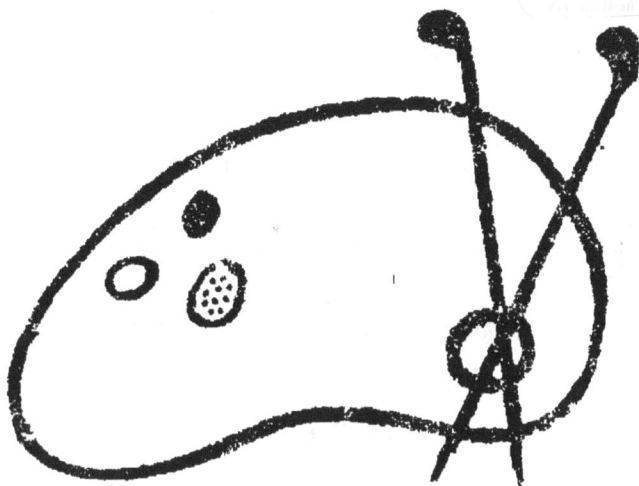

Original en coulsrr

NF Z 43-120-8

CAMPAGNE DE 1870-1871

OPÉRATIONS
DE LA Iʳᵉ ARMÉE

SOUS LE COMMANDEMENT DU GÉNÉRAL VON MANTEUFFEL

DEPUIS

LA CAPITULATION DE METZ

JUSQU'A LA PRISE DE PÉRONNE

D'après les documents officiels du quartier général
de la Iʳᵉ armée

PAR

HERMANN COMTE WARTENSLEBEN

COLONEL D'ÉTAT-MAJOR

TRADUIT DE L'ALLEMAND

PAR

G. NIOX

CAPITAINE D'ÉTAT-MAJOR

Avec une Carte

PARIS

LIBRAIRIE MILITAIRE DE J. DUMAINE

LIBRAIRE-ÉDITEUR

Rue et passage Dauphine, 30

1873

OPÉRATIONS

DE LA Iʳᵉ ARMÉE

Paris.—Imprimerie de J. DUYAINE, rue Christine, 2.

OPÉRATIONS
DE LA Iʳᵉ ARMÉE

SOUS LE COMMANDEMENT DU GÉNÉRAL VON MANTEUFFEL

DEPUIS

LA CAPITULATION DE METZ

JUSQU'A LA PRISE DE PÉRONNE

**D'après les documents officiels du quartier général
de la Iʳᵉ armée**

PAR

HERMANN COMTE WARTENSLEBEN

COLONEL D'ÉTAT-MAJOR

TRADUIT DE L'ALLEMAND

PAR

G. NIOX

CAPITAINE D'ÉTAT-MAJOR

Avec une Carte

PARIS
LIBRAIRIE MILITAIRE DE J. DUMAINE
LIBRAIRE-ÉDITEUR
Rue et passage Dauphine, 30

1873

AVANT-PROPOS

Bien qu'au début des hostilités, les diverses fractions des armées françaises aient été très-disséminées, ce qui caractérise particulièrement la première période de la grande guerre franco-allemande, c'est-à-dire la campagne contre l'armée *impériale*, ce sont les efforts de chacun des belligérants en vue d'amener leurs forces respectives à agir autant que possible d'ensemble. Les actions décisives, se précipitant pour la plupart avec rapidité, se résolvent alors dans quelques grandes batailles de l'importance et de la corrélation desquelles il est possible, même à distance, de se rendre clairement compte.

Il n'en est plus ainsi dans la période suivante, celle de la guerre contre *la République*. On voit alors les armées engagées de part et d'autre dans des opérations séparées plus ou moins indépendantes.

La durée inattendue de la résistance de Paris, la surprenante facilité avec laquelle le pays ennemi met sur pied de nouvelles forces, nous obligent à éloigner de plus en plus de nos frontières le cercle de nos opérations.

Le grand quartier général à Versailles forme toujours, il est vrai, comme un lien qui les rattache au but d'ensemble, mais souvent, de l'extérieur, il peut être difficile d'en reconnaître l'action. Aussi le tableau de cette seconde période de la grande guerre peut-il paraître assez confus, surtout à ceux qui se trouvaient éloignés des événements.

Le but général que l'on se proposait et la mission spéciale donnée à chaque armée déterminent la direction principale de ses opérations. Les ordres ou instructions du commandement supérieur et, lorsqu'ils laissent quelque latitude, les rapports des troupes, les renseignements divers, les circonstances du moment, servent de bases aux mesures ultérieures. Il appartient alors, non-seulement au général en chef, mais encore, dans une certaine mesure, à tout commandant

de troupe d'avoir à prendre, le cas échéant,
l'initiative d'une décision. L'ensemble de ces éléments constitue la situation militaire de chaque
moment, situation souvent variable et parfois
assez confuse. Il faut la connaître d'une manière au moins générale, pour être à même
de formuler un jugement ou d'émettre sur ces
événements une critique instructive.

Pour toutes ces raisons, il ne paraît pas sans
intérêt de publier de bonne heure des histoires
spéciales de chaque campagne.

Nous donnons ici un aperçu de la campagne
de la Ire armée, depuis la capitulation de Metz
jusqu'à la prise de Péronne. L'exposé en est fait
d'après les documents du quartier général de
cette armée; parfois aussi, nous avons retracé ce
que nous avons personnellement vu. Bien loin
d'avoir voulu donner quelque chose de complet,
nous désirons simplement présenter, dans le sens
que nous venons d'indiquer, des matériaux qui,
nous l'espérons, ne seront pas mal accueillis,
et nous désirons aussi rappeler au souvenir de
tous ceux qui ont fait avec nous la campagne
de la Ire armée cette époque si riche en événements. Puisse chacun de nos compagnons
d'armes, dont nous ne citons pas les noms,

retrouver ici la part qu'il a personnellement prise au succès commun !

Quant à la manière dont nous avons compris et traité notre sujet, que l'on veuille bien se reporter à l'avant-propos des « *Opérations de l'armée du Sud* ».

Berlin, mai 1872.

AVANT-PROPOS DU TRADUCTEUR

Nous nous sommes efforcé de rendre, aussi fidèlement que possible, la pensée de l'auteur allemand, et peut-être avons-nous sacrifié parfois l'élégance littéraire à la sincérité de la traduction.

Il eut été possible, sans doute, de relever quelques inexactitudes de détail; nous avons cru devoir nous en abstenir, laissant au lecteur le soin de comparer ce récit avec les publications françaises déjà parues. On ne saurait oublier que c'est un officier allemand qui raconte les succès des armes allemandes; toutefois, on appréciera la convenance et l'esprit élevé avec lesquels a été écrite cette relation historique, que nous signalons à l'attention de nos camarades.

INTRODUCTION.

Situation de la Ire armée avant son départ des bords de la Moselle.

Après la bataille de Gravelotte, la Ire armée forma une partie de l'armée d'investissement de Metz, sous les ordres du prince Frédéric-Charles. Elle était alors ainsi constituée :

Commandant en chef · général d'infanterie von STEINMETZ :
Chef d'etat-major : général-major von SPERLING ,
   Ier corps d'armée : général de cavalerie baron von MANTEUFFEL ;
   VIIe corps d'armee · général d'infanterie von ZASTROW ;
   VIIIe corps d'armée : général d'infanterie von GOEBEN ;
     3e division de reserve : général lieutenant von KUMMER ;
     1re division de cavalerie : général lieutenant von HARTMANN ,
     3e division de cavalerie : général lieut. comte von der GROEBEN :
Inspection générale des etapes : général lieutenant von MALOTKI.

Au milieu du mois de septembre, le général Steinmetz fut nommé au gouvernement général de Posen. Les trois corps d'armée et les divisions indépendantes relevèrent alors directement, au point de vue tactique, du commandement en chef de l'armée d'investissement; l'organisation particulière de la Ire armée fut du reste maintenue, en ce qui concernait l'administration et les autres affaires. Depuis le 10 septembre, son chef d'état-major avait été détaché au commandement de la 29e brigade ;

1

il tomba malade à la suite des fatigues du service des avant-postes et ne put rejoindre l'armée qu'à Rouen, dans les premiers jours de décembre; il fut remplacé pendant son absence par le colonel Wartensleben, chef du quartier général.

Pendant l'investissement, les cantonnements et les lignes de défense affectés à la Ire armée, furent fréquemment modifiés, soit par suite de la nécessité de renforcer tel ou tel point de l'investissement, soit en raison du chiffre variable des troupes disponibles. Outre la Ire armée, il y avait autour de Metz les IIe, IIIe, IXe et X^e corps, appartenant à la IIe armée, et de plus, au commencement du blocus, une partie des troupes d'étapes de la Ire armée et pendant quelque temps le XIIIe corps (duc de Mecklembourg). Il n'entre pas dans le cadre de cet historique de retracer les faits particuliers qui les concernent, ni de donner le détail de leurs positions de défense autour de Metz. Pendant la première période de l'investissement, le Ier corps, la division Kummer, la 3e division de cavalerie et une petite partie du VIIe corps se trouvaient seuls sur la rive droite, le reste des troupes était sur la rive gauche de la Moselle.

Nous nous bornons à indiquer ci-après les emplacements généraux occupés, depuis le 1er octobre jusqu'à la capitulation, de manière à permettre l'intelligence des ordres donnés pour les mouvements ultérieurs. La Ire armée était alors répartie de la manière suivante :

Le VIIe corps, avec la 3e division de cavalerie,

entre la Seille et le chemin de fer de Sarrebrück.
Quartier général à Cherisey. Ligne de défense :
Pouilly — Mercy-le-Haut.

Le VIIe corps, s'étendant à la droite du précédent
jusqu'à la route de Sarrebrück. Quartier général à
Puche. Ligne de défense : Ars-Laquenexy —
Montoy.

Le Ier corps, avec la moitié de la 1re division de
cavalerie, des deux côtés de la route de Sarrelouis.
Quartier général à Sainte-Barbe. Ligne de défense :
Noisseville — Failly. La seconde moitié de la division de cavalerie était devant Thionville, avec le
général commandant la division.

La 3e division de réserve (Kummer), alors attachée au Xe corps, se trouvait sur la rive gauche
de la Moselle, au nord de Metz. Quartier général à
Mézières. Ligne de défense : Amelange — Fèves.

A la IIe armée, le Xe corps occupait l'intervalle
entre le Ier corps et la division Kummer. A la
droite de celle-ci, sur la rive gauche, étaient le
IIIe corps, puis le IXe corps, qui s'étendait jusqu'à
la Moselle en amont de Metz. Le IIe corps occupait
le terrain compris entre la Moselle et la Seille.

Le quartier général du prince Frédéric-Charles
était, depuis le 7 septembre, à Corny, au sud de
Metz, et l'état-major de la Ire armée non loin de
là, à Jouy-aux-Arches. Les inspections générales
d'étapes de la Ire et de la IIe armée étaient dans
les environs d'Herny et de Courcelles, sur le che-
min de fer de Sarrebrück, par lequel arrivaient les
approvisionnements; à chacune d'elles était affec-

tée une station *terminus* particulière : Herny, pour
la Iʳᵉ armée; Courcelles, pour la IIᵉ armée. Les
lignes d'étape des corps d'investissement, entre
Metz et la frontière, avaient peu d'étendue, et
comme il fallait au contraire garder les communications entre Metz et les armées qui s'étaient portées en avant, les troupes d'étapes des deux premières armées furent successivement détachées
dans ce but ; déjà, au mois d'octobre, la plus grande
partie de celles de la Iʳᵉ armée se trouvait devant
Verdun, au corps du général Gayl.

Dans la deuxième quinzaine d'octobre, des signes
de plus en plus certains annonçant le prochain dénoûment de la situation devant Metz, le commandement supérieur de Versailles prescrivit,
à la date du 23, une nouvelle formation pour la
Iʳᵉ et la IIᵉ armée, et détermina la mission ultérieure qu'elles auraient à remplir. Ces instructions
arrivèrent au quartier général de l'armée d'investissement à Corny, le 27 octobre; elles contenaient
quelques indications relatives à la capitulation
prochainement attendue, et prescrivaient particulièrement de former les troupes prisonnières en
deux groupes principaux, qui seraient dirigés
vers l'Allemagne, partie par Sarrelouis et le chemin de fer de Call à Cologne, partie par Courcelles
et le chemin de fer de Sarrebrück. Il était dit ensuite :

« Au sujet de l'emploi ultérieur des forces actuellement devant Metz, S. M. le Roi ordonne ce
qui suit :

« La Ire armée (Ier, VIIe et VIIIe corps, 3e division de réserve) sera chargée d'occuper Metz, d'assiéger Thionville et Montmédy, et préalablement de garder les prisonniers de guerre et de les mettre en route sous l'escorte des troupes de landwehr. Comme il n'y aura pendant quelque temps aucune autre troupe disponible en Allemagne pour la surveillance des prisonniers, on ne devra pas compter sur un prompt retour des troupes d'escorte. L'envoi à l'armée de nouveaux bataillons de landwehr sera suspendu. Le reste de la Ire armée, c'est-à-dire deux corps d'armée au moins, se dirigera sur la ligne Saint-Quentin — Compiègne et les têtes de colonne commenceront le mouvement aussitôt après la capitulation.

« La IIe armée (IIe, IIIe, IXe, X^e corps et 1re division de cavalerie) se portera aussi rapidement que possible sur le cours moyen de la Loire, en prenant la direction générale de Troyes. Les deux armées marcheront sur un front étendu, afin de rendre plus facile la subsistance des troupes et d'accélérer le mouvement.

« *Signé* : MOLTKE. »

Cependant les négociations avec le maréchal Bazaine étaient déjà si avancées, que la capitulation était imminente. A la réception des instructions du commandement supérieur, le commandant en chef de l'investissement ordonna les mesures préparatoires suivantes :

Le prince Frédéric-Charles désigna, pour rester

à Metz et assiéger les places, le VIIe corps et la 3e division de réserve sous les ordres du général Zastrow; cet officier général devait avoir en outre tout particulièrement, la haute direction de toutes les dispositions relatives au transport des prisonniers et régler les détails de la situation, tant à Metz que devant Thionville. Le général Kummer fut nommé commandant provisoire de la place de Metz; mais bientôt après, en échange du commandement de sa division, qui était dissoute, il reçut celui de la 15e division.

La 1re division de cavalerie, qui passait de la 1re à la IIe armée, devait se rendre, le 29 novembre, dans les environs de Briey; le général Strantz prit provisoirement le commandement des troupes devant Thionville. Le 28 octobre, le VIIIe corps envoya pour renforcer le corps de siége de Verdun : le régiment d'infanterie n° 60, le bataillon de chasseurs n° 8 et une compagnie de pionniers. Le 30 octobre, ces troupes arrivèrent dans les environs de cette place et passèrent sous les ordres du général Gayl, dont le quartier général était à Charny. Le 28 octobre, la 3e division de cavalerie se porta au nord de Fresnes.

Le 27 octobre au soir, la capitulation fut signée au château de Frescati. Le prince Frédéric-Charles adressa aux troupes l'ordre du jour suivant :

« Soldats de la 1re et de la IIe armée!

« Vous avez livré des batailles et vous avez tenu votre ennemi vaincu enfermé dans Metz pendant

70 jours, 70 longs jours, dont la plupart ont enrichi vos régiments de gloire et d'honneur, et dont aucun ne les a appauvris! Vous n'avez laissé à votre vaillant adversaire aucune issue jusqu'à ce qu'il déposât les armes.

« Ce jour est arrivé.

« Aujourd'hui enfin, cette armée, forte encore de 173,000 hommes, la meilleure de la France, comprenant plus de cinq corps d'armée, parmi lesquels la garde impériale, a capitulé avec trois maréchaux de France, plus de 50 généraux, plus de 6,000 officiers, et avec elle Metz, qui jamais n'avait été pris.

« Avec ce boulevard, que nous rendons à l'Allemagne, un immense approvisionnement de canons, d'armes et de matériel de guerre tombe entre nos mains victorieuses.

« Ces lauriers sanglants, vous les avez cueillis par votre bravoure aux deux journées de Noisseville et dans les divers combats livrés autour de Metz, plus nombreux que les localités, dont vous leur avez donné les noms.

« Je rends volontiers et avec reconnaissance hommage à votre valeur, mais non pas à votre valeur seule. J'estime peut-être plus haut encore votre discipline et votre constance, la sérénité et le dévouement avec lesquels vous avez supporté les fatigues de toutes sortes. C'est à cela que l'on reconnaît les bons soldats.

« Le grand et mémorable succès de ce jour a été préparé par les batailles que nous avons livrées

avant d'investir Metz, et. — rappelons leur souvenir avec gratitude, — par le Roi lui-même, par
les corps qui l'ont suivi dans sa marche en avant,
et par tous ceux de nos camarades qui sont morts
sur le champ de bataille ou ont succombé à leurs
blessures. C'est ainsi qu'est devenue possible cette
œuvre considérable, que vous voyez terminée aujourd'hui avec l'aide de Dieu, c'est-à-dire la ruine
de la puissance de la France. La portée de cet événement est incalculable.

« Soldats, qui à cette fin aviez été réunis sous
mes ordres devant Metz, vous allez prochainement
recevoir diverses destinations.

« Je dis donc adieu aux généraux, officiers et
soldats de la 1ʳᵉ armée et de la division Kummer,
et leur adresse mes souhaits pour leurs succès
futurs. »

Le 29 octobre à midi, conformément à la con-
vention de Frescati, l'armée ennemie sortit de ses
camps autour de Metz, tandis que de notre côté
nous occupions simultanément les forts Saint-Ju-
lien, Queuleu, Saint-Privat, Saint-Quentin, Plappeville et la ville elle-même.

Les troupes françaises se présentèrent désar-
mées ; elles avaient préalablement déposé leurs
armes et leurs drapeaux. Le défilé eut lieu par corps
dans six directions et sur six points différents.
Les corps de l'investissement se tenaient prêts à
recevoir les prisonniers, qui furent conduits dans
six grands campements préparés d'avance. Ainsi le

6° corps (Canrobert) sortit par Ladonchamps et fut
reçu par le X° corps ; le 4° corps (de Ladmirault)
fut reçu à Amanvillers par le III° corps ; la garde
(anciennement Bourbaki) et la réserve d'artillerie
de l'armée, à Tourne-Bride, par le II° corps ; le
2° corps (Frossard), par le VIII° corps à Thiébault ;
la garnison, composée pour la plus grande partie
de gardes mobiles, par le VII° corps à Grigny ; le
3° corps (Lebœuf), par le I° corps à Bellecroix. —
C'était une sombre journée d'octobre, froide et
humide. Depuis midi, la pluie tombait avec vio-
lence, à de fréquents intervalles ; amis et ennemis
étaient sérieux. Le sentiment qui gonflait les cœurs
des vainqueurs en présence de cet immense résultat
obtenu après de longs jours de pénible attente, ne
pouvait cependant y étouffer l'émotion sympathi-
que qu'inspirait la vue de ces courageux adversaires, aujourd'hui vaincus, et auxquels était échu
le sort incertain d'une triste captivité. Nous croyons
que tous ceux qui, comme nous, furent présents à
ce moment solennel, partagèrent plus ou moins
cette impression. Le prince Frédéric-Charles, avec
les états-majors des deux armées, assistait à la reddition des prisonniers près de Tourne-Bride. Le
général commandant le II° corps recevait les situa-
tions des troupes ennemies, dont le défilé continua
jusqu'à la nuit. Il se fit avec dignité et dans le plus
grand silence ; par égard pour nos adversaires, aucune musique ne jouait. Les officiers français devaient momentanément rentrer à Metz ; ils y retour-

nèrent, tandis que les soldats étaient conduits dans les camps destinés aux prisonniers. Il y eut entre les chefs et les soldats d'émouvantes scènes d'adieux, dont le souvenir restera gravé dans la mémoire de ceux qui en furent témoins.

La capitulation de Metz arrivait à un moment où il était fort à souhaiter que la Ire et la IIe armée reprissent la liberté de leurs mouvements pour protéger l'armée d'investissement de Paris contre les forces ennemies, nouvellement organisées. Celles-ci n'avaient point encore pris l'offensive, mais d'après tous les renseignements et tous les indices, on devait prochainement s'y attendre, particulièrement du côté de la Loire, peut-être aussi vers l'ouest; jusqu'alors les formations dans le nord étaient moins visibles, mais plusieurs fois cependant les détachements de l'armée de la Meuse envoyés dans les directions de Rouen, d'Amiens ou de Saint-Quentin, avaient rencontré des résistances assez fortes, pour n'avoir pu en triompher. L'armée d'investissement pouvait donc se trouver bientôt dans la nécessité de faire face de deux côtés à la fois, contre des forces numériquement supérieures. C'est pour cette raison que les instructions du 23 octobre avaient recommandé, aux Ire et IIe armées, de se porter en avant le plus rapidement possible. Cependant elles allaient être obligées de différer leur mouvement de plusieurs jours, car les effectifs du VIIe corps et de la 3e division de réserve, fort réduits par les combats et les maladies,

ne pouvaient suffire à la fois à l'occupation de Metz,
à la surveillance et à l'escorte des prisonniers,
dont le nombre dépassait toutes les prévisions. Un
calcul sommaire permettra de s'en rendre rapidement compte :

Régulièrement, il faut 10 fantassins et 1 cavalier pour escorter 100 prisonniers. Etant donné ce
chiffre, que l'on doit tripler pour le relèvement des
gardes, on trouve que pour garder 173,000 prisonniers, il est nécessaire d'avoir en nombre rond
55,000 hommes ; c'était à peu de chose près l'effectif de la Ire armée tout entière, y compris les
troupes de landwehr.

Le commandant de l'armée d'investissement
avait indiqué les mesures générales à prendre à
l'égard des prisonniers :

Les prisonniers seront répartis dans six grands
camps, ainsi que cela a été fait le 29. Les deux
camps de l'est (Ars-Laquenexy, VIIe corps, et
Sainte-Barbe, Ier corps) seront les points de départ
des deux grands courants que les instructions
supérieures ont prescrit de diriger sur Sarrebrück
et sur Sarrelouis, le premier passant par Courcelles
et prenant la voie ferrée, le second par Boulay
et marchant par étapes. A partir du 30 octobre, il
partira dans chaque direction un échelon de
10,000 hommes. Les camps de l'ouest évacueront
chaque jour un échelon de même force sur les
camps du centre, et ceux-ci sur les camps de
l'est, de sorte que les camps de l'ouest seront
les premiers évacués et ceux de l'est les derniers.

La Ire armée pourvoira à la subsistance des prisonniers, la IIe armée à celle de la population de Metz.

Nous savons que la IIe armée occupait les positions d'investissement de l'ouest, de sorte que
ce furent ses camps de prisonniers qui furent les
premiers évacués. De plus, on reconnut bientôt
que la ville était encore pourvue de provisions suffisantes, les troupes françaises seules en avaient
manqué ; la IIe armée se trouva donc à cet égard
également libre de toute entrave. Dès le 2 novembre,
elle put se mettre en mouvement pour sa nouvelle
destination sur la Loire, ce qui répondait à la fois
aux instructions de Versailles et aux nécessités de
la situation militaire générale ; c'était, en effet, de
ce côté que l'armée d'investissement de Paris se
trouvait alors plus particulièrement menacée ;
mais, par contre, le soin de tout régulariser à
Metz allait incomber maintenant à la Ire armée
seule et l'y retenir plusieurs jours encore.

On avait dû affecter toute une division du VIIe
corps à l'occupation de la ville et des forts ; le
maintien de l'ordre rendait cette mesure d'autant plus nécessaire qu'il se trouvait à Metz environ
20,000 convalescents, dont une partie encombrait
les rues, sans compter 6,000 officiers avec leurs
ordonnances. En outre, des irrégularités qui sur-
vinrent pendant les premiers jours dans le transport
par chemin de fer des prisonniers, arrêtèrent l'é-
coulement du courant du sud, et les camps de l'ouest
continuant leur évacuation ainsi qu'il avait été
prescrit, il arriva forcément que ceux de l'est se rem-

plirent outre mesure. Il fallut fractionner les camps du départ, ce qui nécessita un surcroît de surveillance.

Au commencement de novembre, au moment du départ de la IIe armée, les diverses fractions de la Ire armée étaient employées :

Une division du VIIe corps à Metz et dans les forts;

Les bataillons de landwehr de l'ancienne division Kummer et une partie des troupes d'étapes à l'escorte des prisonniers dans la direction du nord, par Boulay et Sarrelouis;

La brigade Blankensée (régiments n°s 19 et 81) à l'escorte sur la ligne du sud, par Sarrebrück.

Conformément aux ordres supérieurs, des détachements avaient été, comme on l'a vu, dirigés sur Verdun; d'autres, comme on le verra plus loin, avaient reçu d'autres destinations.

Ce qui restait (c'est-à-dire 3 brigades du VIIIe corps et une division des Ier et VIIe corps) était chargé de la surveillance des camps de prisonniers et de l'occupation des premières étapes dans la direction des deux courants d'évacuation.

L'intendance et l'inspection générale des étapes employaient toutes leurs forces à satisfaire à la lourde tâche qui leur était échue. Outre la consommation journalière, triplée par la subsistance des prisonniers, il leur fallait assurer encore les approvisionnements et les vivres de réserve nécessaires pour la prochaine marche en avant.

Nous avons retracé brièvement les conditions

dans lesquelles s'effectuait le transport des prisonniers, conformément aux instructions du commandant de l'armée d'investissement. Comme conséquence, les troupes d'opérations de la Ire armée ne pouvaient se mettre en mouvement que lorsque l'évacuation des camps du centre serait terminée et celle des camps de l'est assez avancée, pour que les troupes destinées à rester à Metz pussent suffire à leur surveillance.

Nous allons maintenant remonter quelques jours en arrière, pour reprendre le fil de notre récit.

Par un ordre de cabinet du 27 octobre, le commandement de la Ire armée, reconstituée d'une manière indépendante, fut donné au général Manteuffel, le plus ancien de ses commandants de corps d'armée. Dans ce qui précède, on a vu quelle était la situation au moment où il prit son commandement à Jouy-aux-Arches, le 30 octobre. Il faut remarquer, en outre, qu'en raison des destinations fort diverses affectées aux troupes du Ier corps, le général Manteuffel (1) (pendant la première période d'opérations) continua à régler directement les

---

(1) Nous ajouterons que le 6 septembre, quelques jours après sa victoire de Noisseville, le général Manteuffel se cassa le pied dans une chute de cheval, pendant toute la campagne d'automne et d'hiver, cette fracture nécessita un bandage journalier. Le général était obligé de s'appuyer sur une canne pour ménager son pied malade, et il ne pouvait monter seul à cheval. Cependant, bien qu'âgé de 62 ans, il fit presque toujours à cheval les marches souvent fort longues et fort pénibles de cette campagne.

affaires de son ancien commandement de corps
d'armée.

Depuis quelque temps, des bandes de francs-tireurs avaient signalé leur présence dans l'Argonne
par la surprise de quelques postes isolés. Le gouverneur général de Reims en avait rendu compte
à Versailles. Le 29 octobre, le général de Moltke
en prévint par le télégraphe le commandant de la
1re armée, en lui faisant connaître combien il était
à souhaiter que nos troupes parussent bientôt dans
cette région. Le régiment n° 33 et deux batteries
du VIIIe corps avaient été en conséquence dirigés
sur Fresnes, où ils devaient rallier la 3e division de
cavalerie. Le général Grœben, commandant cette
division, reçut l'ordre de s'avancer avec ces renforts jusqu'à Clermont, Sainte-Menehould et Varennes et de purger l'Argonne. Il devait ensuite
attendre l'armée pour continuer sa marche avec
elle (1).

Le 31 au soir, un nouveau télégramme de Versailles, arrivé à Jouy-aux-Arches, prescrivit de faire
partir rapidement une division du Ier corps « pour
qu'elle fût à portée de soutenir, le cas échéant, le
détachement en observation devant Mézières. »
Nous avons vu qu'à cette époque, toutes les
troupes de la 1re armée étaient absorbées par le
transport et la garde des prisonniers et qu'elles y
suffisaient à peine. Il ne fut possible d'exécuter

(1) Le IXe corps de la IIe armée fut également chargé d'expéditionner
dans l'Argonne.

cet ordre que parce que le prince Frédéric-Charles
mit à la disposition de la Ire armée la brigade
Diringshofen du Xe corps, qui fut chargée pendant
quelques jours du service de surveillance au camp
de Sainte-Barbe. Cette brigade ne put revenir à
Corny que le 5 novembre seulement, pour suivre
la IIe armée, dont le mouvement avait, comme on
le sait, commencé depuis le 2 du mois.

La 1re division (Bentheim), ainsi devenue disponible, se porta le 2 novembre à Woippy, sur la
rive gauche de la Moselle, afin de se mettre en
marche le lendemain par Briey, Stenay, le Chêne
et Rethel, où elle devait arriver le 12, à moins que
sa présence n'eût été réclamée du côté de Mézières.
Il lui fut recommandé de marcher sur un large
front, de manière à pouvoir se suffire autant que
possible avec les ressources des cantonnements.
Elle ne devait toucher à la réserve de trois jours
de vivres, qu'elle emmenait sur des voitures, qu'en
cas de nécessité absolue. Les réquisitions étaient
interdites, il était au contraire recommandé d'a-
cheter les vivres.

Ces prescriptions résultaient des instructions
supérieures relatives à la marche des troupes dans
les parties du territoire régies par une administration allemande.

Le télégramme du général de Moltke, du 31 octobre, faisait connaître, en outre, que la Ire armée
serait chargée de la continuation du siége de Verdun. Mais cette place ayant capitulé le 8 novembre,
nous ne dirons rien des mesures que le comman-

dant en chef prit à cet égard, et qui n'eurent plus
de raison d'être.

A côté des soins que continuaient à réclamer la
surveillance et la mise en route régulière des convois de prisonniers et la reconstitution des approvisionnements de vivres, le prompt départ de la
Iʳᵉ armée restait l'objet principal des préoccupa-
tions du commandant en chef. C'est dans ce but
qu'un ordre d'armée du 3 novembre prescrivit
que les fractions des Iᵉʳ et VIIIᵉ corps se porteraient dans la vallée de la Moselle, au fur et à mesure qu'elles seraient dégagées du service de surveillance des prisonniers (1). Le terrain au nord
de la ligne Plappeville—Metz fut affecté au Iᵉʳ corps;
celui au sud de la ligne Saint-Quentin—Metz fut
réservé au VIIIᵉ. La ville elle-même était, comme
on le sait, occupée par le VIIᵉ corps.

Un télégramme du grand quartier général du
5 novembre ordonna de détacher encore une brigade dont le transport par les voies ferrées commencerait le 9 novembre, et qui serait dirigée sur
Soissons, pour entreprendre ensuite le siége de
la Fère; les pièces de gros calibre, l'artillerie de
siége et le génie étaient déjà réunis à Soissons.
Comme la Fère se trouvait dans la direction que
devait suivre le Iᵉʳ corps, le général Manteuffel

(1) Par suite de la situation des camps, les troupes du VIIIᵉ corps
étaient à même de faire plus rapidement ce mouvement, que celles du
Iᵉʳ corps, dont quelques fractions furent retenues jusqu'au 6 novembre,
au camp de départ de Sainte-Barbe et à la première étape dans la direction de Boulay.

désigna pour cette expédition la 4ᵉ brigade d'infanterie (Zglinitzki), avec un escadron et une batterie du 1ᵉʳ corps. Un officier d'état-major et un fonctionnaire de l'intendance furent adjoints à ce détachement, ainsi qu'une demi-colonne d'approvisionnements, de manière à lui constituer une réserve d'environ huit jours de vivres. Il se rendit à Pont-à-Mousson pour y prendre le chemin de fer ; nous le retrouverons plus tard devant la Fère.

Cependant, sous la direction spéciale du général Zastrow, l'évacuation des prisonniers s'effectuait maintenant avec plus de régularité qu'il n'avait été possible de l'obtenir dans les premiers jours. Le général Herwarth von Bittenfeld, gouverneur de Coblentz, y contribua en activant le remplacement des troupes de ligne chargées de l'escorte et leur renvoi à l'armée. Grâce à ces efforts, grâce aussi au service extraordinaire fourni par les troupes employées à l'escorte et à la surveillance des prisonniers, la situation de Metz se trouvait maintenant dans un état normal. Le 4 novembre, le général Manteuffel put prévenir le grand quartier général à Versailles qu'il commencerait son mouvement le 7, avec la partie des troupes destinées aux opérations. C'étaient, sans compter les détachements déjà portés en avant, trois brigades du VIIIᵉ corps, une brigade du 1ᵉʳ et l'artillerie des deux corps d'armée. Le 6 novembre, les dispositions suivantes, relatives à l'emploi des autres fractions de l'armée et à la mission qui leur était réservée, furent communiquées au général Zastrow :

«Au moment de partir avec les Ier et VIIIe corps, je laisse à Votre Excellence les instructions suivantes, au sujet de la mission qu'elle aura à remplir après le retour des troupes employées au transport des prisonniers.

« Elle devra :

« § 1er. — Régler la situation à Metz, assurer la sécurité du territoire environnant et du pays en arrière, en s'entendant pour ce dernier objet avec l'inspection générale des étapes et les autorités civiles instituées par les gouvernements généraux.

« § 2. — Former les détachements qui n'appartiennent pas au VIIe corps en un corps de réserve, et lui faire rejoindre l'armée aussitôt que possible.

« § 3. — S'emparer de Thionville et de Montmédy.

« (Développement du § 1.) — Le gouverneur de Metz est sous les ordres du général Zastrow (1). Ses rapports avec lui seront ceux d'un gouverneur de place forte vis-à-vis d'un général commandant de corps. Tout ce qui concerne spécialement la ville de Metz doit donc, en général, rentrer dans les attributions du gouverneur. Le général Zastrow conserve néanmoins la haute direction des affaires ; c'est lui qui détermine la force de la garnison et celle des détachements qu'il y aura lieu d'envoyer en colonnes volantes pour assurer la sécurité des envi-

_____

(1) Le général Lœwenfeld venait d'être nommé a ce poste.

rons et du pays en arrière. Le général Zastrow doit
s'entendre. à cet égard, avec l'inspecteur général
des étapes. Il appartient à ce dernier d'assurer la
sécurité des routes d'étapes proprement dites ; à cet
effet, les troupes d'étapes employées au transport des prisonniers seront mises de nouveau à
sa disposition, aussitôt ce service terminé. Le
détachement de troupes d'étapes, fort de 4 bataillons, 3 escadrons et une batterie, envoyé au
corps du général Gayl. ayant été fait en vertu
d'ordres supérieurs, il n'est pas encore possible de
savoir si ces troupes pourront être rendues à
l'inspecteur général des étapes, ni de prévoir à
quelle époque (1).

« (Développement du § 2.) — Le corps de réserve, qui sera placé sous les ordres du général
Schuler von Senden, se composera de la brigade
Blankensée (régiments d'infanterie nᵒˢ 19 et 81),
de 3 batteries de réserve de l'ancienne division
Kummer, du 3ᵉ régiment de hussards de réserve
et du 1ᵉʳ régiment de dragons de réserve de
la brigade du général Strantz ; cet officier général prendra le commandement de ces deux derniers régiments. Ces diverses fractions de troupe
doivent se concentrer, aussitôt que possible, de
Thionville et de Metz sur Briey, et se mettre immédiatement en marche par Rethel, sur la route
suivie par le Iᵉʳ corps, afin de rejoindre l'armée

___

(1) Les instructions de Versailles du 31 octobre, relatives à un autre
emploi des troupes d'étapes, n'étaient pas encore parvenues.

dans le plus bref délai. Les services de l'ancienne
division Kummer passeront à ce corps de réserve.
Il devra autant que possible vivre sur le pays; cependant l'inspecteur général des étapes devra lui
constituer un parc de voitures suffisant; le général
Schuler s'entendra avec lui à cet égard. Outre les
troupes du VII° corps et les batteries et compagnies de forteresse du capitaine Schulze (1), il
restera donc encore à la disposition du général
Zastrow deux bataillons du régiment n° 72, deux
régiments de réserve de cavalerie et trois batteries
de l'ancienne division Kummer.

« (Développement du § 3.)—Le général Zastrow
fixera l'époque à laquelle devront commencer les
attaques devant Thionville et Montmédy; il lui ap-
partiendra également de décider si ces deux sièges
se feront simultanément, ou s'il ne serait pas préférable de commencer par celui de Thionville et d'assiéger ensuite Montmédy, en se bornant pour le
moment à faire investir légèrement cette dernière
place. Il faudra en outre surveiller Longwy et ne
pas perdre cette ville de vue. Le général Zastrow
aura à prendre ces diverses résolutions en raison
des effectifs dont il disposera; mais il sera sans doute
d'accord avec moi pour penser que, s'il est de la
plus grande importance de se rendre maître de
Thionville le plus tôt possible, on y arrivera avec
beaucoup plus de certitude, si l'on ne commence

---

(1) C'étaient 50 pièces de 12 livres qui avaient été réparties sur la
ligne d'investissement, et quelques pièces de 24 livres arrivées plus tard.

les attaques qu'avec les moyens nécessaires pour en assurer le succès. »

Signé : MANTEUFFEL.

L'appendice n° 1 donne l'ordre de bataille de la 1ʳᵉ armée à la date du 7 novembre.

Nous allons maintenant poursuivre le récit des opérations de la Iᵗᵉ armée, en les divisant en quatre périodes principales, et prenant pour base de chacune de ces phases d'opérations les instructions données par le commandement supérieur des armées allemandes.

PREMIÈRE PÉRIODE

MARCHE EN AVANT DE LA Iʳᵉ ARMÉE DE LA MOSELLE
JUSQU'A L'OISE.

(Du 7 au 23 novembre.)

CHAPITRE PREMIER.

De Metz à Reims.

(Du 7 au 15 novembre.)

La marche sur l'Oise est la conséquence des instructions du commandement en chef, datées du
23 octobre, déjà plusieurs fois citées et d'après
lesquelles, aussitôt après la capitulation de Metz,
la Iʳᵉ armée devait se porter, avec deux corps
d'armée au moins, sur la ligne Saint-Quentin —
Compiègne. Nous avons vu que le grand nombre
des prisonniers, dont le chiffre était beaucoup
plus élevé qu'on ne s'y attendait, avait empêché
son départ immédiat. Pour ce motif et pour les
autres raisons exposées dans l'Introduction, on
n'avait pu exécuter à la lettre les ordres reçus de
Versailles. Le commandant en chef de la Iʳᵉ armée
était, du reste, d'accord avec ses généraux commandants de corps, pour considérer, comme son
devoir le plus important, de hâter autant que possible le départ des troupes destinées aux opéra-

tions et de porter leur effectif à son maximum.
Quant aux siéges, qui étaient ou devaient être
entrepris par la Ire armée, on devait les regarder
seulement comme des opérations accessoires qui
viendraient en seconde ligne. On s'abstint donc
provisoirement d'assiéger Thionville, afin de con-
sacrer toutes les troupes du VIIe corps à l'occupation de Metz et à l'escorte des prisonniers, et
rendre ainsi plus promptement disponibles les
troupes des Ier et VIIIe corps.

C'est dans la même intention qu'avaient été
prescrites la formation et la prompte mise en route
du corps de réserve du général Schuler von Senden, et, en troisième lieu, qu'avait été laissé, au
général Zastrow, le soin de fixer l'époque à laquelle
seraient commencés les siéges. (Voir les instructions citées plus haut.) Cette même pensée diri-
geante se trouve exprimée dans l'ordre d'armée du
5 novembre, relatif à la marche en avant :

« Je sais que, depuis la capitulation de Metz, le
service des troupes a été encore plus pénible peut-
être que pendant l'investissement, et j'aurais voulu
leur accorder quelques jours d'un repos bien mé-
rité ; mais Sa Majesté attache une grande importance à ce que l'armée se mette en marche le plus
rapidement possible. Son mouvement en avant
commencera donc le 7 de ce mois, conformément
au tableau ci-joint ; afin de faciliter une bonne
installation des troupes dans les cantonnements,
on marchera sur un front aussi étendu que peuvent
le permettre les mesures de précaution comman-

dées par la possibilité d'une attaque de la part de
corps francs. Pendant la marche, on fera dans
toutes les localités des perquisitions pour recher-
cher les armes et les confisquer (1).

« En effet, bien que la plus grande partie du
pays à traverser soit déjà parcourue par des troupes
prussiennes et que certains points soient occupés
d'une manière permanente, des tentatives sont cependant faites, dans l'Argonne par exemple, pour
organiser une guerre de partisans. Il faudra donc
veiller d'une manière particulière à la sécurité des
cantonnements, des voitures, etc. Aucun officier
détaché ne doit oublier que nous sommes en présence de l'ennemi. Je ferai remarquer que des
coups de main ont été plusieurs fois tentés, et ont
parfois réussi contre des compagnies ou escadrons
isolés, qui se croyaient en sûreté parce qu'ils marchaient ou étaient cantonnés sur des routes d'é-
tapes Si, malgré nos mesures de précaution, les
populations viennent à nuire à nos troupes, soit
en favorisant les francs-tireurs, soit de toute autre
manière, les officiers commandants exerceront

_____

(1) Plus tard un télégramme de Versailles, qui parvint le 8 novembre,
ordonna de détruire toutes les armes qui seraient trouvées et de traiter
selon les lois de la guerre les habitants chez lesquels on en découvrait
après l'ordre donné d'en faire la remise. Pour ménager les sentiments des
habitants, les armes ne devaient pas être détruites en leur présence.
Cette mesure eut d'ailleurs, comme nous le verrons plus tard, le résultat
désiré. On trouva dans les villages ou dans les bois un assez grand
nombre d'armes, et depuis lors, le pays compris entre la Marne et le
chemin de fer des Ardennes fut pacifié et suffisamment sûr.

aussitôt les représailles les plus sévères et rendront responsables les maires et les communes (1).

« Le commandant en chef marchera avec l'avant-garde ; un bataillon sera toujours affecté à la garde de son quartier général. Pour la marche, il lui sera donné un escadron d'escorte, dont les cantonnements seront établis dans son voisinage.

« La cavalerie des Ier et VIIIe corps battra le pays entre les deux lignes suivies par ces corps d'armée et les reliera ensemble. Plus tard, lorsque la 3e division de cavalerie sera de nouveau en relation directe avec l'armée, elle sera chargée de ce soin. »

(Suivent des prescriptions relatives à la réception des ordres et aux subsistances.)

Signé : MANTEUFFEL.

Le tableau de marche annexé à cet ordre indiquait, pour le Ier corps, la direction déjà suivie par la 1re division. par Briey, Damvillers, Vouziers, Rethel, et ensuite par Laon sur Saint-Quentin ; le VIIIe corps devait passer par Fresnes, Étain, puis en contournant Verdun, par Clermont, Suippe, Reims, Soissons, pour arriver à Compiègne. La 3e division de cavalerie, après avoir été rejointe, à l'ouest de l'Argonne, par les deux corps d'armée, devait les précéder d'une petite demi-journée de marche,

_____

(1) La 1re division avait déjà reçu des instructions analogues, lors de son départ pour Rethel, le 2 novembre.

dans la direction de Ville-sur-Tourbe, Neufchâtel et Chauny. Le 16 novembre, l'armée devait ainsi atteindre la ligne Rethel—Reims, et le 22 novembre, celle de Saint-Quentin—Compiègne, qui lui était indiquée.

Comme dans le pays qu'on allait traverser il n'y avait à craindre aucune résistance sérieuse de la part de forces organisées, et que l'on ne devait s'attendre tout au plus qu'à des rencontres avec des francs-tireurs, il avait semblé à la fois possible et avantageux d'indiquer à chaque commandant de corps les étapes à faire jusque sur l'Oise, sous la réserve des changements qui deviendraient nécessaires, et en effet, les séjours ayant été supprimés, les têtes de colonne arrivèrent à Compiègne dès le 20 novembre.

Il vient d'être dit qu'on ne devait avoir à craindre aucune résistance sérieuse avant d'arriver sur l'Oise ; c'est que presque tout ce territoire était situé dans le rayon administratif du gouvernement général de Reims, qui comprenait les départements de l'Aisne, de Seine-et-Marne, de l'Aube et de Seine-et-Oise ; le département de la Meuse, qui s'étend sur les deux rives de ce fleuve, en avait aussi fait partie, mais un ordre de cabinet du 4 novembre l'avait rattaché au gouvernement général de la Lorraine. Verdun et les places des Ardennes étaient encore, il est vrai, entre les mains de l'ennemi ; mais on les avait masquées par des forces suffisantes pour amoindrir considérablement leur action gênante sur nos routes d'étapes.

Voici quels renseignements on avait à cet égard, au moment où la Ire armée s'éloigna de Metz : Le corps du général Gayl, qui appartenait alors au gouvernement général de Reims, avait été, par suite de l'arrivée des détachements du VIIe corps, porté au chiffre de 10 bataillons, 3 escadrons. 3 batteries de campagne ; la plus grande partie se trouvait devant Verdun et occupait, autour de la place, une circonférence d'environ 2 milles de diamètre (15 kilomètres), s'étendant, au sud jusqu'à Dugny, au nord jusqu'à Charny. Comme il n'y avait dans ce rayon aucun pont praticable, et que la hauteur des eaux ne permettait pas de traverser le fleuve, la Ire armée se trouvait forcée, pour se porter en avant, de faire un plus grand détour. Des détachements du corps Gayl et d'autres troupes du gouvernement général, ensemble 5 compagnies et 2 escadrons, étaient à l'est de Stenay, pour observer Montmédy ; à Commercy, à Étain, à Clermont, à Suippe, il y avait une compagnie ; à Sedan, 3 bataillons ; un fort détachement de la division de landwehr du Brandebourg était devant Mézières. La 3e division de cavalerie, avec les renforts d'infanterie et d'artillerie qu'elle avait reçus, avait commencé ses opérations dans l'Argonne. Une fraction des troupes du gouvernement général, qui se trouvaient devant Mézières, c'est-à-dire 4 bataillons, 2 escadrons, 1 batterie, sous les ordres du colonel Arnoldi, opéraient de même sur Vouziers et Grand-Pré.

A l'ouest de la ligne Reims—Rethel, le pays paraissait moins sûr. Soissons et Laon étaient, il est vrai, occupés par des troupes du gouvernement général ; mais de Saint-Quentin, de Rocroi, de Vervins, l'ennemi continuait à inquiéter les détachements envoyés pour pacifier le pays. La place de la Fère, située beaucoup plus au sud, y contribuait également, et de plus barrait le chemin de fer de Reims à Laon et à Compiègne, si important au point de vue du ravitaillement de l'armée d'investissement.

Ainsi, jusqu'à Reims, tout en observant les mesures de précaution prescrites dans l'ordre d'armée du 5 novembre, le mouvement en avant pouvait s'exécuter sur un large front comme pour une marche ordinaire ; au delà, il fallait déjà concentrer davantage les troupes et pouvoir être prêt à prendre des dispositions de combat.

Cet aperçu général facilitera l'intelligence de ce qui va suivre.

L'armée, formée ainsi qu'il a été dit, atteignit, le 7 novembre, la ligne Conflans—Briey ; le 8, celle d'Étain—Vaudoncourt. Le commandant en chef marchait avec le VIII° corps. Une colonne saxonne de pontons, qui, pendant l'investissement de Metz, avait été attachée au X° corps et devait rejoindre le corps d'armée auquel elle appartenait, avait été adjointe au VIII° corps d'armée.

En arrivant à Étain, le 8 novembre à midi, le commandant en chef reçut la nouvelle de la capitulation de Verdun ; la ville devait être occupée les jours suivants par les troupes du général Gayl.

Indépendamment de l'importance particulière
de cet événement, on s'en félicitait encore parce
qu'il allait être possible de faire rentrer immédiatement les détachements du VIII° corps, qui se
trouvaient sous les ordres du général Gayl, et l'on
allait enfin pouvoir faire opérer la permutation
depuis longtemps prescrite entre les régiments
n°ˢ 60 et 65 ; ce dernier passa au VIII° corps, l'autre
au corps du général Gayl, avec lequel il devait dé-
pendre du gouvernement général de la Lorraine.

C'est ici le moment de faire connaître une importante modification d'organisation, ordonnée depuis quelque temps déjà par le commandement
supérieur, mais qui, ayant été transmise par la
poste de campagne, ne parvint au commandant de
la I™ armée que le 8 au soir, à Étain. La partie
principale de cette communication, datée de Versailles le 31 octobre, était ainsi conçue :

« La capitulation de Metz ayant rendu disponibles pour les opérations les armées jusqu'alors
retenues devant cette place, Sa Majesté le Roi a
ordonné que les troupes de landwehr, employées
en première ligne devant l'ennemi, seraient successivement relevées par des troupes de ligne,
lorsque la I™ et la II° armée se porteraient en
avant, et que désormais elles ne seraient affectées
qu'au service de garnison et d'étapes. Il est nécessaire, par conséquent, de modifier la répartition des troupes d'étapes et de garnisons entre
les diverses armées et les gouvernements géné-

raux. De plus, la Ire armée sera chargée de continuer les siéges de Mézières et de Verdun ; elle devra
donc s'occuper de faire promptement relever les
troupes de landwehr actuellement devant ces
places. Un bataillon et un escadron de troupes
d'étapes resteront à sa disposition et devront suffire
à occuper les points d'étapes principaux. Tant que
l'armée traversera le pays déjà occupé, compris
dans la circonscription des gouvernements généraux de Reims et de la Lorraine, ses communications en arrière paraissent suffisamment assu-
rées. »

Signé : MOLTKE.

A cette dépêche était joint un tableau indiquant
la répartition nouvelle des troupes d'étapes et de
garnisons entre les quatre armées et les trois gouvernements généraux :

Le gouvernement general de Reims
  devait disposer. . . . . de 17 bataill., 4 escadr., 3 batter.
Le gouvernem. géneral de la Lorraine, de 20   —   6 — 2 —
Le gouvernem. general de l'Alsace. . de 23   —   9 — 2 1/2—
L'inspection générale des etapes de la
  Ire armée. . . . . de 1(1)— 1 —   »
Idem, idem, de la IIe armée. . . de 4 — 2 —   »
Idem, idem, de la IIIe armée. . . de 16 — 9 — 2 —
Idem, idem, de l'armée de la Meuse, de 4 — 2 —   »

---

(1) Depuis leur organisation en 5 et 6 compagnies, la plus grande
partie de ces bataillons avaient un effectif de 1200 hommes. Il en était
ainsi pour le bataillon de Saint-Wendel du regiment de landwehr n° 30,
qui restait a la Ire armée. L'escadron faisait partie du regiment de hussards de réserve n° 6.

On ajoutait la prescription suivante :

« Il appartient à l'autorité chargée d'un siége
de régler l'emploi des compagnies de forteresse
d'artillerie et du génie qui y sont employées, et
de déterminer celles qui devront être affectées à
un autre siége ou remises à la disposition du grand
quartier général. »

En même temps que cette dépêche (arrivée en
retard, comme nous l'avons vu), on recevait également une lettre du gouverneur général de Reims,
général Rosenberg-Gruszynski, demandant que ses
troupes occupées devant Mézières, fussent promptement relevées, afin de les avoir disponibles pour
le service de garnison et d'étape, ainsi que le pres-
, crivaient les instructions de Versailles. Il y avait
en ce moment devant cette place : 5 bataillons,
3 escadrons et 1 batterie, sous les ordres du colonel Kettler, dont le quartier général était à Boulzicourt ; en outre, comme artillerie de siége :
4 compagnies d'artillerie de forteresse avec 8 gros
mortiers, et, en marche pour s'y rendre, 2 compagnies de forteresse et 36 pièces de siége.

D'après ces dépêches de Reims et de Versailles,
qu'il reçut à Étain; le commandant de la Ire armée
pouvait se rendre compte de la situation générale de son armée et des missions accessoires
qui lui incombaient. En outre des siéges de
Thionville et de Montmédy, dont elle avait été
primitivement chargée, et de celui de la Fère,
qui lui avait été attribué plus tard, elle allait

avoir à s'occuper de ceux de Verdun et de Mézières. On avait réglé avec le général Zastrow, ce
qui concernait Thionville et Montmédy; Verdun
venait de capituler et l'occupation de cette place
devant être assurée par le gouvernement général
de la Lorraine, on n'avait plus à s'en inquiéter.

Le VIIIe corps complet était ainsi devenu disponible pour les opérations ultérieures ; restaient
donc la Fère et Mézières. Pour assiéger ces villes,
il fallait nécessairement emprunter des troupes à
l'armée d'opération, de sorte qu'il ne lui serait pas
possible d'arriver sur l'Oise avec le minimum de
deux corps d'armée, ainsi que cela avait été prescrit. Déjà la 4e brigade était détachée pour le siége
de la Fère ; pour Mézières, on allait pouvoir disposer de la 1re division, qui, depuis le 4 novembre,
était en marche de Bricy vers Rethel. Son effectif
correspondait à celui que, d'après la lettre du gouverneur général de Reims, il était nécessaire d'employer à ce siége.

D'après les renseignements qui lui avaient été
donnés, le commandant en chef devait penser que,
pour Mézières, il ne s'agissait que de continuer un
siége déjà commencé, et qu'on disposait là, comme
pour la Fère, du personnel et du matériel d'artillerie nécessaire (compagnies de forteresse et
pièces de siége). La première division fut donc
avertie de ne pas continuer sa marche sur Rethel, mais de se diriger sur Boulzicourt, pour
relever les troupes du gouvernement de Reims,
occupées devant Mézières, et se charger ensuite du

siége de cette place. La colonne de ponts de bateaux du Ier corps y fut également envoyée, dans le but d'établir des communications pour le corps de siége, entre les deux rives de la Meuse.

Le 7 novembre, on reçut à Étain un télégramme du général Grœben, daté de Clermont. Ses reconnaissances annonçaient qu'il n'existait dans l'Argonne aucune troupe organisée de francs-tireurs. Dans un rapport écrit qui suivit cette dépêche télégraphique, le général rendait compte que les troupes sous ses ordres, réunies à Fresnes le 2 novembre, s'étaient portées sur la Meuse le 3 novembre, et s'étaient avancées, le lendemain, jusqu'à l'est de Clermont, tandis que des patrouilles d'officiers battaient le pays jusque sur la ligne Grand-Pré — Sainte-Menehould.

Nulle part on n'avait trouvé de résistance; d'après les renseignements recueillis, il lui paraissait vraisemblable d'attribuer les coups de main qui avaient eu lieu jusqu'à la fin du mois d'octobre, partie à des bandes de vagabonds voleurs existant dans le pays avant la guerre, partie à des détachements sortis de Montmédy. Le 6 novembre, le général Grœben s'était porté en trois colonnes sur Neuvilly, les Islettes et Sainte-Menehould, et de cette position, il avait, le lendemain, envoyé fouiller la forêt de la Chalade; on y avait trouvé un assez grand nombre d'armes enterrées, mais aucune trace de bandes ennemies. Le général croyait pouvoir considérer sa mission comme remplie, et il attendait maintenant, ainsi qu'il en avait reçu précédemment l'ordre, l'entrée de l'armée dans l'Argonne.

Le 9 novembre, pendant que s'effectuait la reddition de Verdun, la Ire armée, tournant la place par le nord, s'avança jusqu'à la Meuse; le VIIIe corps de Consenvoye à Monthairon; le commandant en chef à Consenvoye; la 3e brigade et l'artillerie du Ier corps à Damvillers et dans les environs; la 1re division atteignit Beaumont; une colonne de son aile droite eut, sur les hauteurs de Montmédy, une rencontre sans importance avec une reconnaissance sortie de la place.

Après avoir dépassé le plateau, généralement découvert, de la rive occidentale de la Moselle, l'aile gauche de l'armée entrait, le 9 novembre, dans le pays plus accidenté qui borde les rives de la Meuse. A peu de distance de la rive gauche de ce fleuve, dans l'intervalle compris entre la Meuse et l'Aisne, s'élèvent, sur plusieurs lignes parallèles, les collines boisées de l'Argonne. Les hautes futaies, garnies la plupart du temps d'épais taillis, étaient, le 11 novembre, couvertes par la première neige. Les routes qui traversent ce pays, bonnes et établies en chaussée, comme presque toutes les routes en France, forment, la plupart du temps. de longs défilés sans communications transversales. C'est pour cette raison que l'Argonne est un obstacle militaire, déjà connu dans l'histoire des guerres antérieures; mais il n'a de valeur qu'à la condition que des corps de troupes en position de combat se tiennent dans les plaines de l'ouest, à por-

tée de se jeter sur les têtes de colonne ennemies
lorsqu'elles débouchent des collines et des bois.
Il n'en était pas ainsi au moment du passage de la
1re armée; tout l'intérêt pouvait donc se reporter
sur les beautés pittoresques du pays, incontestables
même au mois de novembre. Le 10 novembre, le
VIIIe corps et le quartier général atteignirent les
environs de Clermont et de Varennes (célèbre par
l'infructueuse tentative de fuite de Louis XVI);
la 3e brigade et l'artillerie du 1er corps arrivèrent
à Dun sur la Meuse; la 1re division au Chêne;
c'est là qu'elle reçut l'ordre, dont nous avons
parlé, de se rendre devant Mézières; elle prit
cette direction le 11 novembre. Ce même jour, le
VIIIe corps arriva au débouché occidental de l'Argonne, à Sainte-Menehould et à Vienne-le-Châ-
teau; la 3e brigade s'avança jusqu'à Grand-Pré. Le
quartier général se rendit à Vienne-le-Château.
Les troupes avaient marché cinq jours de suite, et
la plupart avaient eu de fort longues étapes, il leur
fut accordé, le 12 novembre, un jour de repos. En
même temps, on se reliait avec la 3e division de
cavalerie, qui prit, entre les deux corps d'armée,
la position qui lui avait été prescrite. L'infanterie
et l'artillerie, qui lui avaient été adjointes, rentrèrent au VIIIe corps.

Tandis que les troupes se reformaient au débouché de l'Argonne et s'y rétablissaient pour continuer la marche en avant, le quartier général
s'occupait, à Vienne-le-Château, des préparatifs
devenus nécessaires pour le siège de Mézières. Le

général de Moltke avait affecté à cette opération le personnel et le matériel d'artillerie qui étaient primitivement destinés au siège de Verdun, mais dont la plus grande partie était encore attendue de Strasbourg (1).

D'autre part on apprenait, par un télégramme de Reims, que le personnel et le matériel, qui devaient être envoyés à Mézières, étaient dirigés sur Soissons pour être employés contre la Fère et qu'il ne se trouvait donc toujours devant Mézières que les huit mortiers français. Il s'agissait par conséquent d'y faire parvenir le train de siège de Verdun et celui qui était encore en cours de transport. On pouvait se servir pour cela de la ligne principale de chemin de fer passant par Commercy, ou de l'embranchement de Clermont a Reims, dont

---

(1) Le siège de Verdun avait eté mene avec des moyens fort incomplets ; ainsi on n'avait que des pièces françaises provenant des places jusqu'alors conquises, et qu'il était assez difficile d'utiliser. Au debut l'effectif des troupes de siege etait a peine suffisant, la garnison ayant eté considerablement augmentée par des prisonniers de Sedan, qui s'étaient evadés ; aussi l'ennemi fit-il de frequentes sorties dans lesquelles il reussit à enclouer quelques pièces. Depuis la prise de Metz, le corps de siége avait été, comme on le sait, renforce avec des détachements de la Ire armée ; mais on manquait toujours d'un matériel de siege prussien et momentanement aussi de munitions d'artillerie. Cependant l'arrivee prochaine des canons de gros calibre, chaque jour attendus de Commercy, ayant fait penser au commandant de la place qu'une plus longue resistance etait sans objet, il consentit a capituler aux conditions relativement avantageuses que lui offrit le général Gayl. En prolongeant sa defense, il eût, il est vrai, momentanément affaibli l'effectif des forces d'operations de la Ire armée, mais pour les raisons que nous avons déja fait connaitre, il n'eût point arrète son mouvement.

l'exploitation venait de commencer. Mais les nombreuses exigences de toute nature, auxquelles avait à satisfaire la ligne principale, ne permettant pas d'en disposer librement, on songea à faire effectuer ce transport par route de terre, et l'on se mit en relation avec les gouvernements généraux et avec le général Zastrow pour la réunion des trois mille chevaux de trait nécessaires. D'autre part, une partie des compagnies de forteresse, qui se trouvaient à Verdun, furent données au général Zastrow pour lui permettre de pourvoir aux besoins qu'il avait signalés pour le siége de Thionville.

Les jours suivants, l'armée traversa les grandes plaines de la Champagne. Le VIIIe corps, alors au complet, était à l'aile gauche; la 3e brigade et l'artillerie du Ier corps à l'aile droite ; la 3e division de cavalerie au centre ; le 13 novembre, l'armée arriva sur la ligne Suippe — Vouziers, le 14 sur la ligne Mourmelon — Attigny, le 15 sur celle de Reims — Rethel. La 1re division, qui avait eu également un jour de repos le 12 novembre, s'avança le lendemain avec la partie principale de ses forces, jusque derrière les cantonnements des troupes du gouvernement général devant Mézières, sur la rive gauche de la Meuse, et le régiment n° 41 eut un petit engagement avec une sortie de l'ennemi. Le régiment n° 43, un escadron et une batterie passèrent la Meuse à Donchery. Le 14 novembre, l'investissement fut établi simultanément sur l'une et l'autre rive du fleuve, la 2e brigade occupant en général le côté est et la 1re brigade le côté ouest de

la place. Cette dernière brigade eut, en outre, à
garder particulièrement les passages de la Sor-
monne et à observer les routes de Rocroi. Le général Bentheim établit son quartier général à Boulzicourt. L'ancien corps d'investissement du colonel
Kettler partit le lendemain et fut remis à la disposition du gouverneur général de Reims.

Dès le 14 novembre, le général Manteuffel avec
son état-major s'était rendu de Suippe à Reims,
pour se mettre en relations directes avec le gouvernement général et régler les dispositions à
prendre ultérieurement. Pour l'intelligence de ces
dispositions, reportons-nous un instant vers Metz.

Le transport des prisonniers, à l'exception de
celui des convalescents, avait été terminé le 10 novembre; les troupes sous les ordres du général
Zastrow se trouvaient ainsi rendues disponibles.
A la date du 11, le général rendait compte « qu'en
exécution des instructions du 6 novembre, le général Kameke investirait Thionville le 13 novembre, avec 10 bataillons, 6 escadrons et 4 batteries de la 14ᵉ division.

« Le siége lui-même ne commencerait que plus
tard, lorsque seraient arrivées les pièces d'artillerie
de siége attendues des places allemandes, celles
qui se trouvaient à Metz n'étant pas suffisantes.
Le 15 novembre, un détachement de 5 bataillons,
4 escadrons et une batterie arriverait devant Montmédy, investirait cette place et surveillerait Longwy; à peu près à la même époque, le corps de
réserve du général Schuler serait à Briey prêt à

partir. Il resterait, pour tenir garnison à Metz,
10 bataillons, 2 escadrons et 4 batteries de la
13ᵉ division. »

Nous savons comment, sur ces entrefaites, la
situation avait été modifiée devant Mézières. Le
parc d'artillerie et le personnel d'abord destinés au
siége de cette place avaient été dirigés sur Soissons,
pour être employés contre la Fère. Il ne fallait pas
compter sur une prochaine arrivée devant Mézières
du parc de siége de Verdun, les résultats de la réquisition de chevaux, qui avait été ordonnée, échap-
pant à tout calcul. A Reims, on avait reconnu
qu'il faudrait attendre jusqu'au 20 novembre, pour
que l'exploitation du tronçon ferré de Clermont à
Reims fût possible ; on donna donc l'ordre d'amener le parc de siége par voie de terre de Verdun à
Clermont, pour le diriger ensuite par chemin de
fer par Reims sur Boulzicourt. Mais, d'après tout
ce que l'on avait appris jusque-là, on devait
prévoir qu'il faudrait encore longtemps avant
que l'exécution de ces mesures fût terminée, et
cependant il ne pouvait être question, avant ce
moment, de commencer réellement le siége de
Mézières.

Dans de telles circonstances, il ne s'agissait donc
que de paralyser l'action gênante sur le pays occupé,
du triangle de forteresses, Mézières — Rocroi —
Givet. Il n'était point nécessaire pour cela d'investir
complétement ces places, il suffisait de les masquer
par un corps d'observation convenablement con-
stitué. Le corps du général Schuler von Senden,

plus fort en cavalerie qu'en infanterie, convenait
beaucoup mieux pour cet objet que la 1ʳᵉ division,
dont l'absence au Iᵉ corps serait sans doute fort
regrettable pour les opérations futures. De Suippe,
où il reçut du général Zastrow la nouvelle que le
corps du général Schuler était disponible, le général Manteuffel donna par le télégraphe l'ordre
de le diriger de Briey sur Sedan et Boulzicourt, où
ce corps devrait arriver le 22 novembre et remplacer la 1ʳᵉ division.

D'autre part, la nouvelle organisation des gouvernements généraux et du service des étapes
ordonnée à Versailles, forçait à modifier les instructions laissées au général Zastrow; le 14 novembre, de Reims, on lui écrivit donc ce qui
suit :

« § 1. — Les gouvernements généraux sont exclusivement chargés de la sécurité du pays, et
particulièrement des routes d'étapes ; à cet effet,
toutes les troupes d'étapes, employées à l'escorte
des prisonniers, seront mises à leur disposition
aussitôt qu'elles seront de retour.

« § 2. — Le corps de troupes, sous le commandement du général Schuler von Senden, d'abord
destiné à former un corps de réserve pour l'armée,
sera dorénavant placé sous les ordres de Votre Excellence pour être employé à l'investissement, puis
au siége de Mézières ; c'est pour cette raison que
j'ai donné hier l'ordre par le télégraphe de le diriger de Briey sur Boulzicourt.

« § 3. — En outre des siéges de Thionville et de
Montmédy, je charge Votre Excellence de celui de
Mézières dans les conditions suivantes :

« Votre Excellence voudra bien d'abord faire
investir Montmédy et assiéger Thionville, ce qui,
d'après son télégramme d'hier, doit avoir lieu le 15
et le 20 de ce mois. J'ai moi-même ordonné l'investissement préalable de Mézières par le corps du général Senden. Après la prise de Thionville, lorsque
le corps de siége employé devant cette place sera
rendu disponible, on s'occupera d'attaquer Montmédy et Mézières ; il peut se faire que la situation
particulière de Montmédy ne permette pas d'en
faire le siége en règle et qu'il soit préférable d'affamer la place.

« Dans tous les cas, après la prise de Thionville,
en comptant le corps du général Senden, on disposera de forces suffisantes pour assiéger simultanément les deux places en question, l'occupation de
Thionville devant être assurée par le gouvernement
général d'Alsace ; les deux bataillons du régiment
nº 72 (1) pourront aussi éventuellement être employés pour ces opérations. Votre Excellence dispose, d'ailleurs, d'un matériel et d'un personnel
suffisants pour le siége de Thionville.

« Tandis qu'il est plus particulièrement réservé

---

(1) Le régiment nº 72, qui appartenait primitivement au VIIIᵉ corps,
avait été remplacé par le régiment nº 70 et dirigé sur Sarrelouis, plus
tard, il en avait été rappelé bataillon par bataillon, et, au moment de la
capitulation de Metz, il se trouvait en grande partie devant Thionville.

à Votre Excellence de régler les questions relatives
aux siéges de Thionville et de Montmédy, le commandant en chef de l'armée continuera à s'occuper
directement des mesures à prendre pour faire arriver devant Mézières le parc de siége de Verdun.
Votre Excellence voudra bien inviter le général
Senden à investir provisoirement la place, autant
que le lui permettra l'effectif de ses troupes, et à
veiller également à la sécurité du parc de siége,
qui arrivera successivement. Le grand équipage de
ponts du Ier corps restera à Mézières à la disposition du général Senden. »

Signé : MANTEUFFEL.

Les intentions du commandant en chef, au sujet
de Mézières, se trouvent caractérisées dans les instructions données au général Bentheim et datées
de Reims le 15 novembre : « *Instructions pour le
commandant des troupes devant Mézières jusqu'au
moment où commencera le siége de cette place.* »

« La place de Mézières ne sera assiégée que
lorsque les moyens d'assurer le succès de l'opération seront réunis et prêts à entrer en action. Jusqu'à cette époque, j'interdis toute entreprise par-
tielle, telle que bombardement de la ville ou
tentative de même nature, qui, sans amener de
résultat militaire, n'aurait d'autre conséquence
que d'occasionner morts d'hommes ou destructions matérielles.

« Avant le commencement du siége, les troupes
devant Mézières auront une double mission :

« 1° Concurremment avec le gouvernement général de Reims, couvrir le flanc droit de l'armée et ses communications en arrière contre les entreprises ennemies qui pourraient venir du triangle de forteresses Mézières — Givet — Rocroi.

« 2° Assurer la sécurité du parc et du matériel de siége, qui arriveront successivement.

« Les positions à occuper dans ce but dépendront des circonstances et des conditions du terrain ; toutefois, le point d'attaque devra être choisi dès maintenant, afin de pouvoir gagner du temps pour les divers préparatifs du siége, l'établissement du parc et la construction des batteries, dans le cas où il serait possible de concilier l'exécution de ces travaux avec les positions des troupes. Je ferai remarquer que la rapidité du succès à obtenir doit être naturellement la raison déterminante dans le choix du point d'attaque, mais qu'il serait toutefois désirable de pouvoir le choisir, soit sur le front sud, soit sur le front est, car, en raison de la situation militaire générale, il serait alors possible d'assurer dans de meilleures conditions la base d'opération du corps de siége et la sécurité des parcs.

« Les positions à prendre avant le siége n'ayant à satisfaire qu'aux deux seules conditions ci-dessus, et n'ayant pas pour objet d'affamer la place, on ne l'investira complétement que dans le cas où l'effectif des troupes y suffirait. Je compte donc simplement que, du côté du sud, la ville sera investie, et que, du côté du nord, vers Rocroi et Givet, elle sera surveillée; il ne sera point interdit de faire quelque entreprise dans cette dernière direction, à la condition de toujours observer les points essentiels, qui viennent d'être indiqués.

« Dans le cas où le commandant des troupes devant Mézières serait remplacé, il devra transmettre à son successeur les présentes instructions. »

Signé : MANTEUFFEL.

Ces instructions générales, relatives à la conduite à tenir devant les places des Ardennes, avaient paru d'autant plus nécessaires que le commandant en chef, s'éloignant chaque jour davantage, il lui serait de plus en plus difficile de s'en occuper directement. Ces siéges eurent en réalité, sous la direction spéciale du général Kameke, une marche tout indépendante. Il en sera néanmoins parlé dans le cours de ce récit, en tant qu'ils ont, avec les opérations de la campagne, une corrélation qu'indique l'échange continuel d'instructions et de rapports entre le commandant en chef et les commandants des troupes qui y furent affectées.

Quant à la Fère, le bruit s'était d'abord répandu que la ville voulait capituler. Cependant, le 13 novembre, une reconnaissance de troupes du gouvernement de Reims, envoyée de Laon sous les ordres du colonel Kahlden, constata que la place avait une garnison de 2,000 hommes, et qu'elle était abondamment pourvue d'artillerie. Le transport de la 4ᵉ brigade, partie de Pont-à-Mousson par le chemin de fer, avait été retardé par suite d'interruptions dans l'exploitation de la voie; cependant de Soissons, à la date du 13 novembre, le général Zglinitzki rendait compte qu'il arriverait devant la Fère le 15.

Le transport du parc de siége, de 26 pièces de gros calibre, venant de Soissons, ne devait être terminé que le 18 novembre. Nous ajouterons, toutefois, que le 15 et le 16 novembre la place fut investie sur les deux rives de l'Oise, malgré une canonnade des plus violentes, qui n'eut d'ailleurs aucun résultat; la 4ᵉ brigade occupa particulièrement les villages de Charmes, Danizy, Travecy, Quessy et Fargniers; mais la réunion des chevaux demandés par le gouvernement général de Reims ne se faisait que mollement, et l'arrivée du parc fut retardée.

Le 15 novembre, on reçut à Reims, une instruction du grand quartier général, datée de Versailles le 9 novembre, et réglant de la manière suivante l'emploi des chemins de fer français, alors exploités par les armées allemandes:

« La Iʳᵉ armée conservera l'usage des chemins de fer qui, partant de Sarrebrück, se continuent par Metz, Frouard, Épernay et Reims.

« L'armée de la Meuse se servira des mêmes lignes et de leurs prolongements par Soissons sur Paris.

« Les lignes d'étapes de la IIᵉ armée partent de Neustadt-Wissembourg et se continueront par

Nancy, Frouard, Blesme, Chaumont et par Nancy,
Neufchâteau (ce dernier trajet se faisant par route
de terre) et Chaumont.

« La 3e armée conservera pour les corps de l'Allemagne du nord, les lignes qui partent de Wissem-
bourg, et pour ceux de l'Allemagne du sud, celles
qui partent de Strasbourg ; le rétablissement des
communications par Kehl est prochain.

« Comme ces diverses lignes ont une section
commune à partir de Frouard, la commission de
ligne de Nancy, chargée de son exploitation, a été
prévenue de répartir la marche des trains chargés
de matériel pour les diverses armées, proportion-
nellement à leur effectif, c'est-à-dire :

> Trois trains pour la Ire armée,
> Trois trains pour l'armée de la Meuse,
> Quatre trains pour la IIe armée,
> Quatre venant de Wissembourg ⎫
> Deux venant de Kehl. . . . . ⎭ pour la IIIe armée.

« Ces chiffres n'indiquent pas le nombre de trains
journaliers, mais seulement la proportion moyenne
dans laquelle les trains destinés aux diverses armées devront être mis en mouvement, non pas jour
par jour, mais pendant une plus longue période de
temps et toujours sous la réserve des modifications
que l'intendant général pourra ordonner en vue
d'égaliser les ressources. »

Signé : Moltke.

La Ire armée pouvant ainsi, bien que dans des
conditions restreintes, utiliser la ligne principale

du chemin de fer, son commandant en chef décida qu'on abandonnerait la ligne d'étapes de Grand-Pré — Rethel, et qu'on ne conserverait que celle du sud par Metz, Verdun et Reims. Comme il en résultait un allégement dans le service des étapes dont était chargé le gouvernement général de Reims, il lui en fit donner avis, ainsi que des mesures prises relativement à Mézières.

Le 15 novembre, les diverses fractions de la Ire armée occupaient les positions suivantes :

a. *Troupes du général Zastrow :*

La 13e division en majeure partie à Metz ; la 14e division en majeure partie devant Thionville ; un détachement de ces deux divisions, fort de 5 bataillons, 4 escadrons, 1 batterie, sous les ordres du colonel Pannewitz, devant Montmédy, détachant lui-même 1 bataillon et 2 escadrons à Longuion, pour observer Longwy.

Le corps du général Schuler von Senden à Briey, destiné à remplacer la 1re division devant Mézières.

b. *Armée d'opération proprement dite, sous les ordres du général Manteuffel :*

Le VIIIe corps à Reims ;
La 3e division de cavalerie entre Reims et Rethel ;
La 3e brigade et l'artillerie du Ier corps à Rethel.

c. *Troupes détachées :*

La 4e brigade devant la Fère ;
La 1re division devant Mézières.

L'inspection générale des étapes, après avoir terminé, à Metz, les affaires qu'elle avait à régler, avait suivi le quartier général à Reims et devait y rester quelque temps pour régulariser l'envoi à l'armée des approvisionnements nécessaires. Les récentes instructions relatives à l'emploi des chemins de fer avaient modifié à cet égard les bases antérieures.

CHAPITRE II.

De Reims à Compiègne. — Déploiement sur l'Oise.

(Du 16 au 23 novembre.)

Un jour de repos fut donné, le 16 novembre, aux troupes arrivées sur la ligne de Reims—Rethel. Pour la continuation du mouvement en avant, il fallait observer que, dans la région à l'ouest de Reims et de Rethel, où l'action du gouvernement général se bornait à l'occupation de Laon et de Soissons, il était nécessaire, comme on l'a dit dans le chapitre précédent, de faire marcher les troupes dans un ordre plus propre à une formation de combat. On résolut donc de diminuer de moitié l'étendue du front de déploiement sur l'Oise, de sorte que, tant que la 1re division ferait défaut, l'aile droite, au lieu de s'avancer jusqu'à Saint-Quentin, s'étendrait seulement jusqu'à Guiscard. Au sujet

4

des forces ennemies, on venait d'apprendre qu'une armée du Nord était en formation à Lille, sous les ordres du général Bourbaki, dans le but, disait-on, de dégager Mézières ; une autre armée se formait à Rouen, sous les ordres du général Briand, pour agir contre le front ouest de l'investissement de Paris.

D'autres renseignements, arrivés jusqu'au 15 novembre, parlaient en outre d'une réunion de troupes à Amiens ; on estimait à 25,000 hommes les forces qui s'y trouvaient, à 27,000 hommes celles de Rouen, à 33,000 hommes celles de Lille.

Nous pouvons nous abstenir de développer plus amplement les considérations qui dirigèrent alors le commandant en chef. On trouvera l'expression de sa pensée dans l'ordre d'armée du 16 novembre, et dans les instructions du 18 novembre données à la division de cavalerie.

L'ordre du 16 était ainsi conçu :

« L'armée poursuivra demain son mouvement en avant et fera cinq étapes consécutives. Le VIIIᵉ corps continuera à se conformer au tableau de marche d'après lequel il doit arriver le 21 dans les environs de Compiègne, et pousser ses avant-gardes sur les routes de Montdidier et de Beauvais. Il aura, en outre, à se mettre en communication par Senlis avec l'armée de la Meuse.

« La 3ᵉ division de cavalerie s'avancera, le 19 novembre, dans les environs de Coucy, et le 20, dans le pays entre Villequier, Aumont et Guiscard,

de manière à gagner l'aile droite de l'armée, que
désormais elle sera chargée de couvrir. Il lui sera
donné, à cet effet, le bataillon de chasseurs n° 8
et une batterie d'artillerie du VIII° corps ; ces
troupes la rejoindront à Coucy. Le bataillon de
chasseurs n° 1, en arrivant à Guiscard, passera
également à la division de cavalerie. De Guiscard,
c'est-à-dire à partir du 21 novembre, la division de
cavalerie aura à pousser des reconnaissances dans
la direction de Saint-Quentin, non-seulement pour
couvrir le flanc droit de l'armée, mais encore pour
se procurer des renseignements certains sur l'effectif, les mouvements et la position de l'armée
ennemie du Nord, dont le gros des forces, d'après
les dernières nouvelles, est supposé se trouver
entre Lille et Rouen. Les renseignements recueillis
seront non-seulement communiqués au général
commandant la division, mais ils seront en outre
adressés directement à mon quartier général.

« La 2° division d'infanterie se conformera, jusqu'au 19, au tableau de marche déjà donné ; le 20,
elle se rendra à Saint-Gobain, de manière à tourner par le sud la place de la Fère, qu'assiége la
4° brigade ; le 21, elle s'avancera jusque vers
Noyon, et le 22, elle enverra au delà de cette ville
une avant-garde dans la direction d'Amiens. (Suivent des prescriptions relatives à la détermination
du rayon affecté à chacune des trois grandes fractions de l'armée.)

« Au delà de la ligne Soissons—Laon, l'armée
s'avançant dans une région encore très-peu par-

couru par nos troupes, je recommande dès maintenant de marcher en ordre plus régulier et de prendre plus de précautions ; cependant, il faut éviter autant que possible de fatiguer les troupes par des concentrations inutiles au *Rendez-Vous*, et ne pas trop serrer leurs cantonnements. MM. les généraux commandants de corps et les commandants de détachements régleront cette question, d'après leur appréciation personnelle, dans le rayon qu'ils occupent. Il est important que les généraux de division et commandants de détachements indépendants se tiennent toujours en relations les uns avec les autres, que non-seulement ils fassent part à leurs chefs directs des événements et des nouvelles importantes, mais encore qu'ils s'en informent mutuellement. Les prescriptions relatives à l'enlèvement des armes restent en vigueur. »

Signé : MANTEUFFEL.

La 1re division fut ensuite prévenue d'avoir, aussitôt la réception de cet ordre, à diriger le bataillon de chasseurs n° 1, en six étapes, par Laon, sur Guiscard, où il devait rallier la division de cavalerie. La 1re division elle-même, après avoir été relevée par le général Senden, devait se mettre en marche, le 23 novembre, par Marle sur Saint-Quentin, et arriver sur ce point le 29.

Cependant, comme l'arrivée si tardive de la 1re division pouvait avoir pour résultat de ralentir les opérations, on se préoccupa de suite de la

possibilité de la faire transporter par voie ferrée
de Boulzicourt à Laon par Reims. Toute cette division, à l'exception du bataillon de chasseurs, qui
marchait par étapes, et de la colonne de ponts de
bateaux laissée au général Senden, put être ainsi
transportée ; mais au lieu de six trains par jour, que
la commission d'exploitation avait promis, elle n'en
put mettre en marche que quatre seulement, ce
qui retarda de plusieurs jours, sur les premiers
calculs, l'exécution complète du mouvement. Néanmoins, l'arrière-garde de la division rallia l'armée
plus rapidement encore que n'auraient pu le faire
les têtes de colonne si elles avaient marché par
étapes. Nous verrons plus loin de quelle importance
fut l'arrivée de ces têtes de colonne au moment
de la bataille d'Amiens ; ainsi se trouva compensée
dans une certaine mesure l'absence de la 4e brigade, qui, par suite du retard apporté à la réunion à Soissons des attelages nécessaires pour le
parc de siége, ne put commencer que le 25 seulement les attaques contre la Fère. La mission confiée à la division de cavalerie, d'après l'ordre du
16 novembre, fut précisée dans des instructions
spéciales données au général Grœben et datées de
Braisne le 18 :

« § 1er. — Se procurer des renseignements certains sur la position, la force et les mouvements des
troupes ennemies qui se trouvent dans le nord-est
de la France, afin de fournir au commandant en
chef de la 1re armée les bases des dispositions à

prendre pour les opérations ultérieures. Il est important que la division de cavalerie s'étende au loin comme un rideau. afin d'avoir ces renseignements aussi promptement que possible ; en effet, l'armée étant encore dans la période du déploiement, ses mouvements peuvent être dirigés d'après les nouvelles qu'on recevra.

« § 2. — Maintenir le pays par des déploiements de troupes et par l'occupation provisoire des localités les plus importantes.

« § 3. — Tromper l'ennemi en montrant dans des directions différentes des colonnes des trois armes.

« On ne saurait satisfaire à ces trois points principaux en poussant même fort au loin de petits détachements de reconnaissance ou des patrouilles d'officiers ; il est nécessaire d'envoyer en outre des colonnes volantes ayant par elles-mêmes certaine puissance d'attaque ou de défense. Il faudra donc toujours que des détachements de chasseurs à pied fassent partie de ces colonnes ; transportés sur des voitures de réquisition, ces détachements peuvent suivre la cavalerie dans les marches les plus longues, et couvrir sa retraite en occupant les défilés.

« Quelques pièces d'artillerie devront aussi accompagner ces colonnes lorsqu'on le jugera nécessaire, particulièrement pour l'exécution des prescriptions des paragraphes 2 et 3 ci-dessus. Ces colonnes volantes envoyées dans les directions

principales de Saint-Quentin. d'Arras. d'Amiens
et de Montdidier, à un jour de marche et même
plus en avant de la division, constitueront un premier échelon duquel devront partir encore des patrouilles et de petites reconnaissances. Celles-ci
pourront pénétrer d'autant plus loin et rapporter
des renseignements d'autant meilleurs qu'elles se
trouveront soutenues par les colonnes mobiles.

« Avant les hostilités et à leur début, la division
de cavalerie s'est particulièrement acquis des droits
à la reconnaissance de l'armée, en lui procurant,
au moyen de patrouilles d'officiers, d'excellents
renseignements sur l'ennemi ; mais les circonstances sont changées. A cette époque, on connaissait d'une manière générale la force, les formations et les positions de l'ennemi ; son service
d'avant-postes était mal fait; la population était tranquille. Aujourd'hui, nous sommes en présence d'un
adversaire peut-être moins fort. mais dont les formations sont nouvelles et nous sont par cela même
presque entièrement inconnues ; de plus, instruit
par sa propre expérience, il est devenu aussi vigi-
lant que nous, et nous sommes dans un pays prêt à
s'insurger, où il faut toujours s'attendre à voir les
paysans se lever avec les armes encore cachées et
se transformer, sur nos derrières, en corps de
francs-tireurs. La pratique, si bonne à recommander
d'ailleurs lorsque les circonstances le permettent,
d'envoyer à plusieurs milles en avant des officiers
ou des cavaliers isolés, demande, dans un tel pays,
à être entourée de certaines précautions pour ne

pas exposer inutilement ces cavaliers. Toute patrouille, tout cavalier doit avoir un soutien à petite
distance, afin qu'ils ne puissent être enlevés et
peut-être avec eux d'importants renseignements
perdus.

« Il est arrivé récemment, il est vrai, que même
des compagnies et des escadrons aient été surpris
et enlevés, comme, par exemple, les commandements d'étapes de Stenay et de quelques autres
endroits, mais, dans ces cas, la situation était différente. Il faut toujours quelque temps pour préparer, diriger et exécuter un coup de main. Des établissements stables, comme le sont des commandements d'étapes, installés jusqu'à un certain point
à demeure, et qui, pendant plusieurs semaines,
peuvent bien se départir parfois de la vigilance
accoutumée, y sont beaucoup plus particulièrement
exposés. De pareilles surprises deviennent au contraire bien plus difficiles à l'égard de colonnes mobiles, qui ne passent qu'une seule nuit au même
endroit. »

Signé : MANTEUFFEL.

L'armée, s'avançant sur les deux rives de l'Aisne,
se trouva, le 17 novembre, entre Breuil et Châ-
teau-Porcien, le quartier général à Jonchery; le
18 novembre, entre Braisne et Sissonne. Le 19 novembre, elle atteignit les positions suivantes :
le VIIIᵉ corps à Soissons et dans les environs; la
3ᵉ brigade et l'artillerie du Iᵉʳ corps à Laon. La division de cavalerie s'avança jusqu'à Coucy, où arri-

vèrent également le bataillon de chasseurs n° 8 et la batterie à cheval du VIIIe corps, qui lui étaient affectés. Le commandant en chef se rendit à Soissons. On apprit, par un télégramme du général Zastrow, l'investissement de Montmédy. Le régiment n° 74 avait eu, le 16 novembre, à Chaufancy et à Thonelle, avec la garnison de cette place, deux engagements heureux, dans lesquels l'ennemi avait perdu une cinquantaine de prisonniers.

A la division de cavalerie, quatre patrouilles d'officiers avaient passé l'Oise; deux, fortes chacune de 60 cavaliers, par Compiègne et Noyon; deux autres, plus faibles, dans la direction de Guiscard et d'Ham. Dans tout le pays au sud de la ligne la Fère—Roye et jusqu'à ce dernier point, on n'avait pas rencontré l'ennemi. Au contraire, plus au nord, en entrant à Ham et dans le village de Cugny, à un mille au sud-est, les patrouilles avaient reçu des coups de feu de gens en partie sans uniformes. D'ailleurs la présence de l'ennemi se signalait le même jour par l'offensive d'un détachement de 6 compagnies avec 4 canons venu de Ham, et qui s'était porté sur le front ouest de l'investissement de la Fère, tandis que presque au même moment la garnison tentait une sortie. Le général Zglinitzki repoussa ces deux attaques en infligeant de notables pertes à l'ennemi, et en lui enlevant un certain nombre de prisonniers et une voiture de munitions. Devant Mézières il y avait eu également, pendant les derniers jours, une série de

petits engagements terminés à notre avantage et
avec peu de pertes.

Le 20 novembre, la 3ᵉ brigade se porta de Laon
sur Saint-Gobain ; le VIIIᵉ corps avec le gros de ses
forces était à Attichy ; l'avant-garde occupait déjà
Compiègne. La division de cavalerie se porta sur
Guiscard et poussa ses colonnes mobiles plus en
avant dans les environs de Saint-Quentin, Ham,
Nesle et Roye. On avait seulement appris qu'il y
avait des gardes mobiles à Ham ; d'ailleurs, on
n'avait vu d'ennemi nulle autre part.

Pour l'intelligence de la période dans laquelle
nous allons entrer et des ordres donnés pour le
déploiement sur l'Oise, il est nécessaire de revenir
un jour en arrière. Dans la nuit du 19 au 20, le
commandant en chef avait reçu à Soissons des instructions datées de Versailles le 18 novembre,
relatives à la mission que l'armée allait avoir à
remplir. Elles étaient ainsi conçues :

« Le commandant de la Iʳᵉ armée est informé
que Sa Majesté le Roi, approuvant les opérations
faites jusqu'ici, ordonne que la Iʳᵉ armée, partant
de la ligne Compiègne—Noyon, continue son mouvement dans la direction de Rouen.

« La question de savoir si le gros des forces devra passer par Amiens dépend de la détermination que prendra l'ennemi, soit de maintenir dans
cette région les forts rassemblements qui y sont
signalés, soit plutôt de se replier devant la Iʳᵉ armée. Dans tous les cas, Amiens est une position

assez importante par elle-même pour la faire occuper et garder par un fort détachement. »

Signé : Moltke.

Nous avons vu que la marche en avant s'était
effectuée si rapidement, qu'il n'avait fallu que
quatorze jours pour franchir la distance de 35
milles à vol d'oiseau (66 lieues environ), qui sé-
pare la Moselle de l'Oise. La situation générale
avait commandé d'en agir ainsi, afin d'amener
l'armée aussi promptement que possible dans une
position qui lui permît de protéger efficacement,
contre une offensive ennemie, l'investissement au
nord de Paris.

En arrivant sur l'Oise et en en commandant les
passages, elle avait satisfait de tout point aux nécessités de cette mission défensive ; maintenant elle
était à même, conformément aux instructions du
18 novembre, de poursuivre en prenant l'offensive le
but qui lui était assigné. Cependant, comme l'attitude de l'ennemi n'exigeait pas qu'on attaquât
immédiatement, il parut opportun d'accorder aux
troupes quelques jours de repos, pour trois raisons
essentielles : d'abord, pour leur permettre de faire
les réparations (1) rendues nécessaires par les marches forcées qui avaient succédé au service de l'investissement et de la garde des prisonniers à Metz ;
ensuite pour faire rallier autant que possible, en vue

---

(1) Nous rappellerons entre autres les réparations importantes et de
plus en plus urgentes dont les chaussures avaient besoin.

des opérations ultérieures, les troupes détachées ;
enfin et surtout pour se procurer, par les reconnaissances que la division de cavalerie allait continuer
pendant cette période, des bases certaines pour la
direction des mouvements à entreprendre. Comme,
d'après les instructions supérieures, Rouen devait
être l'objectif principal des opérations, il ne fallait
faire passer par Amiens que le chiffre de troupes
nécessaire pour prendre possession de cette importante position.

Partant de ce point de vue, le commandant en
chef fit paraître le 20 novembre, à Attichy, l'ordre
suivant :

« Pendant les jours qui vont suivre, l'armée se
déploiera sur l'Oise, et dans le cas où les circonstances n'exigeraient pas un départ plus prompt,
le mouvement en avant se continuera vraisemblablement le 24 novembre. Pour cette période et
comme supplément à l'ordre du 16, il est prescrit
ce qui suit :

« Le VIII⁰ corps, dont l'avant-garde a occupé
Compiègne aujourd'hui, se cantonnera demain sur
la rive droite de l'Oise avec le gros de ses forces. La
division de cavalerie, à qui l'ordre a été donné de
s'avancer aujourd'hui jusqu'à Guiscard, éclairera
le pays en avant de l'aile droite et sur le flanc droit
par des colonnes poussées au loin. En conséquence,
le I⁰ʳ corps prendra possession demain du passage
de l'Oise à Noyon. La 1ʳᵉ division, dont le transport par chemin de fer de Boulzicourt à Laon com-

mence aujourd'hui, et dont la tête de colonne arrivera également aujourd'hui sur ce point, a déjà reçu directement l'ordre de se porter sur Noyon, en marchant par échelons et faisant une étape intermédiaire à Coucy. Après l'arrivée de cette division, le Ier corps (à l'exception de la 4e brigade qui reste devant la Fère) se cantonnera au nord de la ligne Ressons—Blerancourt, en s'étendant sur sa droite, s'il en est besoin.

« La division de cavalerie s'avancera alors avec le gros de ses forces dans le triangle Roye—Nesle —Ham, et vérifiera particulièrement s'il se trouve à Amiens des forces ennemies importantes.

« La colonne saxonne de ponts de bateaux (1), attachée jusqu'ici au VIIIe corps, sera dirigée sur Coucy et passera au Ier corps.

« En prenant des cantonnements sur la rive droite de l'Oise, il devient nécessaire d'augmenter le service de sûreté. Toutefois, tant que la proximité de forces ennemies importantes n'aura pas été signalée, on s'abstiendra d'avoir une ligne d'avant-postes continue ; au contraire, des patrouilles parcourront activement les grand'routes de Rouen, de Lille et d'Amiens ; chaque cantonnement reste en outre responsable de sa propre sécurité. »

Signé : MANTEUFFEL.

Conformément à cet ordre, le VIIIe corps se can-

---

(1) Elle était arrivée à Soissons sous l'escorte d'un bataillon du régiment n° 28.

tonna, le 21 novembre, autour de Compiègne,
sur les deux rives de l'Oise ; la tête du Ier corps
atteignit Noyon : l'échelon de tête de la 1re division
(régim. n° 1) était arrivé à Laon la veille. Le général Grœben avec un détachement de la division de
cavalerie se porta de Guiscard sur Ham, et occupa
sans résistance la ville et son vieux château fort.
L'ennemi, fort de 1,500 hommes avec deux pièces,
s'était retiré, la nuit précédente, disait-on, sur
Amiens par le chemin de fer. Le gros de la division
de cavalerie s'établit à Guiscard et plus à l'ouest,
dans la direction de Nesle. Des détachements com-
posés d'une compagnie, de quelques escadrons et
de 2 pièces, étaient à Ham et à Roye, et envoyaient
des reconnaissances dans la direction de Saint-
Quentin, Péronne, Amiens et Breteuil.

Le commandant en chef se rendit le 21 novembre d'Attichy à Compiègne ; son quartier général et celui du général commandant le VIIIe corps
s'installèrent dans le château impérial. Entre
l'Aisne et l'Oise et sur la rive gauche de ces deux
rivières, la forêt de Compiègne s'étend sur plusieurs milles de développement ; elle est limitée à
l'est par la vallée de Pierrefonds, où se trouvent la
station thermale de même nom et assis sur une
arête de montagne, le château impérial, restauré
dans le style du moyen âge sur le plan du château
détruit à l'époque de Richelieu.

Entre Compiègne et le château de Pierrefonds,
dont la beauté pittoresque est des plus remarquables, règne, sous les hautes futaies, la profonde

solitude de la forêt : mais de larges éclaircies sont
pratiquées sur une croupe de la montagne, et l'on
découvre à ses pieds, du côté de l'ouest, le château
de Compiègne et les campagnes de la Picardie, qui
se développent au delà de l'Oise.

A Compiègne, la Ire armée touchait au pays compris dans le rayon d'observation du nord de l'armée de la Meuse, qui avait déjà envoyé à Attichy
les informations suivantes : Dans le voisinage de la
Ire armée, à Chantilly, se trouve la division de cavalerie saxonne (Lippe) avec 3 bataillons d'infanterie
et 2 batteries d'artillerie. Elle garde avec de forts
détachements Creil, Noisy, Beauvais et Clermont,
et envoie des patrouilles vers Breteuil et Montdidier. D'autre part, elle se relie avec la brigade de
cavalerie de la garde du prince Albert fils, qui
est à Gisors sur l'Epte, et qui, renforcée également
ment par 3 bataillons et 2 batteries, fait face à
Rouen. Dans les derniers rapports arrivés à Beauvais, il était question d'un projet de mouvement
offensif que l'ennemi devait exécuter de Rouen
dans la direction de l'est. — En réponse à ces communications, on fit part au commandant en chef
de l'armée de la Meuse des opérations qui devaient
avoir lieu prochainement d'après les bases que nous
venons d'indiquer, et on lui demanda le concours
des détachements de Beauvais et de Clermont pour
couvrir le flanc gauche de l'armée lorsqu'elle se
porterait en avant.

Le 22 et le 23 novembre, on continua à se déployer sur l'Oise, ainsi qu'il avait été prescrit. Le

VIII° corps, à l'exception de ses colonnes de train, se cantonna en entier sur la rive droite de la rivière, à cheval sur les routes de Montdidier et de Clermont, et se relia dans cette dernière direction avec le détachement de l'armée de la Meuse ; la 15° division à l'aile droite ; la 16° division à l'aile gauche.

La 3° brigade et l'artillerie du I⁰ʳ corps se trouvaient depuis le 22 novembre sur les deux rives de l'Oise, à Noyon et dans les environs. Le 23, arrivèrent de Laon les deux premiers échelons de la 1ʳᵉ division (le régiment n° 1, un bataillon du régiment n° 43, un escadron, une batterie et un détachement sanitaire). L'artillerie du corps et le bataillon n° 43 restèrent sur la rive gauche ; le reste des troupes fut entièrement cantonné sur l'autre rive : la 3° brigade à l'ouest, le régiment n° 1 à l'est de la route de Noyon à Guiscard.

Le commandant en chef remit alors le commandement du I⁰ʳ corps au général Bentheim, qui, de sa personne, était arrivé à Laon le 22 novembre.

À Compiègne, on reçut les nouvelles suivantes des fractions de troupes détachées :

Le général Zglinitzki annonçait que le parc de siége était arrivé le 23 novembre, et qu'il avait l'intention de commencer le bombardement de la Fère le 25 au matin. Le général Zastrow télégraphiait que le bombardement de Thionville avait commencé le 22 novembre avec 76 pièces de gros calibre. Le feu de l'ennemi avait d'abord vivement répondu, et s'était ensuite ralenti ; depuis trois

heures de l'après-midi la ville brûlait. Enfin, le
général Senden annonçait que son corps était arrivé
devant Mézières le 22 novembre.

Ces divers détachements avaient surtout pour
objet, comme nous le savons, de rouvrir les communications ferrées, et particulièrement l'important chemin des Ardennes, que commandaient encore les places fortes ennemies, afin de les utiliser
pour les ravitaillements des armées allemandes.
Tout en tenant compte de cette nécessité, le commandant de la Iʳᵉ armée avait toujours voulu limi-
ter au strict nécessaire l'effectif des troupes détachées et la durée de leur absence. Comme la
mission principale confiée à la Iʳᵉ armée faisait prévoir qu'elle aurait à livrer de sérieux combats, il
désirait concentrer autant que possible toutes ses
forces. Cette idée se trouve exprimée dans la dépêche suivante, adressée par le commandant en
chef au général Zastrow, datée de Compiègne le
23 novembre :

« D'après l'exposé général des opérations qui a
été communiqué hier à Votre Excellence, elle
aura dû voir que mon intention était de me faire
rallier dans la suite par la division Senden, je la
prie de prévoir dès maintenant cette éventualité.
J'ai envoyé cette division prendre position devant
Mézières et je l'ai placée sous les ordres de Votre
Excellence, dans le but de paralyser l'action du
triangle de forteresses Mézières—Rocroi—Givet,
jusqu'au moment où il serait possible de faire le

siége de la première de ces places. Eu égard au petit nombre de troupes d'infanterie dont dispose le
général Senden et pour faciliter la mission qu'il avait
à remplir devant Mézières, j'ai ordonné que le parc
de siége destiné à cette place ne serait provisoirement conduit que de Verdun à Clermont, pour être
transporté à Boulzicourt lorsque les troupes de siége
seraient réunies en nombre suffisant et pourraient
en assurer la sécurité. Votre Excellence voudra
bien, d'après ses propres appréciations, fixer le
moment où ce transport aura lieu, et donner à ce
sujet les ordres nécessaires. Ce sera probablement
après la prise de Thionville qu'une division du
VII⁰ corps deviendra disponible pour le siége de
Mézières, puisque, d'après les instructions du 31 du
mois dernier, le gouvernement général de l'Alsace
aura à pourvoir à la garnison de Thionville. Il ap-
partiendra également plus tard au gouvernement
général de la Lorraine de faire garder Montmédy.
La I⁰ armée doit, il est vrai, rester chargée de
l'occupation de Metz, cependant je laisse Votre
Excellence juge de voir s'il ne serait pas possible
d'obtenir pour cet objet la coopération du gouvernement général de l'Alsace, combinaison qui serait
certainement avantageuse pour l'armée.

« Pendant les opérations, qui vont avoir lieu, il
faudra encore inévitablement conserver les détachements tels qu'ils existent; Votre Excellence
voudra bien toutefois ne pas perdre de vue, dans
les dispositions qu'elle aura à prendre, que les
troupes restées en arrière devront toujours rejoindre

l'armée promptement et successivement, dès que les circonstances le permettront. Par conséquent, Votre Excellence voudra bien avoir tout particulièrement soin de remettre aussi tôt que possible la division Senden à ma disposition. »

Signé : MANTEUFFEL.

Telle était en général la situation de l'armée au moment où commença la campagne en Picardie.

D'après les états du 21 novembre, l'effectif de la première armée s'élevait :

	Infanterie.	Cavalerie	Artillerie.
	Hommes	Hommes	Pièces
Pour le Ier corps (y compris les troupes devant Mezières et devant la Fère) à . . .	10.148	1,084	84
Pour le VIIIe corps, a.	19,996	1,139	90
Pour la 3e division de cavalerie (non compris les fractions de troupe, qui lui étaient momentanément attachées), à.	»	2,210	6
Total.	38,244	4,433	180

DEUXIÈME PÉRIODE.

OPÉRATIONS EN PICARDIE ET EN NORMANDIE
JUSQU'A LA PRISE DE ROUEN.

(Du 24 novembre au 6 décembre)

CHAPITRE III.

**Marche sur Amiens. — Combats de reconnaissance
au Quesnel et à Mézières. — Combat d'avant-garde
sur la Luce. — Capitulation de Thionville.**

(Du 24 au 26 novembre.)

Les instructions de Versailles du 18 novembre,
que nous avons déjà fait connaître, sont la base
de cette période d'opérations. Elles prescrivaient
à la Ire armée de prendre possession de Rouen et
d'Amiens; mais elles avaient laissé au commandant en chef le soin de décider s'il convenait de
faire faire au gros de ses troupes un détour par
Amiens, ou s'il suffisait seulement d'envoyer un
détachement occuper la ville. La position prise
sur l'Oise, où l'aile gauche s'étendait vers le sud
au delà de la route directe de Compiègne à Rouen,
avait été choisie en vue de l'une ou de l'autre
éventualité. La détermination définitive devait dé-
pendre des nouvelles que ferait parvenir la divi-

sion de cavalerie, dont le gros des forces, avec le
général Græben, s'était porté le 23 novembre sur
Roye, et dont un détachement mixte avait été poussé
plus en avant sur le Quesnel.

Le rapport des reconnaissances du 22 novembre
avait fait savoir qu'on s'était avance sans trouver
de résistance, d'un côté, jusqu'à Saint-Quentin ;
de l'autre, jusqu'à Breteuil ; on avait signalé seulement la présence de francs-tireurs qui, dans quelques villages des environs de Montdidier, avaient
tiré sur les patrouilles. Un escadron du régiment
de uhlans n° 14 avait poussé sur la route d'Amiens
jusqu'à Beaucourt (à peu près à moitié chemin de
Roye et d'Amiens), et avait envoyé une patrouille
au delà de Domart jusqu'à la forêt de Gentelles (à
1 mille et demi, 11 kilom. d'Amiens). Il rendait
compte que, d'après le dire unanime des habitants,
il devait y avoir à Amiens et aux environs 17,000
hommes de troupes de toutes armes et que le général
Bourbaki s'y trouvait également de sa personne, (on
ne savait encore si son commandement lui avait été
ou non enlevé ; des bruits contradictoires circulaient
à ce sujet). Ces données confirmaient les renseignements antérieurs que l'on avait sur la réunion
de forces ennemies importantes dans cette région.
En les rapprochant de la retraite de l'ennemi de
Ham sur Amiens. du mouvement vers l'est des
troupes de Rouen, signalé par l'armée de la Meuse,
il paraissait vraisemblable que les trois masses
ennemies de Lille, d'Amiens et de Rouen ten-
daient à se concentrer sur un point central, pour

s'opposer au mouvement en avant de la 1ʳᵉ armée.

L'ennemi pouvait disposer à cet effet de la grande ligne ferrée qui unit ces trois points et qu'il avait toujours eu soin de protéger, particulièrement entre Amiens et Rouen. Les forces françaises signalées plusieurs fois à Formerie (1) n'avaient pas évidemment d'autre objet. Les considérations purement militaires conseillaient donc déjà de se porter promptement sur Amiens pour surprendre l'ennemi au milieu de la concentration qu'on lui supposait exécuter ; il en était de même des considérations politiques qui doivent, dans une certaine mesure, influencer les déterminations d'un général opérant d'une manière indépendante.

On devait tenir compte notamment de l'exaltation que l'évacuation forcée d'Orléans avait causée dans l'esprit des Français. Quinze jours s'étaient écoulés sans que les Allemands eussent livré quelque bataille décisive. A en croire les journaux, cette circonstance pouvait n'être pas sans influence sur les dispositions des puissances neutres et les rapports d'Odo Russell, qui venait d'arriver à Versailles,

---

(1) Le général Krug, commandant le détachement saxon a Clermont, prevenait encore, a la date du 23, que Marseille, Grandvillers et Formerie etaient fortement occupes, que Gournay etait plus faiblement et qu'au contraire, la brigade du prince Albert s'etait avancee le 21 jusqu'aux Andelys et jusqu'a la ligne de l'Andelle, sans trouver de forces notables. — Un bruit rapporte a la fois par le general Gurbien et par le commandant du detachement de Clermont, d apres lequel l'ennemi n ayant pas l intention de defendre serieusement Amiens, se disposait au contraire à se retirer sur Lille, paraissait moins vraisemblable.

pouvaient avoir une grande importance au sujet de l'attitude qu'elles allaient prendre.

Ces considérations politiques et militaires eurent donc pour résultat de faire décider, le 23 novembre dans l'après-midi, que l'on marcherait sur Amiens sans attendre que l'armée eût terminé son déploiement sur l'Oise. Il est vrai que l'on conservait l'espoir de pouvoir, pendant la marche, être successivement rallié par les fractions du Ier corps, qui manquaient encore, et les avoir à portée le jour de la bataille décisive, à laquelle on s'attendait. En se portant en avant, l'armée allait prêter aux reconnaissances offensives que la division de cavalerie faisait au loin l'appui dont elles avaient besoin.

Le 23 au soir, le commandant en chef fit paraître l'ordre suivant :

« L'armée continuera sa marche en avant de manière que le VIIIe corps atteigne demain la ligne Ressons-Leglentières et soit, le 25 novembre, avec le gros de ses forces à Montdidier et dans les environs. Un fort détachement de cavalerie sera dirigé sur Breteuil par Saint-Just ; il enverra des patrouilles sur Marseille et se tiendra en relation, d'un côté avec les détachements de l'armée de la Meuse qui sont à Clermont et à Beauvais ; de l'autre avec la 3e division de cavalerie dans la direction de Poix et d'Amiens.

« Le Ier corps, avec ses troupes disponibles, s'échelonnera entre Noyon et Roye. Il occupera ce dernier endroit, qui déterminera la position de sa droite. Le Ier corps prendra ses dispositions de

manière à faire suivre sur Noyon, au fur et à mesure de leur arrivée, les détachements encore en
arrière ; ils seront provisoirement maintenus sur
ce point pour conserver les communications avec
la brigade d'investissement de la Fère.

« Jusqu'à nouvel ordre, la 3ᵉ division de cavalerie occupera Ham, de manière à couvrir l'aile
droite de l'armée, et de ce point elle éclairera le
terrain du côté de Saint-Quentin et de Péronne.
De plus, elle fera couper immédiatement les chemins de fer qui partent d'Amiens. La ligne d'Amiens
à Arras, et à l'occasion celle d'Amiens à Abbeville,
devront être détruites aussi complétement que
possible ; pour les autres, on devra observer que
s'il faut en interdire l'emploi à l'ennemi, il convient toutefois de se réserver la possibilité de les
utiliser plus tard à notre profit. Le 25, la division
de cavalerie s'avancera avec le gros de ses forces
sur Moreuil, pour continuer à procurer des renseignements sur l'ennemi et couvrir le front et l'aile
droite de l'armée.

« On laisse à chaque corps le soin de décider dans
quelle mesure ses équipages devront être laissés
en arrière. Ceux du Iᵉʳ corps devront autant que
possible rester derrière son aile gauche. Mon quartier général se portera à Montdidier le 25 novembre. »

Signé : MANTEUFFEL.

Nous allons indiquer en quelques mots la configuration générale du terrain sur lequel doivent se

développer les opérations ; de plus amples détails trouveront naturellement leur place dans la suite du récit.

Comprise entre l'Oise et la mer, entre la Somme et l'Epte, l'ancienne province de Picardie est un pays de collines parfaitement cultivées, traversé dans tous les sens par de bonnes routes, couvert de nombreux villages et d'établissements de diverses natures. Les parties boisées sont généralement de peu d'étendue ; les croupes de terrain qui s'allongent entre les vallées se développent parfois en vastes plateaux découverts. Il en est ainsi du plateau de Sains et de Dury, entre les ruisseaux de la Noye et de la Celle, dans le voisinage d'Amiens. La ville est bâtie au pied de ce plateau qui la domine complétement du côté sud ; d'autre part, la Picardie est sillonnée de nombreux cours d'eau qui, par la nature de leurs abords, ont tout le caractère d'obstacles militaires. Le plus important d'entre eux est la Somme, qui vient des environs de Saint-Quentin.

Elle est entourée, la plupart du temps, par de grandes prairies basses et marécageuses, et partagée en plusieurs bras par une canalisation ; elle coule d'abord vers le sud, puis décrit un cercle par Ham et Péronne, et se rend à la mer par Corbie et Amiens.

Ses affluents du sud, l'Arve, la Noye et la Celle, qui se réunissent à elle aux environs d'Amiens en formant l'éventail, offrent le même caractère ; mais ils sont d'ordinaire plus profondément encaissés et leurs rives sont boisées. L'Arve reçoit la Luce,

qui vient de Rosières en coulant de l'est à l'ouest.
Cette configuration du terrain permet difficilement
une action d'ensemble à des colonnes marchant
sur Amiens du sud au nord.

Le 24 novembre, tandis que le gros de l'armée
se mettait en mouvement pour atteindre, le lendemain, la ligne qui lui était indiquée de Royc à Breteuil, les événements suivants se passaient à la
3ᵉ division de cavalerie, que nous avons laissée la
veille en marche vers Roye et le Quesnel. Le détachement dirigé sur ce dernier village (composé du
régiment de uhlans nº 14, d'une compagnie de
chasseurs et de 2 pièces, sous les ordres du colonel Luderitz) se heurta, vers une heure et demie
du soir, contre deux compagnies de gardes mobiles, qui occupaient le Quesnel et une petite remise boisée dans le voisinage. Les chasseurs engagèrent de front un combat de mousqueterie, tandis
que le major Strantz, avec les uhlans et l'artillerie,
se portait sur le flanc droit de l'ennemi. Au bout
d'une demi-heure, l'action de notre artillerie avait
déterminé l'évacuation du village, qui fut occupé
par les chasseurs. Jusqu'à la nuit, la cavalerie et
l'artillerie poursuivirent l'ennemi, qui, profitant
de plusieurs parcelles de bois, se replia dans la
direction du nord vers Caix, et finit par se retirer
dans un grand désordre, en abandonnant une partie
de ses sacs.

Du Quesnel, le colonel Luderitz envoya jusqu'à
Hourges, dans la direction d'Amiens, un escadron
d'avant-garde et un détachement de chasseurs.

Dans la matinée du lendemain, 24 novembre, ces troupes ayant été attaquées par un millier de gardes mobiles, le colonel Luderitz s'avança pour les soutenir jusqu'à Mézières.

La compagnie de chasseurs défendit ce village en faisant subir à l'adversaire des pertes sensibles, et l'évacua seulement en se voyant menacée d'être enveloppée par trois bataillons qui se déployaient au nord-est du village, pendant que plusieurs escadrons ennemis avec 4 pièces d'artillerie se portaient sur le côté sud. Le colonel Luderitz, tout en combattant, se retira alors lentement sur le Quesnel, puis sur Bouchoir, où un détachement avait été envoyé de Roye par le général Grœben, pour l'appuyer. Cependant l'ennemi avait cessé le combat sur les hauteurs de Beaucourt ; il laissa quelques détachements dans les environs, mais le général Grœben y prit position, le 24 au soir, avec les troupes réunies à Bouchoir. Les pertes de la division de cavalerie, dans ces différents combats, s'élevèrent à environ 24 hommes. Le commandant en chef reçut à Baugy, le 24 au soir, les rapports sur ces événements. Au même moment, un télégramme, venant de Berlin, évaluait à 46,000 hommes l'effectif des forces ennemies alors rassemblées à Amiens (y compris 11,000 hommes de troupes de ligne et 42 canons).

Une autre dépêche télégraphique, qui arriva dans la nuit, annonça la capitulation de Thionville. Le 24, à onze heures du matin, à la suite d'un bombardement de cinquante-quatre heures,

pendant lequel l'artillerie de siége avait tiré 8,600
coups, et, après l'ouverture de la première parallèle,
la place avait hissé le drapeau blanc. A minuit et
demie, la capitulation avait été signée sur les bases
de celle de Sedan. Outre un important matériel
de guerre, environ 200 canons et 4,000 prisonniers tombèrent entre nos mains. Les pertes du
corps de siége s'élevèrent à 24 hommes.

Le 25 novembre.

L'armée atteignit, le 25, la ligne Roye — Breteuil. qui lui avait été indiquée dans les instructions du 23 novembre ; mais le Ier corps, qui, dans
l'intervalle, avait été rejoint par le général Bentheim, n'avait à Roye que la 3e brigade (6 bataillons, 3 escadrons et 2 batteries). Les détachements de la 1re division arrivés à cette époque,
c'est-à-dire 4 bataillons, 2 escadrons et 2 batteries de la 1re division, ainsi que l'artillerie du corps
d'armée. étaient échelonnés en arrière jusqu'à
Noyon.

Le troisième échelon de transport prochainement attendu ne comprenait que des troupes
d'armes spéciales et du train ; les trois derniers
échelons, formés par des troupes d'infanterie, ne
devaient arriver sur l'Oise que les 25, 26 et novembre. Le VIIIe corps, avec le gros de ses forces,
se trouvait, le 25 novembre, dans les environs et à
l'ouest de Montdidier. L'avant-garde de la 15e division s'avançait sur l'Avre, dans la direction de

Moreuil. La 16e division avait un fort détachement
à Breteuil. A l'armée de la Meuse, les changements
suivants eurent lieu le 24 et le 25 :

La division de cavalerie Lippe, remplaçant la
brigade de cavalerie du prince Albert fils, qui reçut une autre destination, occupa la ligne de l'Epte,
et, portant son quartier général à Gisors, elle prit
le service d'observation du côté de Rouen. Elle fut
remplacée à son tour par la brigade de dragons de
la garde (Brandenburg II), qui vint à Clermont le
25, pour se porter le lendemain avec le gros de ses
forces sur Beauvais. On apprit en même temps
que le général Bourbaki était nommé au commandement d'un corps d'armée à l'armée de la
Loire, et qu'il était provisoirement remplacé par
le général Farre.

Telles étaient les informations parvenues au commandant en chef à Montdidier, le 25 novembre
dans l'après-midi. Comme nous l'avons dit, on
avait jusqu'alors espéré que les fractions du 1er corps
d'armée pourraient rallier pendant la marche sur
Amiens. Des ordres dans ce sens venaient encore
d'être donnés ; mais un rapport du général Grœben,
sur les événements de la journée, arrivé du Quesnel dans la soirée, modifiait la situation. Le général Grœben, conformément aux ordres qu'il avait
reçus (1), s'était mis en marche, le 25 au matin,
de Bouchoir sur Moreuil ; au Quesnel, il avait appris que Moreuil et la forêt voisine étaient forte-

_____

(1) Voir l'ordre d'armée du 23 novembre.

ment occupés. Ses patrouilles, envoyées dans
d'autres directions, avaient reçu des coups de feu
et constaté, partie par renseignements, partie *de
visu*, la présence de masses de troupes ennemies
avec de l'artillerie, à Boves, Gentelles, Cachy et
Villers-Bretonneux, c'est-à-dire dans le terrain
entre la Luce et la Somme. De plus, on apprit que
de nombreuses troupes, venant de Lille, d'Arras et
de Boulogne arrivaient à Amiens; d'autres étaient
encore attendues. Le général Grœben, à la suite
d'une reconnaissance personnelle faite avec l'avant-
garde, s'était convaincu qu'il pourrait difficilement
tenir en face des forces qu'il avait devant lui, dans
le terrain coupé des environs de Moreuil; il avait en
conséquence pris position au Quesnel avec le gros de
ses troupes, et placé son avant-garde sur une ligne
de hauteurs entre Beaucourt et Fresnoy. Le bataillon de chasseurs n° 1 arriva à Bouchoir, derrière
ses positions.

D'après ces nouvelles et les renseignements recueillis les jours précédents, il était évident maintenant qu'en se portant sur Amiens, la Iᵉ armée
n'allait pas frapper un coup dans le vide; on avait
au contraire à se demander si ses forces seraient
suffisantes pour battre l'ennemi. D'une part, il paraissait donc désirable de concentrer tout le Iᵉʳ corps,
même en appelant à soi, si les circonstances l'exigeaient, les troupes alors devant la Fère; d'un autre
côté, tout délai accordé à l'ennemi lui était avantageux. Si on lui laissait le temps de se concentrer à
Amiens, il pouvait, à l'aide des chemins de fer dont

il disposait, réunir des masses de beaucoup supérieures à celles de la Ire armée, dont les forces
étaient limitées. Enfin, nous pouvions perdre non-
seulement l'avantage de la surprise (1), mais peut-
être aussi celui de l'initiative qui, dans la première
partie de la guerre, nous avait été si profitable.
Ces réflexions, qui avaient déjà déterminé à quitter
la ligne de l'Oise avant la fin du déploiement,
eurent encore pour conséquence de faire passer
outre sur toute autre considération militaire, quelque juste qu'elle pût être théoriquement.

Dans les moments critiques aussi sérieux et
aussi décisifs, le général Manteuffel avait l'habi-
tude de consulter les personnes en qui il avait
confiance. Le général Gœben, commandant le
VIIIe corps, qui se trouvait à Montdidier, et le
colonel faisant fonctions de chef d'état-major, opi-
nèrent l'un et l'autre, d'après les motifs ci-dessus
indiqués, pour que l'on marchât de suite sur
Amiens. Le 25, à huit heures et demie du soir, le
commandant en chef donna alors l'ordre suivant :

« Demain matin, à huit heures, le VIIIe corps

---

(1) Les journaux français nous parlaient encore, au moment de la
bataille d'Amiens, d'un prétendu camp retranché que la Ire armée était
censée avoir établi à Laon ; de même, les feuilles allemandes se plai-
gnaient « de l'hésitation et de la lenteur du mouvement du général Manteuffel. » On se félicitait de ces propos, que d'ailleurs les faits avaient
déjà démentis, parce que l'on voyait ainsi que les mouvements de la
Ire armée n'avaient pas été prématurément ébruités et que, dans une
certaine mesure, nous avions encore de notre côté l'avantage de la surprise.

portera la 15° division à Ailly et fera avancer son
aile gauche de Breteuil dans la direction du nœud
de routes d'Essertaux.

« Au I⁰ʳ corps, la 3° brigade, le régiment de dragons n° 10 et l'artillerie divisionnaire se porteront
de même sur le Quesnel; l'artillerie du corps d'armée, escortée par des détachements de la 1ʳᵉ division, sur Bouchoir. Les autres troupes disponibles
de la 1ʳᵉ division se concentreront à Roye et en
avant. Jusqu'à l'arrivée du général Bentheim au
Quesnel, le général Grœben commandera l'aile
droite de l'armée; la 3° division de cavalerie passera ensuite sous les ordres du général Bentheim.
Dès maintenant. la division de cavalerie conservera le contact avec l'ennemi, sans toutefois le
presser; elle devra cependant mettre à exécution
les ordres précédemment donnés relativement aux
destructions de chemins de fer sur les flancs et sur
les derrières de l'ennemi. Le détachement qui
flanque son aile droite (1) se dirigera demain sur
Ham, éclairera le terrain dans la direction de Péronne et de Saint-Quentin. et conservera les communications avec le corps de siége de la Fère. »

Le 26 novembre.

Lorsque l'armée se porta en avant le 26, on

(1) Pendant les jours précédents, ce détachement changeant constam-
ment de cantonnements, ainsi que les instructions le recommandaient,
s'était tenu dans les environs de Ham, Nesles et Chaulnes, pour seconder
le mouvement de la division de cavalerie sur Roye et éclairer le pays
jusqu'à la Somme.

reconnut qu'en face des troupes avancées du
VIIIe corps, l'ennemi avait évacué, depuis la veille
sans doute, Moreuil et le terrain au sud de la Luce.
Le gros du VIIIe corps atteignit donc les positions
prescrites sans trouver de résistance. La 16e division prit position à Ailly, et un détachement de
3 bataillons et 3 escadrons à Essertaux. Une brigade de la 15e division se porta sur Moreuil et dans
les environs ; la 30e brigade, poussée sur la Luce,
occupa Hailles, Thennes et Domart. Les avant-
postes envoyés au delà de la Luce trouvèrent des
francs-tireurs et des chasseurs à pied au nord de
Thesy ; plus tard, trois bataillons ennemis venant
de Gentelles s'avancèrent contre Domart. Sur les
deux ailes, l'ennemi fut repoussé avec des pertes
sensibles, et la ligne des avant-postes s'établit au
nord de la Luce. Nos pertes furent de soixante
hommes. Le général commandant le VIIIe corps se
rendit à Moreuil, le commandant en chef à Plessier.
Au Ier corps, la 3e brigade, le régiment n° 1 et l'artillerie du corps d'armée, ensemble 9 bataillons,
5 escadrons, 11 batteries, arrivèrent dans les environs du Quesnel et d'Arvillers, où le général Bentheim établit son quartier général. Trois bataillons,
un escadron, un batterie, sous les ordres du lieutenant-colonel Hüllessem, arrivèrent à Roye ; la tête
des échelons suivants était à Noyon. Les patrouilles
envoyées sur la Luce, vers le milieu du jour,
trouvèrent Demuin et Ignancourt inoccupés. Le
commandant en chef, ayant été informé de l'ar-
rivée de la 15e division sur la Luce, fit prévenir le

Ier corps de porter également dans la journée ses avant-postes sur cette ligne. Dans l'après-midi, le gros de la division de cavalerie s'avança sur Rosières à l'aile droite du Ier corps. Elle reçut l'ordre d'envoyer le même jour des reconnaissances sur Bray et Corbie, et de vérifier l'exactitude des renseignements envoyés de Chaulnes par le détachement du flanc droit et venus encore d'autre source, sur les destructions des ponts de la Somme opérées par l'ennemi. Le 24 novembre, en effet, une forte patrouille d'officier s'était avancée dans les environs d'Harbonnières et avait, le 25, poussé jusqu'à Sailly sur la Somme dans le but de couper le chemin de fer entre Albert et Corbie. Elle avait trouvé les ponts détruits, à l'exception de quelques petites passerelles pour les piétons ; elle avait franchi la rivière sur l'une d'elles, et avait continué un peu plus loin encore dans la direction de Treux ; mais les villages au nord de la Somme étant occupés par l'ennemi, qui menaçait de lui couper la retraite, elle avait dû rétrograder. Cette tentative contre les communications ferrées entre Arras et Amiens ne put donc réussir. La retraite des avant-postes ennemis, au delà de la Luce et les destructions des ponts de la Somme, faisaient supposer que la position principale de l'ennemi se trouvait derrière cette rivière et que, de ce côté-ci, il se bornerait à la défense même d'Amiens. On avait l'intention de conserver à la Ire armée sa formation actuelle, en la concentrant le 27 novembre en avant et sur la gauche ; mais il fallait observer que le cours réuni de l'Avre et de la Noye séparerait les deux ailes, lors de l'attaque principale à diriger contre Amiens le 28 novembre. Les ordres suivants furent donnés dans ce sens le 26, à 5 heures du soir :

« Demain, le VIII⁰ corps s'avancera sur le terrain compris entre l'Avre et la Celle, et poussera son avant-garde sur la ligne Hebecourt — Sains — Fouencamps ; il enverra des patrouilles sur Amiens et fera surveiller le pays dans la direction de Poix et de Marseille.

« Le I⁰ʳ corps, se tenant en relations avec le VIII⁰, se portera sur la Luce avec le gros de ses forces, à peu près sur la ligne Thezy — Demuin.

« La division de cavalerie, qui reste jusqu'à nouvel ordre sous le commandement du général Bentheim, s'avancera dans la direction d'Amiens entre la Luce et la Somme. Elle devra particulièment reconnaître la ligne de la Somme au point de vue des passages de la rivière, et se procurer des renseignements sur les forces ennemies qui se trouvent de l'autre côté.

« Les moyens de passage de la Noye et de l'Avre seront également reconnus, la Noye par le VIII⁰ corps, l'Avre par le I⁰ʳ corps, et l'on aura soin d'établir ceux qui seraient nécessaires pour les communications des deux corps d'armée. »

Signé : MANTEUFFEL.

Mais l'ennemi s'étant avancé avec toutes ses forces sur la rive gauche de la Somme, et ayant prononcé une offensive entre la Somme et la Luce, en se portant sur ce dernier cours d'eau, on dut se dé_partir des précédentes instructions, et la bataille d'Amiens, dont nous n'attendions le dénoûment que le 28, s'engagea le 27 novembre, dès le moment où l'ennemi se porta en avant (1).

(1) Nous resumons ici brievement, d'après les données du général Faidherbe, les faits qui se rapportent à l'armee ennemie. Le 19 novembre, le général Farre avait pris par intérim le commandement du 22ᵉ corps, jusqu'alors sous les ordres du général Bourbaki et toujours en voie d'organisation. A la nouvelle du mouvement en avant du général Manteuffel, les forces disponibles, c'est-à-dire les brigades Lecointe, Derroja et du Bessol, sept batteries et la brigade de cavalerie incomplétement formée, ne comptant encore que 4 escadrons (effectif évalué à 17,500 hommes), avaient été réunies en toute hâte à Amiens. Il fallait y ajouter la garnison de la ville, forte de 8,000 hommes, sous les ordres du général Paulze d'Ivoy, avec 12 pièces de gros calibre ; de plus, 3 bataillons avaient été tirés de Lille et d'Arras pour occuper la Somme. Pendant la bataille, ou immédiatement avant, arrivèrent encore de Douai et de Brest deux batteries de grosses pièces. Comme en gardant la défensive sur la rive droite de la Somme on ne pouvait espérer conserver Amiens, le général Farre se décida à prendre position sur les hauteurs, entre l'Avre et la Somme. La première ligne de défense s'appuyait à droite sur l'Avre et s'étendait par Gentelles et Cachy jusqu'au point dominant de Villers-Bretonneux. Le 26 novembre, la brigade du Bessol était à Villers-Bretonneux, la brigade Derroja à Boves et la brigade Lecointe dans une position intermédiaire. A l'extrême droite, le 27 au matin, le général Paulze d'Ivoy se porta au delà des retranchements de Dury, où il fut renforcé par les batteries qui venaient d'arriver.

CHAPITRE IV.

Bataille d'Amiens.

(27 novembre.)

Le 27 novembre, à 9 heures du matin, le général Bentheim, avec les troupes réunies au Quesnel et à Bouchoir, se mit en marche sur la route d'Amiens, afin de s'établir, ainsi qu'il en avait reçu l'ordre, sur la ligne Thezy—Demuin. Le lieutenant-colonel Hullesem était parti de Roye à 8 heures. A 11 heures l'avant-garde fit connaître que l'ennemi occupait les villages de Gentelles, de Cachy et de Marcelcave, ainsi que les bois de Domart et de Hangard au sud de ces villages. Sur le flanc droit, on entendait déjà un feu de mousqueterie dans la direction d'Aubercourt, tandis que des deux côtés de la route d'Amiens, on ne voyait point d'ennemi. Le Ier corps dut alors infléchir, vers la droite, la direction de sa marche, et il se trouva bientôt sérieusement engagé au nord, dans la direction de Cachy et de Marcelcave. Le général Bentheim était appuyé à droite par la division de cavalerie placée sous ses ordres pour cette journée. A l'aile gauche, la bataille s'engagea entre la Celle et la Noye, dès que le VIIIe corps se porta en avant. Il y eut ainsi un vide au centre de la ligne vers Thennes, où le commandant en chef se rendit dans la matinée avec son état-major. Comme les troupes du Ier corps,

qu'on y attendait, n'arrivaient pas, le commandant
en chef les fit remplacer par les détachements d'escorte du quartier général, c'est-à-dire le bataillon
Koppelow du régiment n° 28 et l'escadron Rudolphi
du régiment de hussards n° 7, qui depuis Plessier
avaient marché avec lui.

Cette circonstance et la nature bourbeuse de la
vallée de l'Avre ne permirent pas aux deux ailes
de se prêter un appui réciproque pendant l'engagement. L'ensemble de la bataille se trouvera donc
naturellement exposé en suivant le développement
du combat de chacune des fractions isolées.

1° *La bataille à l'aile droite.*

L'avant-garde du Iᵉʳ corps (6 bataillons de la
3ᵉ brigade, 3 escadrons et 2 batteries), sous les
ordres du général Pritzelwitz, qui avait déjà occupé
la veille au soir les passages de la Luce, était arrivée
sur ce cours d'eau vers 11 heures 1/2 du matin et
avait envoyé des avant-postes sur Domart et Hangard.

L'avant-garde marchait alors dans l'ordre siu-
vant : A gauche le régiment n° 4, à droite le régiment n° 44 ; la cavalerie et l'artillerie réparties sur
divers points de la ligne. A l'extrême gauche, le
1ᵉʳ bataillon et le bataillon de fusiliers du régiment
n° 4 doivent, en marchant sur la route, se porter
sur le bois de Domart ; le bois de Hangard est divisé
en deux parties ; le 2ᵉ bataillon doit se diriger vers
la partie ouest. Le régiment n° 44 suivra d'abord

ce bataillon, puis se dirigera ensuite sur la portion est du bois.

Le gros des forces (régiment n° 1, 2 escadrons, 8 batteries) reçut l'ordre d'occuper les passages de la Luce, de Hourges à Ignancourt, l'artillerie se plaçant à la croisée des routes de Domart — Roye et de Demuin — Moreuil.

Ces ordres furent exécutés dans leur ensemble. A l'aile gauche, le bois de Domart fut rapidement évacué par l'ennemi. L'infanterie s'avança alors sur Gentelles, et si rapidement, que le général Bentheim, en raison de la configuration du terrain, jugea nécessaire de la faire arrêter et d'attendre que l'artillerie de sa division eût produit son effet. Des instructions analogues avaient d'ailleurs été déjà données au commandant de l'avant-garde, à qui l'on avait prescrit de ralentir le mouvement de l'aile gauche pour attendre celui de l'aile droite.

Pendant cette halte, le feu continu de la mousqueterie et l'action simultanée de l'artillerie décidèrent les détachements ennemis, qui étaient à Gentelles, à se replier sur les masses qui se tenaient près de Cachy ; une petite partie seulement du premier de ces villages resta occupée ; mais de fortes lignes de tirailleurs s'avancèrent bientôt contre le bois de Hangard.

Lorsque l'ennemi en avait été délogé, ce bois avait été occupé par le 2ᵉ bataillon n° 4, qui s'était établi plus particulièrement aux deux angles nord de la portion ouest et qui réussit à repousser l'attaque.

Sur ces entrefaites le régiment n° 44 (major Dallmer) avait pénétré dans la portion est du bois. Le
major Dallmer y laissant un bataillon se porta
avec les deux autres, contre une tranchée située
entre Villers-Bretonneux et Marcelcave et qui était
fortement occupée par l'ennemi, ainsi que quelques fortifications voisines établies pour la protection du chemin de fer; il s'en empara et s'y maintint. Cette courageuse offensive eut une grande
influence sur le résultat définitif de la journée. Mais
on avait lieu de se demander s'il convenait de conserver à la ligne de bataille du corps d'armée le
grand développement que les circonstances avaient
imposé au début du combat. Pour en diminuer
quelque peu l'étendue, le général Bentheim fit appuyer son aile gauche dans la direction de Cachy.
Le régiment de dragons resta chargé d'observer la
route d'Amiens, sur laquelle on continuait d'ailleurs
à ne pas voir l'ennemi.

Pendant un moment les troupes se trouvèrent
ainsi disposées : à l'aile gauche, le régiment de dragons des deux côtés de la chaussée ; deux bataillons
du régiment n° 4 en tirailleurs contre Cachy; un
bataillon toujours fortement engagé dans la partie
ouest du bois de Hangard ; un bataillon du régiment
n° 44 entre les deux fractions du bois, deux bataillons du même régiment dans les retranchements
de Villers-Bretonneux tenant tête aux efforts ré-
pétés faits par l'ennemi pour en reprendre possession, l'artillerie sur les deux ailes.

Le gros des forces (c'est-à-dire 3 bataillons et

l'artillerie du corps d'armée) en position au sud de la Luce. — Dans l'après-midi, lorsque la première offensive dirigée de Cachy sur le bois de Hangard eut été repoussée, il sembla que le combat allait finir ; mais il n'en était rien. L'ennemi renouvela son attaque avec une grande vigueur ; plusieurs batteries (36 pièces, dit-on), qui paraissaient arriver en ce moment sur le champ de bataille, prirent soudain position entre Cachy et Villers-Bretonneux ; elles dirigèrent leur feu particulièrement contre le bois de Hangard et leurs coups portèrent presque jusqu'à Demuin sur la Luce. Le général Bentheim fit alors avancer toute l'artillerie du corps d'armée ; quatre batteries s'établirent à l'est du bois de Hangard et les deux batteries à cheval, au nord de Domart. L'effet en fut excellent. Les quatre batteries à l'est du bois et deux batteries voisines de la 1re division arrêtèrent l'attaque de l'infanterie, qui avait déjà gagné du terrain, et bien qu'exposées en grande partie à la mousqueterie ennemie, elles engagèrent avec l'artillerie française un combat que celle-ci soutint avec ténacité. Les munitions pour l'infanterie et l'artillerie furent renouvelées pendant le combat ; le bataillon n° 44, jusqu'alors resté dans le bois, prit à son tour part à la lutte. L'action des deux batteries à cheval envoyées à l'aile gauche fut également avantageuse. Depuis que les deux bataillons du régiment n° 4 avaient appuyé à droite, l'ennemi avait de nouveau fait sortir de l'infanterie du village de Gentelles, tandis que d'autres détachements arrivaient d'Amiens et cherchaient à déborder

l'aile gauche du Ier corps. Les deux bataillons avaient
alors été ramenés sur la chaussée, et les deux batteries à cheval arrivèrent en temps opportun pour
les aider à arrêter le mouvement de l'ennemi. Pendant un moment, le combat continua dans les positions suivantes : A l'aile gauche, 2 bataillons et
4 batteries contre Gentelles et les troupes nouvellement sorties d'Amiens; 2 bataillons au bois de
Hangard fortement engagés; à leur droite, six batteries soutenant un combat d'artillerie; 2 bataillons
du régiment nº 44 dans le retranchement; la cavalerie pliée derrière les ailes; le régiment nº 1
sur la Luce. Vers 3 heures 1/2 le lieutenant-colonel
Hullesem vint annoncer l'arrivée de sa colonne, forte
de 3 bataillons, 1 batterie et 1 escadron. Le général
Bentheim le chargea d'occuper Domart et Thennes.
Le régiment nº 1 reçut, au contraire, l'ordre de ne
laisser qu'un bataillon sur la Luce et de porter deux
bataillons à l'est du bois de Hangard, pour soutenir l'artillerie du corps d'armée, toujours très-
gênée par l'infanterie ennemie. Le bataillon nº 44,
qui était encore dans le bois de Hangard, se joignit
à eux. Ce mouvement décida du combat. L'ennemi
plia; les trois bataillons prussiens le suivirent au
pas de charge; les batteries de l'aile droite et la
cavalerie les accompagnèrent. Les hourrahs écla-
tèrent sur toute la ligne prussienne.

Quatre batteries de l'artillerie du corps d'armée
prirent position près de Villers-Bretonneux et poursuivirent l'ennemi de leurs obus. L'infanterie, la
cavalerie et l'artillerie divisionnaire continuèrent à

avancer. Villers-Bretonneux fut emporté d'assaut ;
9 officiers et 320 hommes non blessés furent faits prisonniers ; en outre, 2 drapeaux et environ 800 blessés, la plupart appartenant à l'infanterie de marine,
aux chasseurs à pied, au 43e de ligne, et quelques
gardes mobiles et soldats du génie tombèrent entre
nos mains. Sur ces entrefaites, la nuit était venue ;
on ne distinguait plus rien. L'ennemi se retira, en
partie sur Amiens, couvert par le village de Cachy,
qui restait en sa possession ; en partie au delà de
la Somme, sur laquelle il occupait Corbie.

Pendant que ces événements se passaient au
1er corps, le gros de la division de cavalerie s'était
porté, dès huit heures du matin, de Rosières sur
Bayonvillers ; son avant-garde, qui était restée la
veille à Fresnoy et à Beaucourt, s'était dirigée plus
à gauche sur Lamotte. Deux escadrons avaient été
chargés de reconnaître les passages de la Somme
de Corbie à Bray, tandis que des patrouilles battaient le pays vers Marcelcave, Villers-Bretonneux
et Corbie. Elles avaient fait connaître la présence
de forts détachements à Villers-Bretonneux, et constaté que l'ennemi occupait les deux rives de la
Somme. A Cérizy seulement, une patrouille avait
pu traverser un pont.

Un autre rapport, ayant signalé de l'infanterie ennemie à Morcourt et l'arrivée de forts détachements
à Abancourt, détermina à faire front vers le nord.
L'avant-garde resta à Lamotte ; le gros se dirigea
vers Marcelcave. Pendant ce mouvement, vers une

heure du soir, on entendit un violent feu d'artillerie dans la direction de Cachy. Le général Grœben
se mit en communications avec les troupes engagées, fit occuper à deux heures et demie Marcelcave par sept compagnies de chasseurs, et se porta
avec 10 canons et 12 escadrons au nord du chemin
de fer, vers Villers – Bretonneux. Pendant près
d'une heure on entretint, avec grand succès selon
toute apparence, un actif combat d'artillerie contre
les batteries de l'aile gauche ennemie et contre les
lignes de tirailleurs, qui menaçaient notre flanc
droit. Plus tard, sur l'ordre du général Bentheim,
la division de cavalerie appuya l'aile droite de la
3ᵉ brigade lorsqu'elle se porta contre Villers-Bretonneux, au sud du chemin de fer. Le général
Grœben suivit son mouvement jusqu'à Maison-du-
Bois-l'Abbé, et, le combat terminé, il prit plus
en arrière des positions de quartier d'alarme à
Marcelcave, Wiencourt et Guillaucourt. Les deux
bataillons de chasseurs, qui n'avaient pas pris part
à l'action, furent, peu avant la fin du combat, envoyés dans le retranchement que le régiment n° 44
avait enlevé près de Villers.

2° *La bataille à l'aile gauche.*

Le 26 au soir, le VIIIᵉ corps occupait, comme on
le sait, les positions suivantes :

A la 15ᵉ division (Kummer), la 30ᵉ brigade

(Strubberg) sur la Luce ; la 29° (Bock) (1) à Moreuil ; la 16° division (Barnekow) à Ailly et son détachement de l'aile gauche à Essertaux. En exécution de l'ordre du 26 novembre, le général Gœben
avait donné pour la journée du lendemain les instructions suivantes :

Une brigade de la 15° division devait se porter
sur Fouencamps, l'autre brigade sur Sains ; le gros
de la 16° division s'avancer sur Habecourt, et son
détachement de l'aile gauche incliner vers Plachy-
Bacouel pour couper le chemin de fer de Rouen.
Les avant-gardes se dirigeraient sur Saint-Fuscien
et Dury, et de ce dernier point feraient reconnaître
les retranchements que l'ennemi avait, disait-on,
élevés dans les environs.

En exécutant ces mouvements, la 30° brigade
donna vers dix heures et demie du matin contre
l'ennemi, qui occupait fortement les parties boisées de la rive gauche de la vallée de la Noye à
Fouencamps et au Paraclet. Une batterie fut alors
amenée entre Dommartin et Fouencamps, puis on
attaqua vivement. Vers midi, le Paraclet fut pris et
l'ennemi rejeté dans la direction de Boves.

Pendant ce temps, la 29° brigade avait atteint
Sains. Tandis que son avant-garde occupait Saint-
Fuscien, elle reçut l'ordre d'envoyer un fort détache-

(1) Le colonel von Bock, précedemment attaché à l'état-major du général von Obernitz, de la division wurtembergeoise, prit le commandement de la 29° brigade à Reims. Il se conduisit avec la plus grande
distinction pendant la campagne du Nord, et mourut au printemps 1871,
peu de temps après son retour dans la patrie.

ment sur Boves, dans le but de soutenir la 30ᵉ brigade dans le combat sérieux où elle paraissait engagée, autant du moins qu'on en pouvait juger par la vivacité de la canonnade. Le colonel Bock dirigea alors 14 compagnies et 2 batteries, partie sur la ferme de Cambos, partie sur la dépression de terrain plus à droite. L'action fut vive. L'infanterie des deux brigades enleva la hauteur des ruines de Boves et le village même. La brigade Strubberg emporta ensuite le village de Saint-Nicolas. De fortes colonnes d'infanterie ennemie avec 2 batteries, venant en partie de Gentelles, essayèrent de rétablir le combat; mais vivement canonnées par notre artillerie, elles se retirèrent bientôt rapidement sur Amiens. Des trains de chemin de fer, portant très-certainement des troupes d'infanterie et qui essayaient de partir d'Amiens, furent également obligés de rétrograder devant le feu de notre artillerie, tandis qu'une batterie ennemie de grosses pièces canonnait nos troupes sans résultat.

Un combat de mousqueterie continua seulement avec les forces ennemies qui occupaient fortement la forêt de Gentelles; il cessa aussi à la nuit tombante. La 15ᵉ division s'établit dans les localités qu'elle avait prises. Elle avait fait subir de fortes pertes à l'ennemi et lui avait enlevé 400 prisonniers.

A l'extrême gauche, lorsque la 16ᵉ division s'était portée en avant, elle avait trouvé les avant-

postes ennemis à Saint-Sauflieu; ils se retirèrent
rapidement sur Hébecourt, où s'engaga alors un
combat acharné. Plusieurs bataillons de chasseurs
à pied français s'étaient établis dans ce village et
aux environs; un bois, situé plus en arrière,
était fortement occupé; les habitants prenaient
également part au combat. La 32ᵉ brigade (Beyer
von Karger), soutenue par le feu des batteries,
attaqua vivement l'ennemi; le village et la forêt
furent enlevés avec grande effusion de sang, car,
dans ces circonstances, on ne faisait guère merci.
Deux escadrons du régiment de hussards nᵒ 9
eurent l'occasion de charger quelques compagnies
de chasseurs et de les sabrer.

La division s'avançant alors au delà de Dury,
pour reconnaître le terrain de l'autre côté du village, se trouva en face d'une ligne fortement re-
tranchée, formée par des épaulements soigneuse-
ment établis pour l'artillerie, entre lesquels étaient
des fossés pour les tirailleurs. Les troupes furent
d'abord reçues par une vive mousqueterie, puis par
un feu d'artillerie. Les batteries de la division s'é-
tablirent en face de ces retranchements; le lieutenant-colonel Borkenhagen amena encore deux
autres batteries à cheval de l'artillerie du corps
d'armée, avec lesquelles il s'avança jusque sous un
feu d'infanterie des plus meurtriers. Deux compagnies du régiment nᵒ 70 enlevèrent à la baïonnette
un cimetière à 300 pas seulement des retranchements et s'y fortifièrent de leur côté. Cependant
on n'avait pu éteindre le feu de l'artillerie enne-

mie; la division s'établit donc pour la nuit dans
le village de Dury et dans le cimetière.

3° *Les événements au centre.*

Lorsque, dans la matinée, le commandant en
chef s'était porté avec son état-major en avant de
Thennes, on pouvait clairement se rendre compte
des progrès du combat sur la gauche au VIIIe corps;
il était moins facile de savoir quel était l'état des
choses à l'aile droite. Des officiers d'état-major
furent envoyés de chaque côté pour reconnaître la
situation et, si c'était nécessaire, faire soutenir
l'une des ailes par l'autre. L'aile droite plus particulièrement parut avoir besoin d'être appuyée.
Dans les premières heures de l'après-midi, le commandant en chef fit alors demander au général
Gœben de prononcer, autant que possible, une
attaque au delà de Fouencamps, dans la direction
de Gentelles. Comme on apprit, sur ces entrefaites,
que, de son côté également, le VIIIe corps était
complétement engagé et ne pouvait détacher aucune partie de ses troupes, on fut nécessairement
forcé de laisser le combat se poursuivre isolément
à chacune des ailes. L'absence de troupes au centre
pouvait faire craindre que l'ennemi, profitant de
cette circonstance, ne débouchât de la forêt de Gentelles, s'emparât du passage de la Luce à Thennes
et coupât ainsi, momentanément du moins, les
communications entre les deux parties de l'armée.

7

Pour cacher, autant que possible, cette situation, il parut utile de faire voir au moins quelques troupes de ce côté. Dans ce but, le commandant en chef, entouré des officiers de son état-major et de patrouilles de hussards courant çà et là, se rendit sur le plateau au nord de la Luce. Depuis le milieu de la journée, il se tint sur cette hauteur, visible de fort loin, en face la forêt de Gentelles, entre les deux grandes routes d'Amiens. Afin de mieux dissimuler encore la faiblesse du centre, le bataillon n° 28 fut placé dans une dépression de terrain, et pour occuper l'ennemi, engagea un combat de tirailleurs avec les troupes du bois de Gentelles ; elles lui répondirent mollement d'abord, puis avec une grande vivacité par un feu de mousqueterie, qui atteignit aussi l'état-major du commandant en chef. Le major Koppelow fut blessé. Plus tard, dans l'après-midi, lorsque l'ennemi, sortant de Gentelles, commença à déborder l'aile gauche de la 3° brigade, le commandant en chef se trouva exposé à être coupé du passage de la Luce à Thennes et à être acculé au cours de l'Avre, qu'il est presque impossible de traverser. Un peu avant la nuit, il se retira alors au sud de Thennes, sur la hauteur du moulin à vent, suivi par ses troupes d'escorte ; l'infanterie occupa le passage de la Luce, tandis que les hussards, parfois vivement pressés par l'ennemi, tinrent encore quelque temps de l'autre côté.

On savait qu'à l'aile gauche Fouencamps et Boves étaient pris ; mais on ignorait encore quelle était l'issue de la bataille à l'aile droite. A 5 heures du soir, de la hauteur près de Thennes, le comman-dant en chef adressa donc l'ordre au commandant du Ier corps, de prendre le jour même ou le lende-main, selon qu'il le jugerait convenable, la posi-tion précédemment indiquée sur la Luce en se re-liant avec le VIIIe corps. On laissa au général Bentheim la libre disposition de la division de cavalerie. Comme le point de Moreuil pouvait, dans certaines circonstances, devenir important pour les communications entre les deux fractions de l'armée, il fut recommandé au VIIIe corps d'occuper ce village. Au moment même où cet ordre était expédié, arriva une dépêche du général Zglinitzki annonçant que la Fère venait de capi-tuler (1).

L'ordre lui fut aussitôt donné, par le télégraphe, de se porter sur Noyon avec, au moins, 3 ba-taillons, 1 escadron et 1 batterie. Dans la soirée, la canonnade et la mousqueterie ayant cessé, le commandant en chef se dirigea vers Moreuil et établit son quartier général dans un vaste et con-fortable château, vieil édifice en briques, apparte-nant à la famille légitimiste du comte du Plessis. — Dans le courant de la nuit, arrivèrent les rap-ports sur l'heureuse issue de la bataille ; on n'en connut, toutefois, l'ensemble que le lendemain.

(1) La soirée était froide, humide et venteuse ; ce télégramme et les autres dépêches n'étaient déchiffrés qu'avec la plus grande peine, à l'aide d'allumettes que l'on enflammait à l'abri du moulin.

Dès le début, il n'avait existé aucun doute à cet
égard pour le VIII° corps, et cependant l'ennemi
avait pu s'arrêter dans ses retranchements au nord
de Dury. Au contraire, au Ier corps, dont l'effectif
était si faible, la situation parfois très-critique,
pendant le cours de la journée, s'était ensuite entièrement modifiée, l'ennemi avait été complètement battu et sa retraite s'était changée en déroute; l'obscurité seule lui avait permis d'échapper
à une débâcle totale.

Les pertes de la Ire armée s'élevèrent en tués et
blessés :

Pour le VIII° corps à. . . . . 24 officiers.	430 hommes.
Pour le Ier corps à. . . . . . 42 —	739 —
Pour la division de cavalerie à . —	15 —
Total. . . . . . 66 officiers	1184 hommes.

En outre, 20 hommes disparus avaient été faits prisonniers à Gentelles et furent retrouvés plus tard
à la capitulation de la citadelle d'Amiens (1).

Nous terminerons par une courte observation
au sujet de l'absence de réserve sous la main du
commandant en chef pendant la bataille. Les directions différentes suivies par les deux fractions

---

(1) *Remarque.* — Parmi les morts se trouvait le capitaine May, du
régiment n° 44, bien connu comme écrivain militaire, et le lieutenant
prince Hatzfeld, du régiment de hussards n° 9 ; parmi les blessés, le commandant du régiment n° 44, major Dallmer, et le lieutenant-colonel Borkenhagen de l'artillerie du VIII° corps, qui succomba bientôt après des
suites de ses blessures. — Le général Faidherbe évalue les pertes de
l'armée française du Nord, dans la bataille d'Amiens, a 266 tués,
1117 blessés, 1000 disparus et beaucoup de gardes mobiles débandés.

de l'armée, leur faiblesse numérique, qui n'avait pas permis de les affaiblir encore et de les désorganiser en leur enlevant, d'une manière permanente, des détachements plusieurs jours d'avance, et, enfin, cette circonstance que la rencontre générale, qui amena la bataille, n'était pas encore attendue le 27, expliquent ce fait. Nous avons vu que l'on s'efforça d'y suppléer avec les troupes d'escorte, qu'elles suffirent à boucher le vide qui se forma au centre de la ligne et qu'elles purent se maintenir défensivement sur ce terrain. Il reste à savoir quelle eût été l'action utile d'une réserve effective et disponible. Sans vouloir en déduire de conséquences générales, nous croyons cependant que, dans ce cas particulier, les troupes étaient mieux et plus efficacement employées sur les ailes. L'exposé qui précède montre en effet que si l'on avait distrait des détachements de l'aile droite pour constituer une réserve, le résultat de la bataille eût été évidemment compromis.

CHAPITRE V.

Capitulation de la Fère. — Occupation d'Amiens, capitulation de la citadelle. — Formation de la Ire armée pour marcher sur Rouen. — Installation d'une administration allemande dans le département de la Somme. — Situation du VIIe corps d'armée.

(Du 27 au 30 novembre.)

Revenons d'abord à la Fère, qui capitula le 27 novembre dans la journée, et dont la reddition fut apprise sur le champ de bataille même d'Amiens. Aussitôt après l'arrivée du parc de siége, c'est-à-dire dans la nuit du 24 au 25 novembre, on avait construit les batteries sans être gêné. Le 25 au matin, 7 batteries, placées des deux côtés du village de Danizy, commencèrent le bombardement.

Dans le courant de la journée, on vit déjà des incendies se déclarer dans la ville. L'ennemi, d'abord surpris, répondit ensuite de tous les fronts de la place au feu de notre artillerie; mais, vers midi, plusieurs pièces du front nord-est paraissaient démontées; il semblait aussi que l'assiégé ne pouvait se rendre maître des incendies de la ville. Le 26, le brouillard ne permit pas de distinguer l'artillerie ennemie; le bombardement seul fut continué; vers midi parut un parlementaire. On commença les négociations, qui furent

terminées le lendemain sur les bases de la capitulation de Sedan et de Metz ; la reddition de la ville
eut lieu au milieu de la journée.

C'est à l'absence de caves et d'abris à l'épreuve
des bombes que l'on devait d'avoir obtenu un aussi
prompt résultat. La garnison prisonnière, c'est-à-
dire 78 officiers et 2,234 hommes, fut dirigée sur
Laon. Les trophées consistaient en 113 canons,
5,000 fusils et un nombreux matériel de guerre.
Pendant l'investissement et le siége, la 4ᵉ brigade
n'avait eu que 7 hommes tués ou blessés. Conformément à l'ordre qui lui avait été expédié du
champ de bataille, le général Zglinitzki mit ses
troupes en marche sur Noyon le 28 novembre ; il
y arriva le lendemain avec 5 bataillons, 1 escadron
et une batterie. Un bataillon d'infanterie et une
compagnie d'artillerie de forteresse restèrent provisoirement dans la place. Le gouvernement général de Reims n'ayant pas voulu se charger de l'occuper, le général Senden fut invité à y pourvoir
avec un bataillon de son détachement. Le bataillon
Mackeldey, du régiment nᵘ 81, qui reçut cette destination, releva, le 30 novembre, le bataillon de la
4° brigade, qui rejoignit alors l'armée. Le major
Mackeldey remplit les fonctions de commandant
de la place. Le colonel Bartsch, commandant l'artillerie du siége, primitivement désigné pour ce
poste, fut, conformément à des ordres supérieurs
de Versailles du 6 décembre, dirigé sur le corps
de siége de Paris avec son parc et la majeure partie de la compagnie de forteresse.

On a déjà remarqué que le 27 au soir il n'avait
pas été possible de se rendre compte de l'ensemble
des résultats de la journée, et particulièrement des
dispositions prises par l'ennemi à la suite de cette
bataille perdue. A l'aile droite, on n'avait pas encore constaté si tout le terrain entre la Luce et la
Somme avait été évacué. Sur l'invitation du commandant en chef, le général Gœben s'était rendu à Moreuil pour conférer avec lui de la situation à l'aile
gauche. Une attaque de front contre les tranchées
du plateau de Dury ne lui paraissait possible
qu'avec de grands sacrifices, et encore en tenait-il
le succès pour incertain. Il ne voulait pas prendre
la responsabilité d'une attaque à corps perdu contre
ces fortifications et contre la Somme, dont le passage était très-difficile. Cette opinion motiva l'ordre
d'armée expédié de Moreuil le 27, à onze heures
et demie du soir.

Le commandant en chef commençait par remercier les troupes de la bravoure qu'elles avaient
déployée dans la bataille ; il prescrivait ensuite des
mesures provisoires pour le 28 novembre : « Le
Ier corps conservera le terrain conquis ; il fera envoyer par la division de cavalerie des reconnaissances entre la Luce et la Somme et vers Amiens,
et continuera d'ailleurs, ainsi qu'il en a reçu antérieurement l'ordre, à occuper la ligne de la Luce.
Le VIIIe corps s'établira, faisant face à Amiens,
sur le terrain qu'il a gagné en avant, et tiendra une

division prête à soutenir le Ier corps, dans le cas
où celui-ci se trouverait encore engagé avec l'ennemi entre l'Avre et la Somme. Le Ier corps fera de
même à l'égard du VIIIe. » On avait l'intention
d'attendre dans ces positions que les derniers détachements du Ier corps eussent rallié l'armée, et
d'en partir ensuite dans la direction qui semblerait
la plus favorable pour arriver promptement à déloger l'ennemi. Mais, plus tard dans la nuit, le lieutenant-colonel Burg, chef d'état-major du Ier corps,
vint annoncer qu'à l'aile droite la victoire était
complète ; on devait donc s'attendre comme conséquence immédiate à voir l'ennemi abandonner de
suite le terrain qu'il occupait de ce côté.

Le 28 au matin, le Ier corps occupa sur la Luce
la position prescrite : son avant-garde au nord de
ce cours d'eau, le gros de ses forces au sud. Le général commandant le corps se rendit à Mézières.
Les détachements venant de Noyon étaient successivement arrivés. La division de cavalerie se rendit
à Villers-Bretonneux et dans les environs.

Déjà les premières patrouilles avaient constaté
que Cachy et Gentelles étaient abandonnés ; tous
les villages environnants étaient remplis de blessés, d'armes et de bagages. D'autres patrouilles,
en reconnaissance sur la Somme, avaient trouvé
les ponts détruits sur plusieurs points (pendant la
nuit on avait entendu le bruit des explosions) ; on
voyait au delà de Sailly de fortes colonnes en retraite vers le nord ; Corbie paraissait également
évacué. A la suite de ces renseignements qui lui

parvinrent dans la matinée, le commandant en chef
ordonna à la division de cavalerie de commencer
immédiatement la poursuite de l'ennemi, et fit
mettre à sa disposition le matériel de ponts du
Ier corps.

A l'aile gauche, les conséquences de la victoire
étaient encore plus importantes et plus complètes.
Les avant-postes de la 16e division, envoyés au
delà de la Celle, avaient coupé le chemin de fer
et le télégraphe de Rouen. Au lever du jour, les
retranchements ennemis ne reprirent pas le feu,
comme on s'y attendait; au contraire, les patrouilles les trouvèrent évacués; l'ennemi y avait
laissé de l'artillerie et des voitures de munitions.
Ils furent aussitôt occupés par le régiment n° 40,
qui poussa ses avant-gardes jusqu'aux premières
maisons d'Amiens sans recevoir de coups de feu.
Sur ces avis, le général Gœben dirigea la 16e division vers Amiens, et, à la tête du régiment n° 40
et de deux batteries, il entra, vers midi, dans la
vieille capitale de la Picardie. Située au pied du
versant nord du plateau qui s'étend entre l'Avre et
la Celle et dont il a été déjà plusieurs fois question,
par conséquent sur la rive gauche de la Somme, la
ville d'Amiens compte environ 70,000 habitants;
ses rues et ses places sont de belle apparence. Sur
l'autre rive de la Somme, mais touchant les maisons mêmes de la ville, se trouve la citadelle, vieille
et grande fortification bastionnée qui commande
au loin la plaine sur la rive droite. Bien que les
talus des fossés du côté nord fussent en assez mau-

vais état, la citadelle était à l'abri d'un assaut et
suffisamment armée de grosses pièces. En entrant
dans la ville, on fut informé que l'ennemi s'était
complétement retiré vers le nord. La retraite avait
été décidée dans un conseil de guerre tenu à
Amiens à une heure du matin, et avait immédiatement commencé. Les gardes nationaux commandés pour la garde des retranchements de Dury
avaient alors refusé de s'y rendre; et l'on apprit
qu'ils avaient même brisé leurs armes; au contraire
quelques centaines d'hommes s'étaient enfermés
dans la citadelle avec un commandant énergique,
qui, sans toutefois entreprendre rien d'hostile, repoussa les sommations qui lui furent faites. On lui
laissa le temps de réfléchir jusqu'au lendemain.

La 15ᵉ division resta dans ses positions à Boves,
Foucncamps, Saint-Fuscien et Sains.

La nouvelle de ces événements arriva vers midi
à Moreuil. La situation se trouvait ainsi complètement éclaircie. La nuit précédente on se savait
seulement victorieux; mais l'ennemi, en abandonnant sans résistance une ville importante et de
fortes positions, montrait jusqu'à quel point son
moral avait été atteint par la défaite. Le général
commandant en chef, ainsi que nous l'avons vu,
avait, aussitôt après avoir reçu les premiers avis
de la retraite de l'ennemi, donné les ordres pour
la poursuite. Il s'agissait maintenant de tirer parti
des avantages stratégiques de la victoire, c'est-à-
dire d'en profiter pour déterminer les opérations
ultérieures. C'est ce que l'on fit dès le 28, vers le

milieu de la journée, et voici sur quelles considérations on s'appuya :

On occupait Amiens, la citadelle exceptée, ainsi
que l'avaient prescrit les instructions de Versailles
du 18 novembre; mais l'objectif principal des opérations était toujours Rouen avec l'armée du général Briand. A cet égard les instructions supérieures
répondaient parfaitement aux exigences de la situation militaire. On ne savait pas encore, en effet,
de quel côté se trouvait le centre principal de la
résistance ennemie : était-il à Amiens avec les
troupes du général Farre (plus tard du général
Faidherbe), ou à Rouen avec l'armée du général
Briand? D'après les renseignements que l'on avait
jusqu'alors, c'était du côté de Rouen que paraissait être le danger le plus sérieux pour l'investissement de Paris. Cette opinion fut encore confirmée les jours suivants par l'avis de mouvements
offensifs que l'ennemi faisait dans ce pays. Un détachement des trois armes de la division de cavalerie de Lippe venait d'être surpris dans la nuit du
29 au 30 novembre à Étrepagny, à 2 milles à peine
(15 kilomètres) à l'ouest de Gisors. Si la Ire armée
continuait ses opérations vers le nord, elle allait se
trouver bientôt hors d'état de protéger l'investissement de Paris contre les entreprises venant du
côté de Rouen; puis elle ne tarderait pas à être
obligée de s'arrêter devant la ligne de forteresses
derrière lesquelles l'armée battue à Amiens trouvait un abri assuré. Elle ne disposait en outre d'au-

cun matériel de siége, et, après les détachements
qu'elle avait déjà été obligée de fournir, elle ne
pouvait encore s'établir devant Arras, Lille, Cambrai, Valenciennes ou Douai sans perdre toute faculté d'opérer en rase campagne.

Le but des opérations contre Amiens avait été de
disperser les rassemblements de forces ennemies.
Il était encore conforme aux instructions du 18 novembre, conforme également aux exigences de la
situation militaire, telle que nous venons de la faire
connaître, de ne pas se laisser attirer dans le rayon
des places du Nord, en abandonnant en Normandie
le champ libre à l'ennemi; il fallait au contraire se
tourner maintenant vers cette région. Il fut donc
décidé que l'on marcherait sur Rouen. Pendant le
court délai dont l'armée avait besoin pour prendre
la nouvelle formation qu'exigeait ce mouvement,
on voulait toutefois tirer de la situation à Amiens
tout le parti possible, eu égard aux troupes dont on
disposait; ce n'était là d'ailleurs qu'une préoccupation secondaire, puisque la marche sur Rouen était
pour le moment l'opération principale.

Outre la poursuite de l'ennemi, qui avait déjà
été ordonnée, il rentrait dans cet ordre d'idées de
faire un certain déploiement de forces à Amiens,
afin d'exercer sur l'adversaire un effet moral toujours utile; il fallait ensuite s'assurer autant que
possible une durable occupation de la ville en
s'emparant de la citadelle, et se borner, du reste,
à prendre sur la ligne de la Somme une position
d'observation défensive qui permît de s'opposer

en temps utile à toute reprise agressive de l'ennemi, qui venait d'être rejeté dans le nord.

Ces considérations et ces décisions motivèrent les dispositions et amenèrent les événements ci-après. On commença par donner, le 28, dans la journée, l'ordre suivant :

« La 3ᵉ brigade et deux batteries montées se rendront demain à Amiens et occuperont la ville. Le commandant de la brigade (qui était alors le colonel Busse) remplira provisoirement les fonctions de commandant de place. Les autres troupes du Iᵉʳ corps se placeront sur la route Moreuil — Ailly — Conty, prêtes à continuer leur marche sur Rouen, de manière que leurs têtes de colonne soient demain à Essertaux. La brigade Zglinitzky, venant de la Fère, sera dirigée sur Montdidier.

« Le VIIIᵉ corps s'échelonnera sur la route Amiens — Poix — Forges et au sud de cette route, de manière que sa tête arrive demain à la hauteur de Creuse. Il devra régler son mouvement de telle sorte qu'à 10 heures du matin la route Moreuil — Essertaux soit libre pour le Iᵉʳ corps.

« La 3ᵉ division de cavalerie renverra à leurs corps respectifs les deux bataillons de chasseurs et la batterie à cheval du VIIIᵉ corps ; de plus, et jusqu'à nouvel ordre, elle détachera un régiment de cavalerie à chaque corps d'armée. Les deux autres régiments de cavalerie et une batterie à cheval formeront avec la 3ᵉ brigade et les deux batteries montées un corps mixte sous les ordres du général Grœben; il sera chargé d'occuper Amiens, de couvrir contre les forces françaises du nord les derrières et les flancs de l'armée opérant sur Rouen et spécialement aussi, de protéger le chemin de fer d'Amiens — la Fère — Laon contre les entreprises ennemies.

« Demain, le quartier général de l'armée se transportera à Amiens. » (Suivent des prescriptions relatives à la délimitation des cantonnements.)

Signé : MANTEUFFEL.

L'armée allait opérer non pas un mouvement général de conversion à gauche, mais un changement de direction par corps d'armée, de sorte que le VIIIe corps, qui était le plus avancé vers le nord, allait former l'aile droite. On évitait ainsi des marches inutiles et, de plus, la brigade Zglinitzki, qui arrivait diagonalement par Montdidier, pourrait rallier plus rapidement son corps d'armée.

Le 29 et le 30 novembre

Le 29, dans la matinée, pendant que l'armée se formait, ainsi qu'on vient de le dire, et que le Ier corps rassemblait complétement sa 1re division, le général Manteuffel transportait son quartier général à Amiens. En s'approchant de la ville, on entendit un feu de mousqueterie et d'artillerie. A l'expiration du délai, qui lui avait été laissé, la citadelle avait persisté dans le refus de se rendre.

Le feu s'était alors engagé entre elle et des détachements de la 16ᵉ division postés dans les maisons
voisines, qui tiraient sur les hommes paraissant sur
les remparts (1).

L'ennemi cherchant, autant que possible, à ménager la ville, le feu ne tarda pas à cesser et, selon toute apparence, sans aucun résultat de part et
d'autre. Il n'en était pourtant pas ainsi : le vaillant
commandant de la citadelle, le capitaine Vogel,
avait été frappé à mort pendant ce combat ; mais
nous n'apprîmes cette circonstance que le lendemain matin.

L'importance de la citadelle pour assurer la possession d'Amiens était trop évidente pour ne pas
justifier une tentative d'attaque de vive force. Déjà
le 28 au soir, le général Manteuffel avait ordonné
à toutes les grosses batteries de campagne de preu-
dre position au nord de la Somme, sous la protection de troupes des deux autres armes. En l'absence
de pièces de siége, on espérait obtenir le résultat
désiré en employant l'artillerie de campagne en
nombre supérieur à celui de l'artillerie ennemie.
Les opérations contre la Normandie ne souffri-
raient ainsi d'aucun retard ; et, s'il était nécessaire,
les batteries rejoindraient leurs corps d'armée en
forçant les étapes. Il y avait d'abord quelque difficulté à faire passer les pièces sur l'autre rive de la

---

(1) Des hommes d'une grande hardiesse avaient même essayé d'esca-
lader les fortifications, mais la hauteur du profil du corps de place devait
naturellement faire échouer cette tentative.

Somme. D'après les renseignements venus de l'aile droite, tous les passages de la Somme paraissaient avoir été détruits par l'ennemi, et le pont d'Amiens était commandé par la citadelle. Une reconnaissance spéciale du major du génie Fahland fit connaître, il est vrai, que seuls les ponts de Sailly, Corbie et Daours étaient impraticables, mais que ceux de Bray et de la Motte-Brebière (entre Daours et Amiens) étaient en bon état. Cependant, à l'aide des colonnes de pontonniers on était arrivé, dans la nuit du 29 au 30, à établir un passage à Longpré en aval d'Amiens ; les batteries traversèrent la rivière sur ce point, et le 30, au lever du jour, 66 pièces étaient rangées en demi-cercle autour de la citadelle, prêtes à ouvrir le feu. Le général d'artillerie Schwartz était chargé de la direction de cette attaque d'artillerie ; mais la mort du commandant avait paralysé la défense, et à la vue des batteries prussiennes en position, le drapeau blanc avait été hissé. A 8 heures du matin, la capitulation fut conclue aux conditions de Sedan ; la reddition se fit dans le courant de la matinée, et les troupes prussiennes prirent ensuite possession de la citadelle. 30 pièces d'artillerie, 11 officiers et 400 hommes (1) tombèrent entre nos mains. Les trophées recueillis à la suite de la bataille d'Amiens consistaient alors en deux drapeaux, environ 40

_____

(1) Ces prisonniers, pour la plupart enfants d'Amiens, furent plus tard, par une faveur du Roi, laissés en liberté sous une caution payée par la ville.

pièces et plus de 2000 prisonniers (y compris 800 blessés). Il fut en outre trouvé à Amiens un nombreux matériel de guerre, sept locomotives et cent wagons de chemin de fer, qui ne furent pas inutiles dans la suite.

On pourrait se demander encore pourquoi l'on ne tira pas de la victoire d'Amiens un plus grand profit, conformément, du reste, aux instructions du commandant en chef, plusieurs fois répétées avant et après la bataille. Pour le comprendre, il faut se rappeler les circonstances qui favorisaient d'une manière toute particulière la retraite de l'ennemi, c'est-à-dire l'incertitude où l'on était resté de l'ensemble de la situation le soir de la bataille et l'obstacle formé par la Somme. Par suite de la première de ces raisons, il n'avait pas été possible de commencer la poursuite pendant la nuit (1); pour la seconde, les reconnaissances de cavalerie ne pouvaient arriver que jusque sur la rivière, et, trouvant les ponts détruits, elles rétrogradaient. — Maintenant, les patrouilles d'officiers envoyées d'Amiens dans les directions d'Albert, de

(1) L'issue victorieuse des batailles livrées pendant la campagne de France, ne nous permit cependant que rarement de poursuivre immédiatement l'ennemi; cela tient à ce qu'il réussissait en général à se maintenir avec une grande ténacité jusqu'à la nuit sur ses dernières positions défensives. Dans la seconde partie de la campagne, il était en outre favorisé par la brièveté des jours. Grâce aux longues nuits et aux chemins de fer, il pouvait accélérer ses mouvements de retraite de manière à avoir gagné le lendemain matin l'avance nécessaire.

Doullens, d'Abbeville et sur les routes intermédiaires ne trouvaient plus l'ennemi. On apprit seulement que des détachements s'étaient retirés dans toutes ces directions, les uns en ordre, les autres à la débandade et sans armes. Les nouvelles qui arrivèrent, en même temps, du Nord, firent connaître que l'armée ennemie, « en *déroute complète*, » avait battu en retraite, dans la direction principale d'Arras.

Avant son départ pour Rouen, le commandant en chef laissa au général Grœben des instructions sur la mission qu'auraient à remplir les troupes placées sous ses ordres et qui se composaient :

De la 3ᵉ brigade d'infanterie (régiments nᵒˢ 4 et 44 ; colonel Busse, plus tard général Memerty);

De la brigade de cavalerie Mirus (régiments de uhlans nᵒˢ 7 et 14) ;

De deux batteries montées du Iᵉʳ corps et d'une batterie à cheval du VIIIᵉ corps, dont l'ensemble formait : 6 bataillons, 8 escadrons, 18 pièces; et, en outre, d'une compagnie de pionniers du Iᵉʳ corps et d'une compagnie d'artillerie de forteresse venue de la Fère pour occuper la citadelle.

Voici quelle était la teneur de ces instructions :

« Pendant que l'armée se porte sur Rouen, le général Grœben devra :

« 1° Couvrir son mouvement ;

· « 2° Occuper la position d'Amiens et s'y maintenir contre les attaques de l'ennemi;

« 3° Couvrir le chemin de fer d'Amiens à la Fère ;

« 4° Maintenir l'ennemi dans l'incertitude de ses mouvements et du chiffre de ses propres forces.

« Les mesures à prendre pour ces divers objets concordent entre elles. Une garnison permanente doit être, il est vrai, affectée à la ville d'Amiens ; mais sa sécurité sera assurée surtout par l'envoi de détachements à de grandes distances. Je recommande donc au général Grœben d'éviter de laisser ses troupes stables et de ne les concentrer que dans le cas où les opérations de l'ennemi le rendraient nécessaire.

« L'ennemi battu à Amiens s'est replié en toute hâte et en désordre ; il lui faudra nécessairement quelque temps avant d'être capable de nouvelles entreprises sérieuses. L'armée va profiter de ce délai pour ses opérations contre Rouen ; mais de son côté, le général Grœben doit, par tous les moyens possibles, entraver un nouveau rassemblement de l'ennemi derrière la Somme. Pour cette raison il fera détruire les chemins de fer et les lignes télégraphiques, qui vont d'Amiens à Arras, et de la Fère à Cambrai, au moins à une distance de deux jours de marche, c'est-à-dire au delà d'Albert et de Saint-Quentin ; ces deux derniers points et les localités importantes doivent de temps en temps et momentanément être occupés par des colonnes mobiles. Le chemin de fer d'Abbeville doit être également coupé. Péronne doit être surveillé, et l'on m'informera s'il serait possible de s'emparer de cette place, et avec quels moyens (1).

« La mission du général Grœben est donc toute défensive ; elle exige, néanmoins, la plus grande activité et la plus grande initiative. Pour assurer les opérations de l'armée, je regarde comme très-important, et je recommande à chaque commandant de troupes d'avoir toujours présent à l'esprit, de ne jamais perdre de vue que toutes les difficultés doivent être surmontées en vue de concourir au but commun. L'occupation de la citadelle suffisant pour maintenir la ville et formant un point d'appui solide, il est possible au général Grœben d'employer en avant la majeure partie de ses forces. »

Le préfet de la Somme, nommé par Gambetta, avait quitté Amiens au moment du départ des troupes françaises. Il n'y avait pas à compter sur le concours du gouvernement général de Reims, chargé de l'administration des pays à l'est de l'Oise, et qui, avec l'assentiment du commande-

---

(1) Le 3 décembre, pendant que l'on marchait sur Rouen, le général Grœben rendit compte que le major Heinichen, avec deux escadrons du régiment de uhlans nº 7 (primitivement le détachement du flanc droit a Ham) avait reconnu Péronne le 30 novembre, qu'il s'y trouvait une garnison d'environ 3,000 gardes mobiles, et qu'il l'avait sommée en vain de se rendre. Le major Heinichen pensait que la place, complétement découverte au sud-est du côté de Doingt, ne saurait résister a un sérieux bombardement. — On avait alors laissé au général Grœben la faculté de faire contre Péronne, s'il le jugeait convenable, une simple tentative, qui ne pût toutefois l'engager dans un siége.

ment supérieur, avait déjà décliné l'occupation de la Fère. Le règlement de toutes les affaires, et particulièrement de l'administration civile du territoire nouvellement conquis, incombait donc provisoirement au commandement de la 1re armée ; aussi l'insuffisance du chiffre des troupes d'étapes se faisait-elle alors vivement sentir. Cependant, l'inspection générale des étapes avec son faible détachement d'escorte avait suivi l'armée de Reims à Compiègne ; elle reçut l'ordre de se rendre à Amiens, où elle arriva le 3 décembre. — Le commandant en chef fit connaître, par une proclamation aux habitants, qu'il nommait préfet intérimaire du département de la Somme, avec résidence à Amiens, l'intendant d'armée Sulzer. Les relations entre la préfecture, le commandement des troupes et l'inspection générale des étapes furent déterminées dans une instruction commune, adressée le 5 décembre à ces trois autorités. Elle était ainsi conçue :

« Pendant que l'armée poursuit ses opérations vers la Seine, une administration régulière doit fonctionner dans le département de la Somme ; toutefois, comme il est nécessaire de protéger ce département contre une agression de l'ennemi, il sera toujours considéré comme étant dans le rayon des opérations militaires. Tant que durera cette situation exceptionelle, j'arrête, en ce qui concerne le ressort des différentes affaires, les dispositions suivantes :

« Le général Grœben, ayant son quartier général à Amiens, exercera l'autorité en mon nom,

lorsqu'on n'aura pas le temps de demander mes
ordres, et remplira les fonctions de gouverneur
général du territoire soumis à la Iʳᵉ armée, à l'ouest
du gouvernement général de Reims. Conformément aux instructions qu'il a reçues et d'après lesquelles il doit assurer la sécurité du pays vers le
nord, il aura particulièrement à couvrir le chemin
de fer d'Amiens à la Fère et à occuper le point important de Noyon pour protéger l'hôpital, le chemin
de fer, etc.

« L'inspection générale des étapes, avec les six
compagnies et l'escadron, dont elle dispose encore,
sera chargée de maintenir les communications entre
Amiens et l'armée, particulièrement de garder et
de protéger le chemin de fer d'Amiens à Rouen.

« Il appartient à la préfecture de la Somme de
pourvoir à la prompte mise en exploitation de cette
ligne, ainsi que de celle d'Amiens à la Fère ; elle
requerra à cet effet la section des chemins de fer
de campagne nº 3, qui se trouve à Laon. On obser-
vera que, bien que les travaux de reconstruction du
pont de la Fère n'assurent pas encore avec les derrières une communication directe par voie ferrée,
le matériel trouvé à Amiens permet de se servir
du tronçon d'Amiens à Rouen et provisoirement de
celui d'Amiens à Compiègne par Noyon et de les
utiliser pour différents services (comme, par exemple, le service de la poste, les évacuations des prisonniers et de malades, etc.) (1).

(1) Il convient de remarquer que le commandement supérieur à Ver-

« Les trois autorités devront s'entendre, pour arrêter d'un commun accord les mesures d'exécution sur les bases de la présente instruction. »

Signé : MANTEUFFEL.

Jetons maintenant un coup d'œil rétrospectif sur les événements qui, pendant cette période, se sont passés au corps de troupes du général Zastrow.

Le corps du général Senden, sans être inquiété par l'ennemi, était resté devant Mézières, dans la position d'observation qu'il avait prise en face du triangle fortifié, Mézières — Rocroy — Givet ; ses colonnes mobiles battaient le pays vers Rocroy et dans d'autres directions ; elles avaient eu plusieurs petites rencontres heureuses à Rimogne, et le 1ᵉʳ décembre à Harci, etc. Il avait été recommandé au général Senden de porter particulièrement son attention vers l'ouest, parce que de petits mouvements offensifs pouvaient être faits contre lui par l'armée française du nord qui s'était retirée derrière Arras. — Après la prise de Thionville, le général Zastrow se proposait de renforcer successivement le corps du général Senden ; il avait même l'intention de se rendre, de sa personne, au commence-

---

sailles avait déjà prescrit de rétablir successivement ces diverses sections afin de les mettre en état de servir à l'armée. La section de la Fère à Amiens était très-exposée, c'était pourtant la seule dont on pût alors se servir, le pont de Creil, que l'ennemi avait fait sauter, n'étant pas encore réparé. Lorsque plus tard un pont provisoire eut été construit, les communications de la 1ʳᵉ armée purent se faire avec plus de sécurité, par Rouen — Amiens — Creil, etc.

ment de décembre, à Stenay, afin d'être à proximité de Montmédy, dont on allait faire le siége. Mais, le 27 novembre, une dépêche télégraphique de Versailles arriva à Metz et prescrivit le départ immédiat pour Châtillon-sur-Seine de la 13ᵉ division et de l'artillerie du corps d'armée (c'est-à-dire de la majeure partie du VIIᵉ corps). Cette mesure avait pour objet d'assurer la sécurité du vaste territoire compris entre les théâtres d'opérations de la IIᵉ armée et du général Werder. Ces détachements étaient distraits de la 1ʳᵉ armée; la 14ᵉ division et le corps du général Senden ne cessaient pas, au contraire, d'en faire partie. L'occupation de Metz et de Thionville, et la surveillance de Longwy incombaient, désormais, au général Lœwenfeld, à la disposition duquel étaient mis, outre le régiment nᵒ 72, douze bataillons de landwehr, le régiment de dragons de réserve nᵒ 1, et trois batteries de l'ancienne division Kummer; il devait relever directement du grand quartier général de Versailles. — La direction des siéges des places fortes des Ardennes fut donnée au général Kamcke, qui avait déjà fait commencer le transport du parc de siége de Thionville à Montmédy. La 14ᵉ division tout entière devait prendre position devant cette place, puisque les détachements de la 13ᵉ division, qui s'y trouvaient précédemment, en avaient été retirés. L'envoi de renforts, qu'on s'était proposé de faire au corps d'observation du général Senden, n'étant plus possible, il fallait également s'abstenir d'attaquer simultanément Montmédy et Mézières,

comme on en avait eu l'intention, pour se conformer aux vues du commandement supérieur. Le
général Manteuffel maintenait, en effet, formellement ses instructions datées de Jouy et de Reims,
d'après lesquelles on ne devait entreprendre de
siége effectif qu'avec des moyens suffisants pour en
assurer le succès. — Le corps du général Senden
fut placé sous les ordres du général Kameke.

Tel était l'ensemble de la situation militaire dans
le nord lorsque commencèrent les opérations vers
la Normandie.

CHAPITRE VI.

Marche vers la Normandie. — Combats de Buchy. — Entrée de la Iʳᵉ armée à Rouen.

(Du 1ᵉʳ au 6 décembre.)

Pour les opérations qui allaient commencer, on
disposait du VIIIᵉ corps, renforcé par le régiment de
cuirassiers nᵒ 8, détaché de la division de cavalerie,
et du Iᵉʳ corps, à l'exception de la 3ᵉ brigade laissée à Amiens, mais renforcé par cinq bataillons de
la 4ᵉ brigade, venant de la Fère par Montdidier, et
du régiment de uhlans nᵒ 5, détaché de la division
de cavalerie. Un télégramme de Versailles mettait
en outre à la disposition du commandant en chef,
pendant les opérations sur la Seine, la brigade de

dragons de la garde alors à Beauvais (1). La colonne de ponts de bateaux saxonne devait aussi rester attachée à la Iʳᵉ armée jusqu'à la fin de ces opérations. On avait ainsi 43 bataillons (dont l'effectif actuel était à peine de 30,000 hommes), 31 escadrons, 168 canons. Le commandant de l'armée de la Meuse avait promis la coopération dans la direction de Fleury de la division de cavalerie saxonne (Lippe), qui se trouvait à Gisors.

Les nouvelles arrivées de différents côtés s'accordaient à peu près pour évaluer à 44,000 hommes environ (dont 11,000 de troupes de ligne) et 94 canons, pour la plupart canons de place de gros calibre, les forces de l'ennemi à Rouen et dans les environs. Des patrouilles du détachement de Beauvais avaient constaté à Formerie et sur la ligne de l'Epte en aval jusqu'à Gournay, la présence de plusieurs bataillons ennemis, de quelques escadrons de hussards et de corps francs, auxquels de fortes masses servaient de soutien. Le 10 décembre, de l'infanterie et de la cavalerie ennemies se trouvaient également à Grandvillers.

Cependant les deux corps d'armée prussiens, conformément à l'ordre précédemment donné, s'étaient cantonnés le long des routes qui leur avaient été affectées, leurs têtes de colonne étant à Creuse et à Essertaux. Le 1ᵉʳ décembre, par la première

(1) A cette brigade avaient été attachés · un bataillon du régiment de la garde nᵒ 2 et une batterie d'artillerie. Le bataillon fut rappelé à l'investissement de Paris et un escadron resta à Chantilly, de sorte que pour les opérations contre Rouen on avait 7 escadrons et 1 batterie.

gelée de l'hiver, ils commencèrent leur mouvement vers l'ouest.

Le commandant en chef avait arrêté les dispositions de marche jusque sur l'Epte, que l'on savait occupé par l'ennemi et où l'on devait arriver le 3 décembre. Le VIII⁰ corps devait marcher sur les routes qui côtoient le chemin de fer par Poix et Formerie ; le I⁰ʳ corps, passant par Conty, prendre plus au sud la route de Breteuil à Rouen, et, le 2 décembre, être rallié par la 4ᵉ brigade.

La limite du terrain de cantonnement réservé à chaque corps passait à peu près à égale distance de ces deux routes principales. Le commandant en chef se rendit le 1⁰ʳ décembre à Conty, le 2 décembre à Grandvillers. Le 3 décembre, les avant-gardes des deux corps arrivèrent sur l'Epte, à Forges et à Gournay sans trouver l'ennemi, qui s'était retiré plus à l'ouest (une partie de ses troupes s'était repliée la nuit précédente seulement). Le I⁰ʳ corps s'était mis en communication avec la brigade de dragons de la garde qui était à Beauvais. D'après l'ordre du commandant en chef, cette brigade avait suivi le mouvement en avant, et, le 3 décembre, elle arrivait également sur l'Epte, dans les environs de Gournay. Une brigade d'infanterie, un régiment de cavalerie, deux batteries du VIII⁰ corps et un régiment de cavalerie du I⁰ʳ corps avaient été désignés comme réserve générale pour la bataille à laquelle on s'attendait devant Rouen. Ces détachements devaient, sans toutefois se séparer de leurs corps d'armée, s'établir le 3 décembre vers le centre de la ligne, de manière à être toujours à la disposition du commandant en chef.

Voici donc quelle était la formation au 3 décembre :

A l'aile droite : le VIII⁰ corps (3 brigades d'infanterie, 2 régiments de cavalerie, 13 batteries) sur la route directe d'Amiens à Rouen et au nord de cette route, ayant ses têtes de colonne à Forges ; général commandant le corps à Gaillefontaine.

A l'aile gauche : le I⁰ʳ corps (3 brigades d'infanterie, 2 régiments de cavalerie, 12 batteries) sur la route de Breteuil à Rouen, la tête de colonne à Gournay ; la brigade Brandenburg des dragons de la garde, sur l'Epte, au sud de Gournay ; général commandant le corps à la Chapelle, près Songeons.

Au centre et comme réserve : la brigade Strubberg, le régiment de cuirassiers nᵒ 8 et deux batteries à Pommereux, au sud-est de Forges ; le régiment de uhlans nᵒ 5 à Bazancourt, à un mille et demi (11 kilom.) à l'ouest de Songeons ; le commandant en chef à Songeons.

Le 4 décembre.

Le 3 décembre dans l'après-midi, l'ordre suivant avait été donné de Songeons :

« Le I⁰ʳ corps se portera demain à la Haye et à Lyons-la-Forêt ; le VIII⁰ corps à Buchy ; la réserve à Argeuil. On compte que le I⁰ʳ corps partira de

Gournay à huit heures et demie ; le VIII° corps de Forges à neuf heures. Un escadron du 1ᵉʳ régiment de dragons de la garde prendra, à Gournay, le service d'escorte du grand quartier général ; le général Brandenburg, avec ses autres escadrons et sa batterie, se dirigera dès le lever du jour vers la Ferté, entre Forges et Argeuil, et passera sous les ordres du général Gœben. Le 1ᵉ¹ corps se mettra dès demain en communications avec le détachement du général Lippe, dans la direction de Fleury et d'Étrepagny. »

En même temps que cet ordre, le commandant en chef adressa ses instructions spéciales aux généraux commandants de corps d'armée :

« Demain, j'ai l'intention de faire avancer l'armée dans la direction de Rouen, assez loin pour pouvoir, en la laissant sur les mêmes emplacements, faire reconnaître, le 5 décembre, la ville et les positions que l'ennemi doit probablement occuper aux environs. Les deux corps d'armée devront donc choisir ces emplacements de manière à pouvoir y résister dans une certaine mesure, dans le cas où l'ennemi viendrait les attaquer. Si le 1ᵉʳ corps juge à propos d'occuper dès demain la ligne de l'Andelle, qui se trouve devant son front, et qu'il puisse le faire sans combat sérieux, il est autorisé à pousser ses têtes de colonne jusque-là. La brigade de dragons mise à la disposition du VIII° corps lui permettra de couvrir le flanc droit de l'armée, sans qu'il soit obligé de détacher d'autre troupe d'infanterie ; ses reconnaissances s'avançant au nord de Rouen, où le pays paraît être libre, pourront envelopper l'ennemi de ce côté. Les destructions de chemins de fer et de télégraphes ayant pour objet de couper les communications de Rouen avec le Havre et Dieppe, sont permises. »

Signé : MANTEUFFEL.

Le général Lippe reçut communication de ces instructions par l'intermédiaire du Ier corps.

L'Epte, qui prend sa source près de Forges, coule vers le sud par Gournay et Gisors, et se jette dans la Seine à Vernon. Sur la route par laquelle la Ire armée devait traverser ce cours d'eau, il forme la limite entre les anciennes provinces de Picardie et de Normandie, et actuellement entre les départements de la Somme et de la Seine-Inférieure.

En descendant des plateaux généralement découverts de la Picardie, on entre immédiatement au delà de Gournay dans le pays normand, dont le territoire montueux et coupé de haies a beaucoup de ressemblance avec l'est du Holstein. De nombreux troupeaux de gros bétail vivent dans les enclos de pâturages jusque dans l'arrière-saison d'automne et même en hiver.

Dans cette région comme en Picardie se rencontrent, et fréquemment dans des sites particulièrement agréables, de nombreuses résidences appartenant aux vieilles familles du pays, habitations

dont l'étendue et l'architecture justifient parfaitement le nom de *châteaux*, comme on le sait, assez
facilement prodigué en France. L'ennemi nous
avait abandonné sans combattre la ligne de l'Epte ;
mais, devant le front du 1ᵉʳ corps, à un peu plus
d'un jour de marche de distance, se trouvait encore un deuxième obstacle : l'Andelle, qui vient
également de la même ligne de partage des eaux,
près de Forges, et se jette dans la Seine en coulant,
par Argueil et Fleury, dans une riante vallée de prairies aux pentes boisées. De grandes forêts s'étendent
également entre l'Epte et l'Andelle, et le pays est
très-couvert. La route de Gournay à Rouen traverse
les montagnes en faisant de nombreuses sinuo-
sités qui allongent considérablement la distance.
A l'ouest de l'Andelle, le terrain est de nouveau
libre et découvert ; de larges plateaux, coupés par
de profonds ravins, s'allongent vers la Seine, et,
la plupart du temps, forment des escarpements à
pic sur le fleuve. Dans un endroit où les berges sont
plus basses, bâtie en amphithéâtre, entourée et dominée par les arêtes des plateaux, traversée par le
large cours de la Seine, qui la partage en deux por-
tions inégales, s'élève, majestueuse et pittoresque,
la vieille capitale de la Normandie : Rouen, dont
la population dépasse 100,000 habitants.

Le 4 décembre, l'armée se porta en avant dans
l'ordre indiqué. Le Iᵉʳ corps, qui au delà de Gournay
pénétrait dans le terrain que nous avons décrit, ne
put pousser ses têtes de colonne jusqu'à la Haye ;
il s'arrêta à la Feuillie avec l'assentiment du com-

mandant en chef. Les avant-postes en se portant vers l'Andelle trouvèrent l'ennemi à Vascœil; dans la forêt de Lyons–la–Forêt, une patrouille essuya un feu d'infanterie. Un détachement (3 compagnies, 4 escadrons, 3 pièces), envoyé en reconnaissance par le général Lippe, trouva de la résistance devant Écouis et se replia pour la nuit vers le Thil, afin de se relier le lendemain avec le I⁰ʳ corps par Lilly. On apprit que l'ennemi occupait également les Andelys.

La réserve arriva le 4 décembre, vers le milieu de la journée, dans les environs d'Argueil, où le commandant en chef entra peu après; il établit son quartier général au château du marquis de Castelbajac. Au même moment parvinrent les premières nouvelles des événements de l'aile droite; on continua à en recevoir dans le courant de la journée et de la nuit suivante. Voici ce qui s'était passé :

Le 4 au matin, le général Gœben s'était avancé sur trois colonnes de brigade, composées des différentes armes : à gauche, sur la grande route de Forges, la 29ᵉ brigade conduite par le général Kummer, au centre, la 32ᵉ brigade, avec le général Barnekow, se dirigeant par Sommery sur Buchy; à droite, la 31ᵉ brigade (colonel Mettler), marchant sur Saint-Martin par Neufchâtel.

La colonne de l'aile gauche (Kummer) trouva à Mauquenchy un détachement ennemi d'environ six bataillons avec une batterie établie sur les hauteurs de Forgettes. Le général Kummer ordonna l'attaque. L'ennemi fut aussitôt repoussé et se retira à la hâte sur le Bosc-Bordel, en abandonnant des blessés et un canon démonté. Il essaya encore de prendre position à Razeran, mais une courte canonnade le força de nouveau à battre précipitamment en retraite.

D'après la direction de marche qui lui avait été donnée, le général Kummer devait de Forgettes marcher vers le sud ; il ne continua donc pas la poursuite ; mais elle fut reprise par la colonne du général Barnekow, qui arrivait par Sommery, et elle fut menée jusqu'au Mesnil–Godefroy ; toutefois, il ne fut plus possible d'atteindre l'ennemi. On avait fait environ 40 prisonniers non blessés.

La colonne de l'aile droite, en débouchant sur Saint-Martin vers midi, donna contre six bataillons environ qui se repliaient dans la direction du sud-ouest sur Esteville. Mais le colonel Mettler les pressa vivement et réussit à en couper une fraction : 8 officiers et 227 hommes furent faits prisonniers.

Plus à droite encore, un détachement de flanc de la 31e brigade (2 bataillons, 1 escadron, 1 batterie, sous le major Elern) trouva, vers quatre heures du soir, à Bosc–le–Hard, un détachement ennemi d'environ 1200 hommes. Après un combat d'une heure, cette troupe fut rejetée de sa position dans la direction du nord–ouest et coupée de Rouen ; on lui fit 100 prisonniers. La 16e division prit ses cantonnements à l'embranchement du chemin de fer au nord–ouest de Buchy. Le général Gœben établit son quartier général à Buchy.

Les trophées de la journée consistaient en un canon et environ 400 prisonniers, qui furent dirigés
le lendemain sur Argueil. Les pertes de notre côté
avaient été très-minimes.

D'après les nouvelles des combats de Buchy, le
Ier corps reçut l'ordre de se porter le 5 décembre
sur l'Andelle, et de se tenir prêt le lendemain à
une offensive générale contre la ligne de la Seine.
Les ordres relatifs aux grandes reconnaissances à
effectuer furent maintenus; la route de Gournay à
Rouen formait la ligne de démarcation entre le
VIIIe et le Ier corps; de son côté, le général Lippe
faisait reconnaître le pays dans la direction de
Fleury et des Andelys.

Le 5 au matin, dans le but de soutenir efficacement ses reconnaissances contre les forces ennemies que l'on avait déjà vues, le général Gœben
fit avancer la 16e division jusque sur la hauteur de
Saint-André (à un bon mille, 8 kilomètres environ,
à l'ouest de Buchy), la 29e brigade étant à Saint-
Germain prête à l'appuyer. Sur le flanc droit, un
détachement devait chercher à gagner Malaunay,
point de jonction des chemins de fer de Rouen au
Havre et de Rouen à Dieppe. Le général Gœben dirigea en personne les reconnaissances. Il ne trouva
plus aucune résistance, et, à onze heures du matin,
de Quincampoix (à 1 mille et demi, 11 kilomètres, de
Rouen), il rendait compte que l'ennemi paraissant
s'être retiré, il se proposait d'entrer à Rouen dans

la journée même. Le Ier corps s'avança sur l'Andelle en ayant avec l'ennemi de petits engagements, dans lesquels il fit quelques prisonniers ; ses troupes avancées prirent possession de la ligne de l'Andelle ; ses avant-postes et ses reconnaissances poussèrent plus à l'ouest. Le gros du corps d'armée prit position entre Lyons-la-Forêt et la Haye ; le commandant du corps d'armée se rendit à la Feuillie (1). Les communications furent établies avec le VIIIe corps et la division Lippe. On vint dire alors que la position qui s'étend au nord de Montmain jusqu'à la route était fortifiée et occupée par l'ennemi. D'après d'autres renseignements, au contraire, Rouen devait déjà être évacué.

A la suite des nouvelles reçues dans l'après-midi à Argueil, l'ordre suivant fut envoyé au général Bentheim, à sept heures du soir :

« Demain le Ier corps portera son avant-garde sur la ligne Puits-de-l'Aire—Montmain, et, dans le cas où cette ligne serait encore défendue par l'ennemi, il y fera face sans se laisser engager dans un combat sérieux. Sous la protection de cette avant-garde, le gros du corps s'avancera sur la ligne Tourville — les Andelys pour rejeter sur la Seine les détachements ennemis, qui pourraient encore

---

(1) Le bataillon venant de la Fère arriva dans la journée à Beauvais. Il y reçut l'ordre de punir la ville pour certaines insultes, dont les médecins allemands, restés après le départ des troupes, avaient été l'objet. D'ailleurs le général Lippe avait déjà envoyé dans ce but, le 4 décembre, un détachement mixte.

s'y trouver. Le général Lippe est invité à appuyer
ce mouvement. — Si la ligne de Montmain est déjà
évacuée, l'avant-garde marchera directement sur
Rouen et se reliera avec l'aile droite du corps
d'armée, qui s'avancera sur Tourville. La réserve
se portera d'Argueil sur Epreville entre l'Andelle
et Rouen. Tous ces mouvements commenceront
demain matin, à 7 heures, afin d'avoir le temps
de tirer complétement parti des résultats déjà obtenus. Je me rendrai demain à Rouen en passant
par Epreville. »

Signé : MANTEUFFEL.

Le général Gœben reçut communication de ces
prescriptions et fut invité, de son côté, dans le cas
où Rouen serait déjà occupé, à faire poursuivre,
le lendemain de très-bonne heure, les fractions de
l'armée ennemie, qui auraient pu se retirer par la
rive droite de la Seine sur Dieppe et sur le Havre.
Mais par la rapidité de sa retraite l'ennemi avait
déjà pu échapper aux conséquences de ces différentes mesures. Le général Gœben, en s'avançant
au delà de Quincampoix, n'avait trouvé aucune
nouvelle résistance, et le 5 décembre, à 4 heures du soir, il entrait à Rouen avec deux brigades. Il n'y eut qu'une légère escarmouche avec
les derniers détachements de l'armée du général
Briand ; dans quelques tranchées abandonnées en
avant de la ville, on trouva huit grosses pièces de
marine. On apprit que les nouvelles des combats
de Buchy avaient été apportées la veille au soir à

Rouen, et, en partie, par les détachements même,
qui avaient été battus. L'armée ennemie, dont on
estimait la force à 35 ou 40,000 hommes, s'était
alors retirée sur le Havre. A première vue, ce dernier renseignement paraissait peu vraisemblable,
puisque des détachements ennemis se trouvaient
encore le 5 décembre en amont de Rouen, devant
le Ier corps et la division du général Lippe. En
effet, on reconnut bientôt après, que l'ennemi, au
moyen des ponts de la Seine (dont quelques-uns
furent ensuite détruits), avait opéré sa retraite par
les deux rives du fleuve dans toutes les directions
et en grande partie par le chemin de fer et qu'une
fraction de ses troupes s'était même débandée.
Nous ne savons point quelle était la situation de
cette armée, ni quels motifs dirigèrent la conduite
du général Briand au moment de notre mouvement
sur Rouen. D'après toutes les apparences cependant, l'ennemi paraît avoir été presque complètement surpris. On se demande comment la marche
d'une armée de plus de 30,000 hommes a pu rester
si longtemps ignorée; cela s'explique, dans une
certaine mesure, par le manque de cavalerie, mais
surtout aussi par la tendance du caractère national
français à se former des illusions. Nous en trouvons
la preuve dans les journaux qui circulaient à Rouen
au moment même de notre arrivée. On croyait que
la Ire armée, à la suite d'une défaite qu'elle aurait
subie devant Amiens ou d'un échec éprouvé par les
corps d'investissement de Paris, était en retraite
vers le sud. Quant aux troupes qui avaient paru

sur l'Epte, on les avait prises simplement pour des détachements d'éclaireurs ou de flanqueurs. Plus tard encore, pendant notre séjour à Rouen, à un moment où le résultat des batailles de Villiers et de Champigny devant Paris ne pouvait plus être un secret, on vit dans les groupes de flâneurs des quais comme une sorte de frémissement joyeux à la suite d'un télégramme que l'on colportait et qui était ainsi conçu : « *Paris débloqué. Général Ducrot occupe la Marne.* »

Quoi qu'il en soit, dans la ville on avait compté jusqu'au dernier moment sur une énergique défense ; il semble que jusqu'au 4 décembre le général Briand en avait eu l'intention. Mais lorsque l'arrivée de ses détachements, dispersés par le général Gœben, lui montra qu'il était entouré de toutes parts sur la rive droite de la Seine, il se décida, le 5 de grand matin, à battre en retraite. Le placard suivant que les autorités civiles firent afficher, le 5 décembre, témoigne quelle pénible surprise la ville en ressentit (1).

« Hier, nous faisions appel pour la défense de la ville à votre dévouement patriotique. L'autorité militaire promettait une énergique défense.

« Ce matin, à 4 heures, le général Briand nous confirmait cette détermination, et la garde nationale, au son de la générale, s'assemblait sous les armes.

---

(1) Un exemplaire original se trouve encore entre les mains de l'auteur.

« A 5 heures, le général Briand prévenait le maire qu'il jugeait toute défense impossible en face de forces trop imposantes, et qu'il donnait l'ordre de battre en retraite. Un des adjoints, accompagné de plusieurs officiers de notre garde nationale, est allé lui demander ce matin encore ses dernières résolutions. Le général a persisté dans sa décision ; il a quitté la ville avec toutes les troupes placées sous ses ordres.

« Dans cette cruelle extrémité, il importait de vous faire connaître la part de responsabilité qui incombe à chacun.

« D'autres et pénibles devoirs vont naître : nous nous efforcerons de n'y pas faillir. »

Bien que la supériorité numérique ne fût pas précisément du côté de la 1ʳᵉ armée, nous croyons cependant qu'eu égard à la configuration particulière du pays déjà indiquée plus haut, le général Briand n'ayant pas pu conserver ses positions en avant, eut raison de ne pas se laisser aller à défendre la ville même. Nous reviendrons plus loin sur ces considérations topographiques qui eurent également une sérieuse importance pour la première armée.

Le 6 décembre.

Comme la situation devait d'ailleurs le faire prévoir, le 1ᵉʳ corps, en se portant en avant le 6 décembre, ne rencontra plus personne devant lui sur la rive droite. La 1ʳᵉ brigade, qui marchait sur la

grand'route, prit six grandes pièces sans affûts abandonnées dans des tranchées près de Darnetal. On
trouva encore, les jours suivants, 29 canons et, en
outre, une certaine quantité de munitions et un
nombreux matériel de guerre.

Le commandant en chef entra à Rouen dans
les premières heures de l'après-midi, et fit connaître, par une proclamation aux habitants, que
l'auditeur Kramer, du Ier corps d'armée, était
nommé préfet intérimaire du département de la
Seine-Inférieure.

Comme à Amiens, le nouveau préfet s'efforça de
satisfaire autant que possible à la difficile mission
qui lui incombait. Il ne pouvait compter, tout au
plus, que sur une coopération passive des fonctionnaires et des employés restés à leur poste et encore
autant que l'autorité civile serait appuyée par une
force militaire. On n'avait naturellement pas l'intention de s'immiscer dans tous les détails de
l'administration civile, mais on avait voulu donner
à l'occupation allemande le caractère d'un état de
choses durable en instituant une direction supérieure administrative allemande; elle devait permettre de répartir sur le pays et de régler d'une
manière équitable, en ménageant autant que possible les sentiments et les intérêts de la population,
les demandes indispensables de l'autorité militaire, comme, par exemple, l'inévitable service
des réquisitions. Dans ce but, le préfet Kramer
institua un journal officiel allemand, qui, en re-
gard du système de nouvelles françaises, par lequel

on entretenait le pays dans ses illusions, publiait
les rapports officiels allemands sur les événements
de guerre. Les mesures ordonnées pendant les
premiers jours qui suivirent l'entrée à Rouen,
pour la soumission du pays et la poursuite de l'ennemi dans les directions de Dieppe, du Havre, de
Pont-Audemer, de Bernay, d'Evreux et de Vernon,
contribuèrent également à fortifier l'autorité civile.
Mais elles rentrent déjà dans le cadre de la période
d'opérations suivante. Le 3 décembre, le général
Sperling, qui venait de rejoindre l'armée, reprit
ses fonctions de chef d'état-major (1).

Jetons un rapide coup d'œil rétrospectif sur les
résultats de ces deux premières périodes d'opérations. En exécution des ordres de Versailles, du
23 octobre et du 18 novembre, l'armée parcourut,
du 7 novembre au 6 décembre, en trente jours à
peine, une distance de 58 milles, à vol d'oiseau
(436 kilomètres), de Metz à Rouen par Amiens ;
c'est-à-dire en moyenne 2 milles (15 kilomètres)
par jour; et, en outre, elle livra une bataille. Si
l'on compte maintenant la différence notable qui
existe entre la ligne droite et les longueurs réelles
des routes, si l'on ajoute encore les détours faits

(1) Bien qu'incomplétement remis d'une grave maladie, le général
Sperling n'avait pu rester plus longtemps éloigné de ses fonctions, auxquelles il se dévouait de toute son âme. Il les exerça de nouveau jusqu'à
la fin de la campagne dans le nord, en surmontant par son énergie morale
les souffrances les plus vives. Mais il contracta une maladie inguérissable,
à laquelle il succomba le 1er mai 1872. Que le compagnon d'armes et
l'ami que nous avons perdu reçoive ici ce souvenir !

pour gagner les cantonnements sur les côtés de la direction générale suivie, il faudra augmenter de moitié au moins la moyenne journalière de cette marche remarquable.

Les trophées recueillis par l'armée pendant ce laps de temps, tant en canons qu'en prisonniers de guerre, s'élèvent en chiffres ronds au minimum :

De 193 canons,	4,000 prisonniers,	à Thionville ;
113 —	2,300 —	à la Fère ,
40 —	1,200 —	à la bataille d'Amiens et à la prise de la citadelle ;
30 —	400 —	aux combats de Buchy et à l'occupation de Rouen ;
» —	100 —	dans divers petits combats.

Total. , 376 canons, 8,000 prisonniers.

Mais le résultat le plus important de ces opérations fut la conséquence de l'offensive dirigée en temps opportun contre Amiens et de l'opération faite immédiatement après, à l'improviste, sur Rouen. On avait ainsi réussi à rejeter, dans des directions divergentes et à une grande distance de la capitale, les deux masses ennemies du nord et du nord-ouest, qui auraient pu menacer sérieusement l'investissement du nord et de l'ouest de Paris, si elles n'avaient point été troublées dans leur organisation et si elles avaient pu se réunir.

La Ire armée avait donc accompli la mission offensive qui lui avait été donnée. Désormais, ses opérations auront un caractère plutôt défensif; les motifs et l'exposé en seront donnés dans la partie suivante, en prenant pour base les instructions du commandement supérieur. Mais nous remarquerons, dès maintenant, que la situation militaire générale et celle de l'armée en particulier exigeaient, même dans ce rôle défensif, une très-grande activité, et qu'il ne s'agissait pas plus que précédemment de prendre des « *quartiers d'hiver* ».

Le froid, qui avait commencé assez doucement le 1ᵉʳ décembre, avait augmenté jusqu'à l'arrivée à Rouen. — Les jours suivants, il tomba beaucoup de neige, avec des intermittences de brouillard et de gelée, ce qui avait sur l'état des chemins l'influence la plus fâcheuse.

TROISIÈME PÉRIODE

OPÉRATIONS SUR LA SEINE ET SUR LA SOMME DEPUIS
L'OCCUPATION DE ROUEN JUSQU'A LA BATAILLE DE
L'HALLUE.

(Du 6 au 24 décembre.)

CHAPITRE VII.

**Situation militaire générale et situation particulière
de la Iʳᵉ armée au mois de décembre. — Situation
de Rouen.—Opérations de colonnes mobiles sur les
deux rives de la Seine.**

(Du 7 au 11 décembre.)

Avant d'entrer dans l'exposé des opérations qui
vont suivre, il est nécessaire de rappeler quelle
était la situation militaire en France depuis la fin
de novembre. Si l'on groupe les forces allemandes
d'après le rôle principal qu'elles avaient à remplir, et non pas d'après les mouvements communs
qu'elles pouvaient exécuter sur le même terrain,
on a le tableau d'ensemble suivant : Depuis longtemps déjà c'est à Paris que se trouve, pour chacun des belligérants, le nœud de la situation;
l'issue de la guerre dépend de la chute ou de la
résistance de la capitale du pays. La position des
Français était donc défensive et celle des Allemands

offensive. Mais comme, d'autre part, en raison des
conditions dans lesquelles était Paris, il n'était pas
possible de l'attaquer et qu'on pouvait seulement
l'affamer, il en résultait que l'attitude générale des
forces allemandes qui s'y trouvaient réunies (III° armée et armée de la Meuse) devait par cela même
être de nature défensive. Il s'agissait d'entourer
l'ennemi d'un *cercle de fer*, de manière à ce qu'il
ne pût ni percer, ni se ravitailler, jusqu'au moment où la famine l'amènerait à déposer les armes.

Le nœud de la situation se trouvant à Paris,
ainsi que nous venons de le dire, toutes les autres
opérations devaient concourir indirectement à ce
but principal. Les armées françaises nouvellement
mises sur pied se proposaient naturellement de
dégager la capitale du pays. La Ire et la II° armée
allemandes devaient, au contraire, empêcher cette
délivrance et couvrir l'investissement contre les
attaques du dehors. En cela, l'offensive se trouvait du côté français, la défensive du côté allemand; mais ce rôle défensif exigeait néanmoins
une grande activité et demandait même souvent
que l'on prît l'offensive. Il fallait en outre conserver aux armées d'investissement d'une part, aux
deux armées d'opérations de l'autre, la possibilité
de se prêter un appui réciproque. De plus, il y
avait encore ceci de particulier que les transports
de ravitaillement et d'évacuation de toutes ces armées, se faisaient par la grande ligne Châlons —
Frouard, tandis que, pour leurs opérations dans le
cœur du pays ennemi, elles devaient prendre leurs

bases d'opérations en s'appuyant les unes sur les autres; par suite de l'impossibilité d'exploiter complétement les lignes ferrées que nous occupions, notre position centrale ne nous donnait aucun avantage; au contraire, l'adversaire opérant sur la circonférence extérieure, disposait d'un réseau ferré très-étendu.

Dans le nord et l'est de la France se trouvait un troisième groupe de forces importantes, dont les opérations n'avaient que des rapports fort éloignés avec la lutte, dont Paris était le centre. Elles étaient occupées à garder les communications avec la mère patrie et à en établir de nouvelles. C'étaient principalement :

1° Les troupes des gouvernements généraux réparties sur tout le territoire, dont nous étions maîtres, les unes faisant le service de garnison ou d'étapes, les autres formées en petits détachements mobiles qui battaient le pays;

2° Devant les places des Ardennes, la 14e division et le corps Senden, appartenant à la Ire armée ;

3° Les autres fractions du VIIe corps dans les environs de Châtillon-sur-Seine et d'Auxerre ;

4° Les troupes sous les ordres du général Werder, en partie employées au siége des places fortes d'Alsace qui n'étaient pas encore conquises ; en partie occupées à couvrir ces siéges, en opérant contre les corps garibaldiens dans le sud-est de la France. Nous savons déjà que les forces françaises dans cette région prirent peu à peu un développement si menaçant que, vers la fin de la campagne, il se forma de ce côté un centre important d'opérations et cette circonstance motiva l'organisation de l'*armée allemande du Sud*.

Cet exposé général étant donné, revenons au rôle particulier rempli par le deuxième groupe, auquel appartenaient la Ire et la IIe armée.

Avant leur arrivée dans les régions de l'Oise et de la Loire, l'armée d'investissement de Paris avait dû pourvoir elle-même à sa sécurité. Dans le nord, les détachements de l'armée de la Meuse, dont il a déjà été question, avaient pu y suffire; mais, au sud et à l'ouest, on avait été obligé d'envoyer des forces plus importantes. Après l'avantage obtenu par l'ennemi dans son mouvement offensif sur Orléans, on avait réuni ces dernières troupes en un corps d'armée détaché (*Armee-Abtheilung*), sous les ordres du grand-duc de Mecklembourg. Vers la fin de novembre, lorsque la IIe armée arriva entre Paris et la Loire, on plaça le corps du duc de Mecklembourg sous les ordres du prince Frédéric-Charles afin d'avoir plus d'unité dans le commandement. Le prince Frédéric-Charles disposa alors d'environ cinq corps d'armée et de quatre divisions de cavalerie (IIIe, IXe, X^e corps; 1er corps bavarois; 17e et 22e divisions; 1re, 2e, 4e et 6e divisions de cavalerie); ces troupes eurent pour théâtre d'opérations la région au sud et au sud-ouest de Paris. Quant à la Ire armée, qui ne comptait au début que deux corps d'armée et une

division de cavalerie à 4 régiments seulement, elle
devait opérer dans la région du nord-ouest (1).

Entre les deux armées, dans les environs de
Dreux et d'Evreux, se trouvait la 5ᵉ division de
cavalerie, dont la base d'opérations s'appuyait sur
l'investissement ouest de Paris.

Au moment même où la 1ʳᵉ armée était victorieuse à Amiens, occupait Rouen et accomplissait
ainsi la mission qu'elle avait reçue, plus au sud,
se livrait pendant plusieurs jours, autour d'Orléans,
uns série de combats qui reçurent le nom de
deuxième bataille d'Orléans, et une grande sortie
de la garnison de Paris était repoussée à Villers —
Champigny. De tous les côtés les masses ennemies
étaient refoulées et en partie dispersées ; les opérations étaient provisoirement terminées.

Il s'agissait actuellement pour la 1ʳᵉ et la IIᵉ armée de tirer parti de leurs succès antérieurs et
d'en assurer autant que possible les conséquences,
en se conformant au plan général qui venait de
leur être indiqué. Les mêmes considérations devaient alors diriger leurs opérations. En occupant
le territoire, on enlevait à l'ennemi des ressources
en hommes et on le privait encore d'autres éléments de résistance ; on éloignait de plus en plus
le point de départ de ses entreprises dont l'objectif était la délivrance de Paris ; mais si l'on
voulait ménager aux armées d'investissement et

(1) Dans la suite ses forces s'augmentèrent successivement de deux
brigades de cavalerie de la garde et du corps combiné du général Senden.

10

aux armées d'opérations la faculté de se prêter un appui réciproque, celles-ci ne devaient pas s'étendre au delà d'une certaine distance.

Telle était la limite que les instructions du grand quartier général durent poser en principe et assigner d'une manière particulière à chacune des armées d'opérations.

Après avoir jeté ce coup d'œil sur l'ensemble de la situation, revenons maintenant spécialement à la 1re armée. Avant même l'arrivée des instructions qu'il attendait, le commandant en chef n'avait eu aucun doute sur le point de vue que nous venons de faire connaître ; les mesures qu'il avait ordonnées, aussitôt après la prise de Rouen, répondaient donc aux intentions du commandement supérieur. La mission de la 1re armée consistait à tenir, en général, le pays entre la Seine et la Somme, en occupant sur ses ailes les deux positions importantes de Rouen et d'Amiens, de manière à pouvoir en tout temps concentrer ses forces dans cet intervalle, sur le point où les circonstances viendraient à l'exiger. Mais il fallait d'abord suivre l'ennemi sur ses lignes de retraite au delà de la Seine, pour l'empêcher de former de nouveaux rassemblements et de se rapprocher de la capitale de la Normandie. La situation particulière de Rouen en faisait une nécessité.

La position de la ville, dominée de tous côtés par les hauteurs voisines de la rive droite de la Seine, avait été une des raisons pour lesquelles le général Briand s'était abstenu de la défendre.

Ces dispositions topographiques locales avaient plus d'importance pour nous encore, puisqu'il s'agissait de garder une ville ennemie de plus de 100,000 habitants, parmi lesquels 30,000 ouvriers sans pain. Cette masse d'hommes faciles à soulever, qui déjà maintenant, à chaque coup de canon ou de fusil entendu dans les environs, accouraient sur les quais en dissimulant mal leurs espérances, pouvait, dans le cas d'une retraite de nos troupes à travers la ville, être pour nous un danger direct.

Sur la rive gauche de la Seine, le pays était non moins défavorable à la défense. Sur les bords, le terrain était moins accidenté, il est vrai, mais il était extraordinairement coupé, et, de ce côté, comme du côté du nord, un labyrinthe de maisons isolées et de jardins s'étend bien au delà des faubourgs. Dans le cas où des forces ennemies s'approcheraient par le sud avec la connivence des habitants, on s'en apercevrait d'autant plus tard et avec d'autant plus de difficultés, que de grands bois s'étendent au loin sur le pays. Les plus rapprochés, ceux de Grand-Couronne, couvrent presque complètement la grande boucle de la Seine, au coude de laquelle Rouen est situé. Au sud de cette forêt, la grande ville manufacturière d'Elbeuf avec sa nombreuse population ouvrière pouvait être un foyer d'agitation et demandait nécessairement à être observée.

En général, sur la rive gauche de la Seine, au sud et à l'ouest, le terrain est toujours couvert. Le type de haies, particulier à la Normandie, qui ne

se rencontre encore que de distance en distance sur
la rive droite du fleuve, domine sur la rive gauche.
Par suite du caractère particulier de cette contrée
les opérations combinées de grandes masses de
troupes sont très-difficiles; la cavalerie et l'artillerie, c'est-à-dire les armes dans lesquelles nous
avions la supériorité, ne peuvent toujours être employées convenablement. Ce pays est au contraire
favorable pour les combats isolés et la guerre de
guérillas; dans les circonstances du moment il
offrait donc plus d'avantages aux Français qu'à
nous. Il en était ainsi en général de toute la contrée
jusqu'à la Rille, qui venant du sud par Beaumont,
Brionne et Pont-Audemer, va se jeter dans la Seine,
en coulant à une distance de deux jours de marche
de Rouen et formant, dans la direction du sud-
ouest, le premier des obstacles naturels de quelque importance pour les opérations militaires.

Peu après l'entrée à Rouen, le commandant en
chef chargea le général d'artillerie Schwartz et le
général du génie Biehler de faire une reconnaissance spéciale du territoire environnant, au point
de vue de la possibilité de défendre la ville et en
tenant compte de la situation militaire présente.
Voici quel fut le résultat de cette reconnaissance :

Les faubourgs et les maisons, qui couvrent les
environs de la ville, obligeraient à porter fort loin
les lignes de défense, dont le développement sur
les deux rives de la Seine serait alors de plus de
3 milles (près de 23 kilomètres). Pour les garnir,

il faudrait établir 15 tranchées, et avoir, y compris
la réserve générale, une garnison de 25 bataillons
avec 90 canons, c'est-à-dire tout un corps d'armée ;
et encore la défense serait-elle toujours faible.
Les profonds ravins, qui pénètrent dans le plateau
de la rive droite, permettraient difficilement aux
troupes de se prêter un appui réciproque. En outre,
la position serait partagée par la Seine. Ce large
fleuve ressent déjà à Rouen les mouvements de la
marée, de sorte qu'en aval de la ville, il n'existe
plus aucun passage fixe. L'ennemi, dans la rapidité
de sa retraite, avait laissé intacts les trois ponts de
Rouen (le pont de la ville, le pont suspendu et le
pont du chemin de fer); plus en amont également
les ponts de Pont-de-l'Arche et du Manoir n'avaient
pas été coupés, mais ceux des Andelys et de Courcelles avaient été détruits.

La reconnaissance faite par les deux généraux
confirma donc l'opinion qu'un premier examen du
terrain avait fait concevoir. Une défense de la ville
même n'était pas possible sans exposer sérieusement les troupes, qui y seraient affectées et sans
faire perdre à l'armée la faculté d'opérer en rase
campagne, puisqu'un corps d'armée entier s'y trouverait retenu d'une façon permanente. Il fut alors
décidé que, pour garder cette position importante,
les troupes seraient toujours employées dans le pays
en avant, et que, dans le cas où elles devraient se
replier, leur ligne de retraite ne traverserait jamais
la ville, dont la population était animée d'un esprit
hostile. On se réserva d'indiquer plus tard des

dispositions spéciales à ce sujet. (Voyez le chapitre suivant.)

La nouvelle de l'entrée à Rouen fut connue à Versailles, dès le 6 novembre, et aussitôt l'ordre en partit de poursuivre l'ennemi du côté du Havre. Nous savons quelles mesures le commandant en chef avait déjà prises à ce sujet. Le 6 novembre, le général Gœben avait poussé la brigade de dragons de la garde au delà du ruisseau de Maromme pour faire battre le pays plus à l'ouest. Le 7 novembre, on apprit ainsi, et d'autres reconnaissances firent également connaître que la retraite de l'ennemi ne s'était pas effectuée seulement par la rive droite de la Seine, comme les premières nouvelles l'avaient fait supposer. Au contraire, de forts détachements de gardes mobiles étaient seuls passés par Yvetot, et, en général, on trouva libre tout le pays au nord de Rouen. Partout les gardes nationaux avaient remis leurs armes aux autorités locales ; les populations se montraient prévenantes. La retraite proprement dite paraissait plutôt avoir eu lieu par la rive gauche et, en grande partie, par les voies ferrées vers Pont-Audemer et Bernay, l'arrière-garde marchant par les routes de terre.

D'après ces renseignements l'ordre suivant fut donné le 7 décembre :

« Le Ier corps enverra des colonnes de brigade combinées vers Evreux et Vernon, le VIIIe corps vers Pont-Audemer et Bernay et sur la rive droite de la Seine, dans la direction du Havre, pour poursuivre l'ennemi, désarmer les populations, occuper provisoirement les villes ouvertes importantes et briser toute résistance. Je compte également avoir, par ce moyen, des renseignements sur les points où peuvent se trouver encore quelques forts rassemblements de troupes ennemies. Chaque colonne établira des relais pour communiquer avec Rouen, de manière à envoyer fréquemment ses rapports et, d'autre part, recevoir des ordres en temps opportun, dans le cas où ses opérations devraient être modifiées.

« Ces opérations commenceront demain matin ; il est recommandé de les mener vite et vigoureusement. Les quartiers généraux du commandant en chef et du VIIIe corps restent à Rouen (1) ; le Ier corps y établira également le sien. »

Signé : MANTEUFFEL.

Le commandant en chef avait en outre préparé, dès le 6 novembre, une expédition vers les côtes pour couper toutes les communications de terre, au moyen desquelles il eût été possible aux forces ennemies du nord et de la Normandie de combiner une action commune. Les troupes destinées à cette expédition (c'est-à-dire le régiment de cuirassiers

(1) Les fonctions de commandant de la place de Rouen furent, pendant les premiers jours, remplies par le major Sachs du régiment n° 70, puis par le colonel Junge de l'artillerie du Ier corps, qui conserva, pendant toute la période ultérieure des opérations, ce poste important et souvent très-difficile, surtout lorsque, pour prendre l'offensive, il fallait dégarnir presque complétement de troupes cette grande ville si facile à agiter.

n° 8, le régiment de uhlans n° 5, deux bataillons et une batterie à cheval du VIII° corps) devaient se réunir le 7 novembre à Clères, à une journée de marche au nord de Rouen, sous les ordres du général Dohna, qui fut chargé de se porter sur Dieppe en désarmant les centres de population et de détruire complétement les fils télégraphiques le long de la côte. Pendant cette expédition, dont la durée ne serait que de six ou huit jours, il devait se relier à Rouen par des relais, afin de pouvoir recevoir la direction ultérieure que commanderaient les événements.

Le général Lippe, qui, le 6 novembre, avait appuyé sur le flanc gauche le mouvement en avant du 1er corps et avait établi son quartier général à Écouis, se replia sur Gisors et fut chargé de la surveillance de la Seine en amont des Andelys.

Nous allons indiquer maintenant les opérations de ces détachements isolés en commençant par l'aile gauche.

La 4° brigade combinée du 1er corps (6 bataillons, 3 escadrons, 2 batteries), sous les ordres du général Pritzelwitz, passa la Seine sur un pont jeté aux Andelys et se dirigea sur Vernon, où devaient se trouver, disait-on, des rassemblements de troupes ennemies. On ne rencontra cependant, pendant la marche, qu'une soixantaine d'hommes, qui se disaient appelés à Vernon pour le service de la garde nationale; comme ils avaient un uniforme et portaient des munitions, ils furent faits prisonniers de guerre.

Un autre détachement du même corps d'armée
(5 bataillons, 3 escadrons, 2 batteries), sous les
ordres du colonel Massow du régiment du prince
royal, traversa la Seine à Pont-de-l'Arche et marchant sur plusieurs routes atteignit, le 8 novembre,
les environs de Louviers. Il trouva et détruisit un
grand nombre d'armes dans les diverses localités. Il apprit aussi que des détachements ennemis d'infanterie, de cavalerie et d'artillerie étaient
passés, se dirigeant vers le sud. Le 9, le détachement Massow arriva à Évreux, où il trouva un
détachement de la 5e division de cavalerie (colonel
Trotha), qui était arrivé la veille. Le colonel
Massow prit alors ses cantonnements au nord de la
ville. Mais comme, le 10 décembre, la 5e division
de cavalerie se repliait sur Chartres et que le colonel Trotha suivait son mouvement en se retirant
vers le sud, sur Saint-André, le détachement Massow occupa Evreux.

Il apprit que, dans les derniers jours, 12 à
14,000 hommes, gardes mobiles pour la plupart,
avec 9 canons, avaient dû passer en chemin de fer
par Conches, se dirigeant, disait-on, sur Cherbourg.

La 29e brigade combinée du VIIIe corps (Bock)
s'était avancée sur la rive gauche de la Seine. Dès
le 8 novembre, après une marche de neuf heures,
rendue très-fatigante par la neige, elle était arrivée
à Bourgachard et avait poussé des pointes de cavalerie jusqu'à Pont-Audemer. Là aussi, on avait détruit beaucoup d'armes et coupé les communications télégraphiques vers l'ouest, ainsi que les

chemins de fer à l'embranchement de Montfort sur
Rille. Le 9, le détachement s'avança jusqu'à Pont-
Audemer et son avant-garde jusqu'à Toutainville.
D'après tous ces renseignements, qui concordaient
parfaitement, il était hors de doute que le gros des
forces ennemies, c'est-à-dire 20 à 25,000 hommes,
étaient passés par Pont-Audemer pour se rendre à
Honfleur, d'où ils avaient été transportés sur la
rive droite de la Seine. Les patrouilles de hussards
de la brigade Bock envoyées vers Honfleur et Beu-
zeville reçurent, sur ces deux points, des coups de
feu, vraisemblablement de la part de dernières
troupes de francs-tireurs qui n'avaient point encore traversé la Seine.

Sur la rive droite, le général Gœben avait fait
appuyer la brigade de dragons de la garde à Pavilly
par deux bataillons et une batterie. Ainsi renforcé,
le détachement Brandenburg se porta, le 8 novembre, à Pavilly, le 9 à Bolbec, d'où le général
Brandenburg envoya des patrouilles sur les deux
principales routes du Havre par Saint-Romain et
Montivilliers. Ces patrouilles trouvèrent les routes
barricadées à Gaineville et occupées par de l'infanterie, ainsi que les fermes et les parcelles de bois
entre Montivilliers et Harfleur. Tous les ponts sur les
petits ruisseaux affluents de la Seine étaient rompus.
D'accord avec les renseignements du colonel Bock,
il se confirma que l'ennemi, fort de 25,000 hommes, s'était retiré par la rive gauche de la Seine et
que 18 bateaux à vapeur avaient servi au transport
des troupes entre Cherbourg, Honfleur et le Havre.

En occupant fortement la ligne Gaineville—Montivilliers, il avait eu évidemment pour but d'assurer
la sécurité de ce transport. On apprit que le Havre
était fortifié du côté de la terre ; les données sur le
chiffre des troupes qui s'y trouvaient rassemblées
variaient entre 25 et 50,000 hommes. — Le 10,
le général Brandenburg s'avança encore plus à
l'ouest sur Angerville et fit de nouveau reconnaître
le Havre le lendemain. Les environs de Gaineville
étaient toujours fortifiés et infranchissables ; une
autre patrouille put, au contraire, arriver jusque
sur la place du marché de Montivilliers et voir de
l'infanterie ennemie se retirer vers le sud. On apprit que l'ennemi avait fortifié la ligne de la Rouelle
entre Harfleur et Bléville et qu'il en avait apparem-
ment formé sa ligne actuelle de défense. — Un
escadron envoyé au nord vers Criquetot et Gonne-
ville constata de ce côté la présence d'environ 2000
gardes mobiles.

A l'extrême droite de l'armée, le détachement
Dohna, destiné à l'expédition de Dieppe, s'était
réuni le 7 décembre à Clères ; le 8, il se porta sur
Omonville et, le 9, occupa sans résistance la ville
maritime de Dieppe. Il y détruisit environ 1500
armes et encloua 27 canons trouvés dans le château et dans les batteries de la côte. On coupa le
télégraphe côtier en détruisant les fils et en enlevant plusieurs appareils. Ayant rempli sa mission, le général Dohna se retira, le 10 novembre,
par Auffay.

Le résultat de ces diverses opérations fut de sou-

mettre provisoirement une grande étendue de pays
sur les deux rives de la Seine, à droite, jusqu'à la
mer (1), le Havre excepté, à gauche jusqu'à la Rille
et d'assurer l'occupation de Rouen En effet, l'investissement de Paris ne fut plus désormais trou-
blé du côté du nord et du nord-ouest. D'autre
part, on n'avait pas, il est vrai, réussi à porter de
nouveaux coups à l'armée du général Briand pendant qu'elle battait en retraite ; quelle que soit, en
effet, la rapidité avec laquelle on marche, il n'est
pas possible d'atteindre l'adversaire, si celui-ci,
comme c'en était le cas, se dérobe à tout engagement, dès que les extrémités des têtes de colonne
se rencontrent et si ses forces, se désagrégeant
en partie, se retirent dans des directions divergentes (2).

Le 10 décembre, la fraction principale de la Irᵉ armée, alors employée aux opérations sur la Seine,
se trouvait répartie ainsi qu'il suit :

Environ trois brigades du VIIIᵉ corps et une brigade du Iᵉʳ corps à Rouen et dans les environs ; une
brigade du Iᵉʳ corps à Evreux ; une autre à Vernon ;
une du VIIIᵉ corps à Pont-Audemer avec l'ordre de
se retirer le long de la Rille par Bernay ; une brigade de cavalerie à l'ouest de Bolbec, vers le Havre ;

(1) Le gouvernement français se vit ainsi amené à déclarer en état de
blocus ses propres ports de Dieppe et de Fécamp.

(2) Les gardes nationaux et beaucoup de gardes mobiles également se
dispersaient et rentraient dans leurs foyers. Dans la poursuite, nos
troupes trouvaient souvent des hommes occupés encore à changer leurs
uniformes contre des vêtements civils.

une autre à Auffay revenant de Dieppe, toutes deux
renforcées par quelques bataillons du VIII° corps.

CHAPITRE VIII.

**Instructions et premières mesures d'exécution pour
la formation de la Ire armée en deux groupes sur la
Seine et sur la Somme. — Combats sur la Rille. —
Reconnaissance vers le Havre.**

(Du 9 au 14 décembre.)

Le 9 décembre, le commandant en chef reçut, à
Rouen, des instructions écrites du grand quartier
général, datées de Versailles le 7 décembre, et
dont la partie principale était ainsi conçue :

« Au sujet des opérations ultérieures de la
Ire armée, Sa Majesté le Roi a daigné ordonner
que cette armée occuperait Rouen, et, de ce
point, surveillerait la rive gauche de la Seine.
Elle se mettra en communication avec la 5° division de cavalerie, dont le quartier général est à
Dreux. Le gros des forces de la Ire armée doit continuer les opérations offensives contre les troupes
ennemies qui sont encore en rase campagne, et Sa
Majesté juge nécessaire de poursuivre d'abord
celles du général Briand, qui se sont retirées sur
le Havre. Le commandant en chef de la Ire armée

jugera si la ville même peut être enlevée par un coup de main ; mais Sa Majesté ne veut pas que la 1ʳᵉ armée se laisse entraîner devant le Havre dans une entreprise de longue durée ; il faut, au contraire, ne pas perdre de vue que l'on doit disperser les forces ennemies en rase campagne, et que, par conséquent, il n'est pas impossible d'avoir à reprendre les opérations contre les troupes battues à Amiens, aussitôt qu'elles quitteront la position de rassemblement qu'elles occupent actuellement près d'Arras pour se porter de nouveau en avant. »

Signé : MOLTKE.

On avait alors reçu les renseignements suivants sur l'armée française du nord récemment battue à Amiens : Son effectif au jour de la bataille, qui avait d'abord été évalué à 45,000 hommes, n'était que de 30,000 hommes (1). Sa retraite s'était effectuée par Doullens et Albert sur Arras, où elle était arrivée au commencement de décembre dans un état de grande désorganisation ; toutes les troupes disponibles avaient été également envoyées de Lille à Arras. D'après d'autres renseignements, qui furent confirmés le 11 décembre, l'armée du nord était actuellement dans le pays entre Frevent, Saint-Pol, Hesdin et Doullens. On apprit en outre que la levée en masse avait dû être

---

(1) Ce dernier chiffre est d'accord avec ceux donnés par le général Faidherbe dans son *Histoire de l'armée du Nord*.

ordonnée dans le nord, qu'elle avait dû commencer le 10 décembre, et que l'adversaire se préparait à porter un grand coup dans la direction de Paris. Des avis semblables étaient envoyés par le général Grœben.

Le commandant en chef, après avoir reçu ces instructions, voulut disposer ses troupes de manière à pouvoir opérer entre la Seine et la Somme, et faire rapidement front vers l'une ou l'autre de ces directions.

Dans ce but, il avait l'intention de les former en deux groupes principaux : Le Ier corps d'armée et la brigade de dragons de la garde, sous les ordres du général Bentheim, sur la Seine; le VIIIe corps et la 3e division de cavalerie, sous les ordres du général Gœben sur la Somme (1). Il se proposait, lorsque le VIIIe corps serait arrivé à Amiens, d'en faire partir la 3e brigade pour qu'elle ralliât son corps d'armée à Rouen ; mais nous ferons remarquer dès maintenant que ce dernier mouvement n'eut pas lieu; l'armée du général Faidherbe devint bientôt l'objectif principal de nos opérations, et nous dûmes nécessairement garder sur la Seine une attitude plus défensive. Il était très-important de rétablir promptement le chemin de fer de Rouen à Amiens, afin d'être à même de jeter rapidement d'une aile à l'autre au moins des troupes d'infanterie, et de mul-

(1) L'appendice n° 2 donne l'ordre de bataille des Ier et VIIIe corps au 9 décembre, jusqu'au grade de commandant de régiment inclusivement.

tiplier ainsi l'emploi de cette arme, qui nous
faisait plus particulièrement défaut, en présence
des forces considérables de l'adversaire. Les travaux pour le rétablissement de la voie avaient
commencé le 9 novembre; les stations intermédiaires de Poix, Formerie, Forges et Buchy, avaient
été occupées par les compagnies de troupes d'é-
tapes du général Malotki. Les locomotives et les
wagons trouvés à Amiens et à Rouen, mais en partie détériorés et qu'il fallait réparer, devaient
servir à organiser l'exploitation; il ne fallait pas
compter, en effet, pouvoir faire venir des derrières
un matériel de transport. Cependant, la ligne entre
Amiens et Laon allait être bientôt rétablie; mais
elle était très-exposée du côté du nord, et comme
elle ne pouvait être exploitée dans des conditions
de sécurité durable, il fut décidé que les communications en arrière de l'armée auraient lieu par
la ligne Amiens—Creil, devenue praticable depuis
l'établissement d'un pont provisoire sur l'Oise (1).
Le général Manteuffel fit occuper et surveiller la
section d'Amiens à Saint-Just; à partir de Clermont, la ligne était gardée par les soins de l'armée de la Meuse.

Le 9 décembre, le commandant en chef com-
muniqua les dispositions suivantes à ses généraux
commandants de corps d'armées :

« La Iʳᵉ armée est actuellement chargée de garder Rouen et Amiens, de surveiller la rive gauche

---

(1) Voir au chapitre V.

de la Seine, de conserver les communications avec la 5e division de cavalerie qui se trouve à **Dreux**, de couvrir la ligne d'investissement du nord de Paris, et, dans le cas où soit l'armée ennemie du nord, soit l'armée du général Briand viendraient à reprendre l'offensive, elle doit les battre de nouveau. En conséquence je décide ce qui suit :

« Le général Gœben sera chargé de garder Amiens et de protéger l'investissement du nord de Paris. Le général Bentheim gardera Rouen, surveillera la rive gauche de la Seine et maintiendra les communications avec la 5e division de cavalerie et avec le général Lippe, qui est à Gisors. En se portant sur Amiens, le général Gœben fera avec le gros de ses forces un mouvement de reconnaissance du côté du Havre, pour voir si cette place ne pourrait être enlevée par un coup de main. Si cela ne lui paraît pas possible, il n'entreprendra contre elle aucune opération sérieuse ou de longue durée, et se dirigera vers Amiens en suivant la côte. Le détachement du général Dohna sera placé sous les ordres du général Gœben; la brigade de dragons de la garde passera au contraire sous les ordres du général Bentheim à Rouen.

« Par suite des conditions dans lesquelles se trouve cette ville, le général Bentheim, s'il est attaqué, soit du côté du Havre, soit par le sud, ne doit pas s'y défendre; il doit, au contraire, se porter à la rencontre de l'ennemi et chercher à le battre. Pour cela, il est nécessaire que le gros de ses forces restent concentrées, tandis que des co-

lonnes mobiles s'avanceront au loin sur la rive
gauche de la Seine et dans la direction du Havre,
et tiendront le pays jusqu'à la ligne Pont-Audemer — Bernay — Évreux. La position d'Évreux est
particulièrement importante pour le maintien des
communications avec la 5ᵉ division de cavalerie; il
faudra aussi faire détruire au delà de cette ligne
les chemins de fer et les télégraphes qui pourraient servir à l'ennemi; au contraire, le chemin
de fer d'Amiens à Rouen, que nous aurons rétabli dans quelques jours, facilitera la concentration de l'armée, dans le cas où elle deviendrait
nécessaire.

« Les mouvements des deux corps d'armée
commenceront demain matin. Les généraux commandants de corps se concerteront pour faire
relever les détachements du VIIIᵉ corps qui sont
sur la rive gauche de la Seine, et éviter que les
troupes ne se croisent. Pendant les marches, on
devra continuer à désarmer le pays, et, pour ce
motif, conserver un front étendu toutes les fois
qu'on ne rencontrera pas l'ennemi. »

Signé : MANTEUFFEL.

Conformément à cet ordre, les mouvements suivants furent prescrits dans chacun des corps d'armée, et exécutés du 10 au 14 décembre :

Le général Bentheim fit rentrer à Rouen la
4ᵉ brigade combinée, qui se trouvait à Vernon sous
les ordres du général Pritzelwitz. Elle y arriva le
13 et envoya le lendemain un détachement mixte

(3 bataillons, 3 escadrons, 2 batteries) dans le pays entre Caudebec sur la Seine, Yvetot et Pavilly, de manière à surveiller le Havre après le départ du VIIIᵉ corps. Les trois autres bataillons restèrent provisoirement à Rouen, où la plus grande partie de la 1ʳᵉ brigade se trouvait également rassemblée ; l'artillerie du corps d'armée fut cantonnée dans les environs et au sud-est de la ville, sous la protection de 2 bataillons.

La 2ᵉ brigade combinée fut chargée d'observer le terrain sur la rive gauche de la Seine. Cette brigade, comme on le sait, se trouvait à Évreux depuis le 9 décembre. Elle reçut l'ordre d'affecter une partie de ses forces à la surveillance de la ligne de la Rille et de se porter, avec le gros, dans les environs d'Elbeuf et de la Bouille, afin d'être prête à opérer, suivant les circonstances, sur l'une ou l'autre rive de la Seine.

Le 11 décembre, le colonel Massow quitta donc Évreux et se rendit au Neufbourg avec le gros de son détachement. La partie de ses troupes destinées à observer le cours de la Rille, sous les ordres du colonel Legat, se porta plus à gauche sur Beaumont, où la tête de leur avant-garde reçut des coups de feu ; mais, lorsque le colonel Legat s'avança pour attaquer Beaumont, l'ennemi s'était retiré dans la direction de Serquigny. Cependant, un escadron de dragons put encore atteindre et disperser une ligne d'infanterie qui se montrait en rase campagne à l'est du village ; ayant reçu des coups de feu des villages de Bray et de Tilleul-

Othon qu'occupait l'ennemi, il dut s'abstenir de continuer la poursuite. La perte de l'escadron s'éleva à 1 officier, 7 hommes et 10 chevaux. On disait que des gardes mobiles se trouvaient à Bernay et à Serquigny. Le chemin de fer, que l'on avait déjà rendu impraticable près de Conches, fut également coupé à Beaumont. Le 12 décembre, le colonel Legat rencontra de nouveau de la résistance en se portant sur Serquigny : 3 compagnies environ, qui voulaient conserver le pont de ce village, furent repoussées avec pertes. On apprit alors que les troupes ennemies, qui s'étaient d'abord retirées sur Lisieux, 12,000 gardes mobiles, disait-on (avec 10 pièces), s'étaient de nouveau avancées sur Bernay. En effet, le 13 décembre, à deux heures et demie du soir, les pionniers occupés à faire sauter le chemin de fer à Serquigny et l'infanterie chargée de les protéger, furent attaqués par environ trois bataillons. Une vive fusillade s'engagea, et, au bout d'une heure, l'ennemi, qui avait subi des pertes sensibles, battit en retraite. On réussit à faire sauter le chemin de fer à l'embranchement, et, à quatre heures du soir, Brionne fut occupé. Nos pertes s'élevèrent à 1 officier et 14 hommes. D'après des instructions du général Bentheim qui arrivèrent le 13 décembre au soir, tout le détachement Massow se rapprocha de la Seine les jours suivants, et s'échelonna, le 15, sur la route de Brionne à Rouen, entre Saint-Denis et la Bouille, avec de petits détachements à Elbeuf et à Pont-de-l'Arche. Le général Bentheim se propo-

sait ainsi d'amener l'ennemi à dépasser la Rille, de
manière à lui opposer des forces supérieures sans
être obligé de trop s'éloigner de Rouen.

Pendant que ces événements se passaient au
Iᵉʳ corps, le VIIIᵉ corps avait effectué les mouvements ci-après : La 29ᵉ brigade (Bock) avait reçu
l'ordre de revenir à Rouen, non plus en longeant
la Rille, mais par le chemin direct de Pont-Audemer. Elle y arriva le 12 et se rendit à la Feuillie
le 13, de manière à continuer sa marche vers
Amiens par la route du sud qui passe à Gournay,
tandis que le général Kummer, avec la 30ᵉ brigade
(Strubberg), prenait la route du nord et se trouvait
à Forges le 13 novembre.

Le général Gœben, pour la reconnaissance à
faire sur le Havre, avait désigné la 16ᵉ division
qui, à l'exception des bataillons faisant partie des
détachements Brandenburg et Dohna, se trouvait
en entier réunie à Rouen. Dès le 10 décembre,
cette division, conduite par le général Gœben lui-
même, s'avança au delà de Maromme, et ses têtes
de colonne atteignirent le lendemain les environs
d'Angerville et de Saint-Romain. Le général Gœben
porta son quartier général à Bolbec. Nous savons
déjà quel avait été le résultat des reconnaissances
du détachement Brandenburg. Le général Gœben
acquit également la certitude que l'ennemi était
dans l'intention de défendre le Havre et que, dans
ce but, il occupait déjà en avant une ligne fortifiée
de Harfleur à Montivilliers. En attaquant cette
ligne on allait se trouver, même en cas de succès,

forcément engagé contre le Havre ; car, si l'on ne
poursuivait pas les opérations contre cette place
après avoir attaqué ses positions de défense avancées, l'adversaire en tirerait parti au moins comme
d'un succès moral. Le général Gœben, se conformant donc à l'esprit de ses instructions qui lui
interdisaient d'entreprendre contre le Havre une
opération de longue durée, résolut de ne pas donner à son mouvement d'autre caractère que celui
d'une simple reconnaissance. Le 12 décembre, il
transporta son quartier général à Fauville et retira
successivement ses troupes vers la droite, sur la
ligne Yvetot—Cany, où elles arrivèrent le 13. La
brigade de dragons de la garde fut également dirigée vers Yvetot et passa sous les ordres du général
Bentheim. Le 14 décembre, la 16ᵉ division, conduite par le général Gœben, arriva dans les environs et au sud de Dieppe ; elle fut ralliée le même
jour par le détachement Dohna. Le général Gœben,
en exécution de l'ordre du 9 décembre, se disposa
à continuer sa marche sur la Somme en deux colonnes principales, qui se dirigèrent vers Abbeville
et vers Amiens.

Le 14 décembre, les troupes de la Iʳᵉ armée se
trouvaient réparties en Normandie de la manière
suivante :

Iᵉʳ *corps d'armée :* la deuxième brigade combinée
(Massow) sur la rive gauche de la Seine, entre
Brionne et Elbeuf, faisant face à la Rille. La moi-
tié de la 4ᵉ brigade combinée (Zglinitzki) et la bri-

gade de dragons de la garde (Brandenburg) sur la
rive droite de la Seine, dans les environs de Pavilly, Duclair et Yvetot, faisant face au Havre. Le
général commandant le corps d'armée avec une
brigade et demie et l'artillerie du corps d'armée
à Rouen, où se trouvait également le quartier général.

VIII° corps d'armée : La 29° brigade à la Feuillie; la 30° brigade à Forges avec le général Kummer; la 16° division, le détachement Dohna et le
général commandant le corps à Dieppe et au sud de
cette ville; l'artillerie du corps d'armée, sous l'escorte de deux bataillons, à Saint-Victor-l'Abbaye,
à l'est de Tôtes. Toutes ces troupes faisant face et
marchant vers la Somme. Avant de continuer le
récit de cette marche, nous avons à faire connaître
les événements qui s'étaient passés sur la Somme
et devant les places des Ardennes, dans la première quinzaine de décembre.

CHAPITRE IX.

Événements sur la Somme et devant les places des Ardennes, dans la première quinzaine de décembre. — Surprise de Ham. — Mouvement offensif du général Faidherbe sur la Fère. — Capitulation de Montmédy.

Nous allons commencer par donner un rapide aperçu des événements devant les places des Ardennes.

La reconnaissance, que le commandant en chef avait ordonné de faire de la place de Mézières, avait montré que, non-seulement au point de vue de la sécurité de la base d'opérations, mais encore au point de vue topographique et tactique, le front du sud était le plus favorable pour les attaques. Le corps du général Senden était toujours dans la même position d'observation au sud de la ville. Il n'y avait eu que des rencontres de peu d'importance avec des bandes de francs-tireurs. Le petit parc de siége de pièces françaises avait été transporté à Sedan; le détachement Senden avait ainsi été déchargé du soin de le garder, et sa tâche avait donc été facilitée d'autant.

Montmédy était, depuis le 7 décembre, étroitement cerné par 10 bataillons et 2 escadrons, tandis qu'un petit détachement maintenait par Sedan les relations avec le général Senden. Le détachement de 2 bataillons, 2 escadrons et une batterie en observation devant Longwy, attendait encore d'être relevé par les troupes du général Lœwenfeld.

Le 8 décembre, on commença la construction des batteries contre Montmédy; la neige et le verglas gênaient les travaux; les jours suivants, on continua à faire venir le parc de siége de Thionville. Le général Kameke s'était également décidé pour une attaque contre le front sud; mais il voulait d'abord bombarder énergiquement la place, tout en faisant les préparatifs d'un siége en règle pour le cas où il n'obtiendrait pas ainsi le résultat cherché. Le bombardement put commencer le 12 décembre. Il fut gêné par un épais brouillard, qui rendait impossible la rectification du tir. Cependant il détermina la ville à capituler le 14. 65 canons tombèrent entre nos mains; 2,500 hommes furent faits prisonniers.

Revenons maintenant sur la Somme. Nous avons déjà parlé, au chapitre V, des forces mises à la disposition du général Grœben, des instructions qui lui furent données et de la nature des rapports qui furent établis entre les trois hautes autorités civile et militaires instituées à Amiens.

Tandis que l'armée poursuivait son mouvement vers la Seine, le général Grœben, conformément aux instructions supérieures, avait complété l'approvisionnement de la citadelle, et l'avait mise en état de faire une énergique défense; il avait, dans ce but, fait venir de la Fère quatre pièces françaises rayées et le matériel d'artillerie qui manquait. Les ouvriers d'Amiens, au nombre d'environ 3000, furent occupés à détruire et à raser, aux frais de la ville, les retranchements construits à Dury. De petits détachements, forts d'une compagnie et d'un escadron, visitaient et désarmaient les villages au nord de la Somme; d'autres étaient employés aux destructions de chemins de fer prescrites par le commandant en chef; d'ailleurs l'ennemi, en se retirant, les avait déjà coupés en partie; nous dûmes néanmoins en rendre la destruction plus complète pour entraver autant que possible un nouveau mouvement offensif de l'adversaire. Avant le 3 décembre, on avait déjà fait sauter trois ponts entre Arras et Albert; le chemin de fer d'Abbeville fut également coupé. De l'infanterie se montrait sur les remparts de cette petite place; mais Doullens et sa citadelle furent trouvées inoccupées. Du côté d'Arras, on ne voyait pas non plus l'ennemi. Les nouvelles reconnaissances dirigées vers Péronne faisaient connaître, au contraire, qu'il occupait les villages sur les deux rives de la Somme et commençait à s'y fortifier. Le général Grœben s'abstint donc, et avec raison, de toute tentative de vive force contre cette forteresse. D'après les journaux anglais et d'autres renseignements venus de sources particulières, il était question d'un prochain mouvement offensif que l'armée du nord devait opérer d'Arras sur Péronne. Telle était, le 6 décembre, la situation dans l'étendue du commandement du général Grœben.

Un fort détachement (2 bataillons, 2 escadrons, 2 pièces), sous les ordres du major Bock, du régiment n° 44, était parti d'Amiens le 3 décembre pour faire une expédition sur Saint-Quentin, et était arrivé à Ham le 4 décembre. Le lendemain, le major Bock continua sa marche sur Saint-Quentin; ses fourriers y furent reçus à coups de pierre et à coups de fusil. De gros rassemblements voulaient empêcher le détachement d'entrer dans la ville; un uhlan avait été blessé. Le major fit balayer la route par deux coups de canon, puis il continua d'avancer sans autre résistance; le 6 décembre, il fit sauter avec un succès complet le pont du chemin de fer de Saint-Quentin et celui d'Essigny-le-Petit, à un mille plus au nord. Le 7, le major Bock se retira sur Ham, et, le lendemain, il se dirigea par Roye sur Amiens, où il arriva le 9. Les symptômes de résistance que l'on avait d'abord reconnus à Saint-Quentin se manifestèrent sur d'autres points les jours suivants; le 7 et le 8 décembre, à Marieux (entre Doullens et Albert), on vit des chasseurs à pied, et l'ennemi essaya de rétablir le pont du chemin de fer de Beaucourt, entre Albert et Arras; mais les ouvriers s'enfuirent devant les patrouilles prussiennes en abandonnant leurs outils.

Le général Grœben envoya alors, le 9 décembre, 1 bataillon, 1 escadron et 2 pièces à Albert, et l'on fit complétement sauter avec une charge de 3 quintaux de poudre le pont de pierre qui se

trouve sur le chemin de fer au nord d'Avelay. Le
10 et le 11, une reconnaissance d'un escadron du
régiment de uhlans n° 7, sous les ordres du capitaine Le Fort, fut dirigée vers Arras par Doullens.
Le 10, elle arriva au sud de Doullens, et, le lendemain matin, désarma la ville sans résistance. Mais
un peloton, envoyé plus loin dans la direction
d'Arras, essuya en avant de Beaumetz un feu d'infanterie venant de la lisière de plusieurs bois, et
rapporta que Beaumetz était occupé par 1000
gardes mobiles et de nombreux francs-tireurs. Le
11 au soir, l'escadron Le Fort rentra dans ses cantonnements à Amiens.

Un signe plus sérieux du réveil offensif de l'ennemi fut la surprise de Ham, le 9 décembre. Une fraction du détachement de chemin de fer de campagne
n° 3 travaillait depuis le 7, sous la protection d'un
détachement d'infanterie de la Fère, au rétablissement d'une section du chemin de fer entre Arras et
Amiens. Favorisé sans doute par des intelligences
avec les habitants, le 9 décembre, à six heures du
soir, un bataillon de gardes mobiles, venant de Péronne avec de la cavalerie et 2 canons, fit soudain
irruption dans la ville. Le petit détachement prussien (fort d'environ 180 hommes tout compris) fut
complétement surpris et cerné; il put cependant
en grande partie se jeter dans le château; mais,
menacé par le feu de l'artillerie ennemie, il se vit
bientôt obligé à capituler. Quelques officiers et soldats purent seulement se sauver vers la Fère. Ces
événements furent connus à Amiens le 10; le com-

mandant en chef, aussitôt prévenu à Rouen par le
télégraphe, prescrivit immédiatement au général
Grœben de marcher de suite vers Ham.

Il était possible d'ailleurs que le détachement
tînt encore dans le château : aussi le général Grœben fit-il partir, dès le 10 au soir, 1 bataillon,
1 escadron et 4 pièces, sous les ordres du capitaine
Luckowitz; mais, le 12, ces troupes, qui marchaient sur Ham par Erchcux et Esmery-Hallon,
furent vivement attaquées de front et de flanc à
Eppeville (à 4 kilomètres environ à l'ouest d'Ham),
tandis que de forts détachements ennemis menaçaient de les cerner. Le capitaine Luckowitz battit
alors en retraite sur Roye sous la protection de
son arrière-garde, et rentra à Amiens le 13. Le
commandant en chef fut informé de ces événements le 13, à midi, par une dépêche télégraphique; il prescrivit au général Grœben de faire le
nécessaire pour reprendre Ham et d'envoyer une
reconnaissance sur les derrières de Péronne, afin
de constater si c'était simplement la garnison de
cette place qui avait fait ce coup de main, ou bien
si l'on avait devant soi l'avant-garde de l'armée
ennemie qui reprenait l'offensive. Cette dernière
hypothèse fut du reste encore confirmée d'un autre
côté dans le courant de la journée du 13.

Le 11, dans l'après-midi, à la nouvelle des événements de Ham, le major Mackeldey avait également envoyé, de la Fère, une compagnie en reconnaissance sur le chemin de fer. Dès le village
de Mennessis, à l'embranchement des chemins de

fer de Ham et de Saint-Quentin, cette compagnie reçut des coups de feu, et, après un combat de tirailleurs dans l'obscurité, elle rentra à la Fère avec quelques prisonniers du 17ᵉ bataillon de chasseurs à pied français. Le gouverneur général de Reims avait de son côté envoyé un bataillon et une batterie vers la Fère ; il apprit ainsi, le 12 décembre, que l'ennemi ne se trouvait qu'à un mille (7,500 mètres) de cette ville avec un régiment d'infanterie, un bataillon de chasseurs à pied et de l'artillerie. Les troupes du gouvernement de Reims restèrent alors à la Fère pour renforcer la garnison, et le colonel Krohn, qui était le plus ancien officier, prit provisoirement le commandement de la place. Le même jour, les communications télégraphiques furent coupées entre la Fère et Reims par l'ennemi, qui occupait Travecy, Fargniers et quelques autres villages sur la rive gauche de l'Oise, au sud et à l'ouest de la ville.

Ces nouvelles, dont le grand quartier général de Versailles fut informé le jour même, déterminèrent l'envoi d'un détachement de l'armée de la Meuse sur Soissons ; de plus, le général Senden fut invité à déférer aux demandes de troupes qu'aurait à lui faire le gouvernement de Reims ; un bataillon du régiment n° 19 et une batterie furent ainsi dirigés, le 13 décembre, de Boulzicourt sur Soissons.

Il fut recommandé au général Grœben de déployer toute l'activité que réclamaient les circonstances. Les instructions suivantes furent en outre

adressées par écrit au commandant en chef de la
Ire armée :

« On ne se propose pas, quant à présent, d'occuper d'une manière permanente tout le nord-
est de la France ; il importe, au contraire, bien
plutôt de disperser les rassemblements ennemis
en rase campagne, et, particulièrement, de s'opposer aux tentatives qui pourraient être faites en
vue de débloquer Paris ou de gêner nos communications ; S. M. le Roi décide donc que le gros des
forces de la Ire armée sera dirigé sur Beauvais.
Il faudra cependant laisser à Rouen des troupes
en nombre suffisant pour surveiller la rive gauche
de la Seine au moyen de détachements mixtes. En
concentrant ses forces à Beauvais, la Ire armée se
trouvera ainsi à même de soutenir en temps utile
Rouen ou Amiens, et de prendre efficacement l'offensive contre les corps ennemis qui viendraient à
sortir du cordon de forteresses de la frontière
belge.

« Actuellement, la Ire armée doit donc se préoc-
cuper plus particulièrement de couvrir les derrières
de l'armée de la Meuse ; lorsque la situation sera
éclaircie, elle pourra d'ailleurs porter de nouveau
le gros de ses forces de Beauvais sur Amiens. »

Signé : MOLTKE.

CHAPITRE X.

Concentration de la majeure partie de la Iʳᵉ armée sur Amiens.

Les nouvelles reçues à Rouen sur les événements de Ham et de la Fère, n'indiquaient point que l'ennemi eût l'intention d'attaquer Amiens; elles semblaient au contraire faire prévoir un mouvement dans la direction de Paris et contre les communications de la Iʳᵉ armée.

Le général Grœben partageait cette opinion, que confirmaient les observations recueillies par ses détachements dans le courant de la journée du 13 décembre (transmises d'Amiens à Rouen le 14 décembre).

Une reconnaissance, envoyée d'Albert sur Bapaume, avait appris que, la nuit précédente (celle du 12 au 13), 10,000 hommes venant d'Arras avaient passé à Bapaume, et que cette ville était encore occupée par 1,500 hommes. Le même jour, 13 décembre, le major Heinichen, en faisant une reconnaissance à l'ouest de Péronne, eut avec l'ennemi un engagement heureux à Foucaucourt (entre Chaulnes et Bray). Le village, défendu par quelques centaines de fantassins, fut enlevé vers midi après une résistance acharnée; l'ennemi se retira sur Péronne à la faveur du brouillard. Tous les villages dans cette direction étaient fortement occupés. De forts rassemblements étaient signalés à Péronne, Ham et Saint-Quentin ; il devait y avoir 15,000 hommes dans ces deux dernières villes, 5,000 hommes et deux batteries venues d'Arras devaient se trouver à Péronne. Le détachement Heinichen revint à la Motte le 13 décembre. — Une reconnaissance envoyée, le même jour, d'Amiens vers Abbeville constata que l'ennemi n'avait pas encore rétabli le chemin de fer coupé à Longpré et à Eaucourt ; à Liercourt, au contraire, elle fut accueillie par un violent feu de tirailleurs ; la garnison d'Abbeville venait d'être renforcée, disait-on, par environ 2 à 3,000 gardes mobiles ou soldats de marine, arrivés de Boulogne.

Le mouvement principal de l'ennemi paraissait donc se dessiner d'Arras vers Bapaume, Péronne et Ham et sur les routes plus à l'est (comme celle de Cambrai à Saint-Quentin), dans la direction de Paris.

Les troupes de la 1re armée, à portée de faire une diversion, étaient le corps du général Græben à Amiens et la 15e division (Kummer), dont les deux brigades étaient alors à Forges et à la Feuillie. Le 13, dans l'après-midi, lorsque les nouvelles de la Fère arrivèrent à Rouen, voici quelles étaient les dispositions prises :

A la fin du chapitre précédent, nous avons dit que, ce même jour, l'ordre avait été donné au général Græben de reprendre possession de Ham. Le général ayant répondu, par le télégraphe, qu'une partie de ses forces étant momentanément dé tachée, il ne pourrait faire ce mouvement que le 16, après avoir rassemblé et reposé ses troupes, le commandant en chef l'avait approuvé et avait ajouté : « qu'il ne fallait employer à cette expédition qu'un effectif dont le départ ne compromettrait pas la sécurité d'Amiens, et qu'on devait se mettre en relations avec la 15° division, qui arriverait à Montdidier le 17 ou le 18. »

Le général Grœben fit alors connaître que dans ces conditions il ne pensait pas pouvoir affecter à cette opération plus de 2 bataillons, 4 escadrons et 1 batterie, et qu'un détachement ainsi composé serait à Roye le 17 décembre.

Un ordre adressé également le 13, dans l'après-midi, au général Kummer, lui prescrivit de concentrer sa division à Montdidier, aussi rapidement qu'il le pourrait, et de tenir ses troupes prêtes à combattre. Il devrait ensuite, de concert avec le général Grœben, s'opposer aux progrès de l'ennemi ou, selon le cas, opérer sur son flanc ou sur ses derrières. Jusqu'au moment où le général Gœben serait arrivé de Dieppe, les troupes du général Grœben seraient sous son commandement.

Le 14, le général Kummer rendit compte que, dans la journée, il arriverait avec la 30° brigade à Formerie et à Grandvilliers, qu'il serait le 15 à Crèvecœur, le 16 à Breteuil, et le 17 à Montdidier. La 29° brigade devait, après les marches forcées qu'elle avait faites sur la rive gauche de la Seine, se reposer, le 14, à la Feuillie, être le 15 à Gournay, le 16 à Marseille. le 17 à Breteuil. et rallier la 30ᵉ brigade à Montdidier le 18 décembre.

D'après les ordres envoyés, le 13, aux généraux Grœben et Kummer et les réponses que l'on en avait reçues, on comptait avoir, le 18 décembre, 15 bataillons, 2 régiments de cavalerie et 5 batteries en première ligne à Roye, Montdidier et Breteuil, prêts, soit à se jeter sur le flanc droit de l'ennemi, s'il marchait sur Paris, soit à continuer leur mouvement vers la Somme.

Quant aux autres troupes, on savait que le général Gœben pensait se porter avec la 16ᵉ division de Dieppe à Abbeville, le 17 décembre. L'artillerie de son corps d'armée, suivant la grande route de Forges et de Poix, arriverait dans les environs d'Amiens le 18 ; le 19 il serait donc prêt à poursuivre les opérations sur la Somme.

Enfin, le général Lippe nous avait prévenus, le 11 décembre, que, d'après l'ordre du commandant en chef de l'armée de la Meuse, il se retirait sur Beauvais et devait établir de forts détachements à Gisors et à Clermont ; mais le 13, à la suite des événements de la Fère, il portait ses forces principales (2 bataillons, 2 régiments de cavalerie et 1 batterie) sur Compiègne, tandis qu'un autre détachement de l'armée de la Meuse (1 régiment d'infanterie, 1 escadron et 1 batterie) était dirigé sur Soissons par le chemin de fer. — De tous côtés, les précautions étaient donc prises pour s'opposer au mouvement de l'ennemi sur Paris, ou s'attacher à ses flancs et à ses derrières.

C'est à ce moment, c'est-à-dire le 14 décembre, qu'arrivèrent à Rouen, les instructions de Versailles, dont il a été question au chapitre précédent. Le général Manteuffel adressa aussitôt des ordres dans le même sens aux généraux Gœben, Bentheim et Grœben. D'après l'ensemble des nouvelles que l'on vient de faire connaître, et pour remplir la mission actuellement confiée à l'armée, les mesures suivantes furent arrêtées :

« 1° Le général Grœben laissera comme garnison à Amiens : trois bataillons de la 3e brigade, les deux batteries qui lui appartiennent, et un régiment de cavalerie ; avec les autres bataillons, les régiments de la 3e division de cavalerie (1), qui vont le rejoindre et les batteries à cheval, il se portera le 16 décembre d'Amiens vers Roye, où il recevra de nouveaux ordres du général Gœben.

« 2° La 15e division poursuivra sa marche sur Montdidier.

« 3° La 16e division ne se portera pas sur Amiens, mais se dirigera directement sur Beauvais et fera connaître à quel moment elle y arrivera.

« 4° Rien n'est changé dans la mission du général Bentheim. La brigade de dragons de la garde reste à sa disposition.

« 5° Le général Mirus continuera à remplir les conctions de commandant de place à Amiens et

_____

(1) Ancien détachement Dohna.

commandera également le détachement de troupes
qui en forme la garnison (1). »

Signé : Manteuffel.

Cet ordre ne modifiait en rien les prescriptions
déjà données aux généraux Grœben et Kummer.
Seules les troupes qui marchaient avec le général
Gœben devaient, pour se conformer aux instructions de Versailles, changer de direction et marcher vers Beauvais.

Le général Gœben reçut cet ordre à Dieppe, dans
la nuit du 14 au 15. Le lendemain il se mit alors
en marche sur Neufchâtel, et, le 18, ses têtes de
colonne (16e division et artillerie du corps d'armée) atteignirent les environs de Beauvais.

Le général Kummer, qui arriva, le 16, à Breteuil avec sa brigade de tête de colonne, hâta sa
marche de manière que la 30e brigade put occuper
Roye le 18 décembre, et que la 29e prit position
entre Roye et Montdidier.

Le général Lippe, dont le gros de la division
s'était, comme on le sait, porté vers Compiègne,
le 13 décembre, dut, conformément aux ordres du
commandant en chef de l'armée de la Meuse, pousser ses détachements de Gisors et de Beauvais plus
à l'est; le premier se rendit à Beauvais, le second
à Clermont. De Clermont, celui-ci devait se tenir

---

(1) Après l'arrivée du général Memerty, le colonel Busse, qui avait
rempli le premier ces fonctions, avait rejoint le Ier corps à Rouen; il commandait maintenant la 2e brigade.

en relations avec Compiègne et avec les troupes de
la Ire armée qui étaient à Amiens, afin d'agir de
concert avec elles.

La division Lippe ayant ainsi appuyé à droite,
le Ier corps, qui avait son aile gauche à Elbeuf, reçut
l'ordre, le 17 décembre, d'occuper Gisors et de se
tenir en relations avec Beauvais. Depuis le 14, les
événements suivants s'étaient passés au Ier corps
d'armée :

Nous avons vu au chapitre VIII que le général
Bentheim avait ramené ses troupes en arrière de
la Rille afin de porter un grand coup à l'ennemi,
qu'on attendait du côté de Bernay. Le 15 décembre, il concentra donc entre Elbeuf, Grand-
Couronne et la Bouille 11 bataillons, 5 escadrons
et 8 batteries (y compris le détachement Massow),
et il établit son quartier général à Elbeuf. Le général Pritzelwitz commandait sur la rive droite de
la Seine. Il avait sous ses ordres le général Zgh-
nitzki, avec 3 bataillons, 4 escadrons et 2 batteries sur la ligne Duclair — Barentin, faisant face
au Havre, et le général Brandenburg plus à droite,
avec 1 bataillon, 5 escadrons et 2 batteries, sur la
ligne Pavilly—Clères, observant le pays du côté de
Dieppe.

Le 14, on rencontra les avant-postes ennemis
du Havre à moitié chemin d'Harfleur et de Saint-
Romain. Un navire de guerre français, qui était à
l'ancre à Caudebec, débarqua des troupes qui ou-
vrirent sur nos patrouilles un feu d'artillerie et de
mousqueterie; mais le 14, tout avait disparu, et,

jusqu'au delà de Caudebec, d'Yvetot et d'Yerville, on ne rencontra plus personne ; cependant, le 17, nos avant-postes de Duclair furent de nouveau inquiétés par une canonnière française.

Le 16, le général Bentheim s'avança sur la rive gauche de la Seine avec la 1re division, son gros à Bourgtheroulde, son avant-garde à Saint-Denis-des-Monts. Les patrouilles envoyées vers la Rille trouvèrent libres Montfort et le pays plus au sud, tandis que les hauteurs de la rive gauche, derrière Brionne, étaient fortement occupées. On ne pouvait donc, comme on l'espérait, avoir une action décisive sur le terrain entre la Seine et la Rille, et d'après les nouvelles venues de la rive droite de la Seine, il ne paraissait pas prudent d'éloigner davantage de Rouen la 1re division, d'autant plus que les haies nombreuses dont le pays était couvert ne favorisaient pas l'action de l'artillerie. Le général Bentheim se décida alors à ramener ses troupes à Rouen. Il les fit replier le 17 décembre et établit sa ligne de défense sur la rive gauche de la Seine, entre Grand-Couronne et Pont-de-l'Arche. Le colonel Massow occupa cette ligne avec le régiment n° 1, un escadron et une batterie.

Le 19, le détachement destiné au commandement d'étapes de Gisors (un demi-bataillon et un escadron) se mit en marche ; on en profita pour renvoyer à l'armée de la Meuse la batterie à cheval de la brigade de dragons de la garde Brandenburg. Quant à cette brigade elle-même, elle resta attachée à la 1re armée, et l'escadron, qui était jusqu'alors à

Chantilly, rallia la brigade par Gournay. Laissons un instant les troupes ainsi placées sur la Seine, et revenons vers l'Est.

Contrairement à nos prévisions, l'ennemi n'avait pas attaqué la Fère. Les mesures que nous avions prises l'avaient-elles arrêté dans son mouvement? n'avait-il eu d'autre but que de nous empêcher de poursuivre nos opérations en Normandie? ou bien avait-il voulu seulement masquer d'autres projets? Nous ne discuterons point ces hypothèses. Le général Faidherbe, qui à cette époque venait de prendre le commandement de l'armée française du Nord, a dit, dans sa *Relation historique*, qu'après s'être convaincu que la Fère ne pouvait être enlevée par un coup de main, il s'était décidé dès le 14 à marcher sur Amiens. Quoi qu'il en soit, à part le petit succès de Ham, l'opération contre la Fère n'avait amené aucun résultat, et comme, ainsi que nous le verrons, elle ne fut pas immédiatement suivie du mouvement contre Amiens, elle nous avertit prématurément du danger qui nous menaçait vers le nord, et nous donna le temps de prendre les précautions nécessaires (1).

Les nouvelles arrivées à Rouen le 14, n'indi-

---

(1) C'est ici d'ailleurs le lieu de rectifier l'opinion émise par le général Faidherbe, d'après laquelle le départ du VIII⁰ corps de la Normandie aurait été décidé à la suite des événements de Ham et de la Fère. Nous renverrons à ce sujet à l'ordre du 9 décembre, antérieur à la surprise de Ham. (Voir le chap VIII.)

quaient pas encore clairement quels étaient les
projets de l'adversaire. D'un côté, on apprenait de la Fère que, depuis le 14, tout le pays environnant était libre. L'ennemi, qui avait pris
position le 12 devant le front ouest de la place
avec 5,000 hommes et 18 pièces, s'était retiré le
13 sur deux colonnes, l'une, disait-on, par Moy et
l'autre par Chauny sur Noyon. D'après un autre
renseignement parvenu le 15, l'armée du Nord,
réorganisée et forte d'environ 36,000 hommes, devait se porter en trois colonnes sur Abbeville et
Amiens. De plus, 20,000 hommes, assurait-on, se
trouvaient à Lens, au nord d'Arras ; des forces importantes devaient également être rassemblées à
Saint-Omer ; la *levée en masse* ordonnée par Gambetta avait incontestablement lieu avec succès.

Le même jour, on connut à Rouen le résultat
des reconnaissances ordonnées le 13, et qui, parties d'Albert le 14, s'étaient avancées derrière Péronne. L'une d'elles avait trouvé une ligne de tirailleurs ennemis au Sars, sur la route d'Albert à
Bapaume ; l'autre, au contraire, était arrivée sans
obstacle jusque sur la route de Péronne à Bapaume.
Toutes deux s'accordaient pour confirmer les mouvements de troupes déjà signalés d'Arras et de
Cambrai vers le sud. Les colonnes venant d'Arras
étaient, disait-on, transportées par le chemin de
fer jusqu'à Achiet-le-Grand, station au nord de la
coupure faite à Avelay, et se dirigeaient ensuite par
Bapaume sur Péronne. Le 14 décembre, le major
Troschke, commandant le détachement de Domart

sur la Luce, avait en outre envoyé des patrouilles vers Roye. Il n'y avait, il est vrai, sur ce point que de la cavalerie seulement; on voyait plus au sud de nombreux feux de bivouac.

En réunissant ces divers renseignements, on pensa à Rouen que l'ennemi était occupé à se concentrer à l'abri de Péronne. La présence de troupes à Roye avait-elle l'importance d'un mouvement d'avant-garde, ou n'était-elle qu'une diversion indiquant tout au plus d'une manière générale la direction ultérieure qu'allaient prendre les opérations ennemies? Le 15 et le 16 décembre, il n'était pas encore possible de le savoir.

Le 16 décembre, dans la soirée, le préfet allemand d'Amiens arriva au quartier général à Rouen avec une lettre du général Grœben. On sut ainsi que cet officier général avait cru ne devoir laisser qu'un demi-bataillon, des artilleurs et des pionniers pour garder la citadelle d'Amiens, et qu'il était parti, le 16 au matin, avec le restant des troupes, pour rallier la 15ᵉ division à Montdidier. On apprit également que l'ordre du 14 décembre ne lui était pas encore parvenu. Par suite du départ des troupes, l'inspection générale des étapes et l'autorité civile allemande avaient aussi quitté Amiens; l'inspection des étapes s'était rendue à Conty avec le trésor et le parc de voitures; les fonctionnaires civils arrivaient à Rouen par le chemin de fer.

Les instructions laissées au général Grœben n'avaient pas interdit, il est vrai, d'abandonner mo-

mentanément Amiens, si certaines circonstances
y forçaient; toutefois, par suite de considérations
morales et politiques le commandant en chef attachait une importance particulière à ce que cette
grande ville fût autant que possible occupée d'une
manière permanente. Amiens ne devait pas être
défendu à tout prix; on ne devait pas sacrifier des
troupes pour conserver cette ville quand même,
mais on ne voulait pas cependant que les conditions de l'occupation fussent modifiées sans raisons
militaires urgentes. Ces raisons n'existant pas,
le départ de toutes les troupes se dirigeant vers le
sud pouvait, du moins aux yeux de l'adversaire,
paraître une évacuation forcée rendue nécessaire
par la situation militaire générale. On sait, du
reste, combien les Français étaient disposés à in-
venter des combinaisons de cette nature, et combien la moindre circonstance suffisait souvent pour
les exalter et leur faire reprendre espoir.

C'est pourquoi le commandant en chef désirait
voir rétablir les choses dans leur ancienne situation, autant que possible avant que l'ennemi eût
repris possession d'Amiens, et de vive force dans
le cas contraire.

Le temps pressait; aussi, dès le 16 au soir, deux
officiers d'ordonnance partirent de Rouen à cheval
avec des escortes : l'un se rendit directement à
Breteuil (13 milles, près de 25 lieues en ligne
droite); l'autre prit le chemin de fer jusqu'à
Forges, et continua la route à cheval jusqu'à Breteuil. Tous deux arrivèrent presque simultané-

ment, comme on l'avait prévu, le 17, à sept heures et demie du matin, près du général Kummer, qui, nous l'avons déjà dit, devait commander sur ce point jusqu'à l'arrivée du général Gœben.

La dépêche identique portée par ces deux officiers contenait les prescriptions suivantes : Le général Mirus (1) marcherait immédiatement sur Amiens pour réoccuper la ville, avec trois bataillons, si le général Kummer le jugeait suffisant, ou bien, si c'était devenu nécessaire, avec toute l'infanterie de la 3° brigade, 1 régiment de cavalerie et 2 batteries. Le général Grœben devait reprendre le commandement de la division de cavalerie, qui, par l'arrivée des deux régiments du général Dohna, devait être reconstituée dans son ancienne formation.

Les 17, 18 et 19 décembre.

Les nouvelles arrivées à Rouen jusqu'au 17 au matin s'accordaient à confirmer, de tous les côtés, que l'ennemi se retirait derrière la Somme; le détachement de Roye s'était aussi replié; toutefois, les diversions ennemies continuaient sur la rive gauche. Le 15, un escadron français avait enlevé notre ambulance au Quesnel. Il était en outre cer-

---

(1) L'ordre du 14 décembre avait désigné comme commandant des troupes à Amiens le général Mirus, qui depuis quelque temps déjà et en attendant l'arrivée du commandant nommé par le roi, avait déjà été chargé des affaires de la place.

tain que des forces plus importantes ne cessaient d'arriver du nord sur Péronne.

A la suite des instructions de Versailles du 13, le général Manteuffel s'était d'abord proposé de porter son quartier général à Beauvais ; mais, d'après les dernières nouvelles et les événements récents, le centre de la situation militaire se trouvant actuellement dans le département de la Somme, le commandant en chef résolut de s'y rendre. Le 17, dans la matinée, avant de partir de Rouen, il télégraphia au général de Moltke :

« D'après les instructions de Votre Excellence, je devais prendre position à Beauvais pour protéger l'investissement nord de Paris et être à même de me porter, soit sur Rouen, soit sur Amiens, selon que les circonstances l'exigeraient. Aujourd'hui, ce sont les opérations du côté d'Amiens qui ont le plus d'importance. Je ne dirige donc pas la 16ᵉ division sur Beauvais, mais j'établis mes forces sur la ligne Breteuil — Montdidier, de manière à éviter aux troupes un détour, et les tenir plus à portée aussi bien de marcher sur Amiens que de prendre l'offensive vers le nord. »

Vers midi, le commandant en chef partit de Rouen avec son état-major et l'escadron Plœtz, du 1ᵉʳ régiment de dragons de la garde ; il se rendit au Héron (1), d'où il adressa à ses troupes,

_____

(1) Château dans la vallée de l'Andelle, près de la route de Rouen à Gournay, appartenant à l'ancienne famille de Pommereux.

le 17, dans l'après-midi, l'ordre suivant, conforme au télégramme que nous venons de citer :

« D'après les nouvelles arrivées hier et aujour-
d'hui, l'ennemi n'a pas continué son mouvement
en avant dans la direction de Paris ; il a, au contraire, évacué les environs de Laon, de la Fère et
de Roye, et s'est retiré par Ham derrière la
Somme, où il paraît continuer à se former en faisant venir des troupes d'Arras à Péronne. En vue
des opérations ultérieures, il est d'abord nécessaire de concentrer les forces de l'armée ; je décide donc que la 15ᵉ division s'établira à Montdidier
et au nord de cette ville ; elle y attendra la réunion du VIIIᵉ corps et se mettra en relations avec
le détachement du général Lippe, qui est à Compiègne. Elle évitera tout engagement isolé avec
l'ennemi. La 16ᵉ division ne continuera pas son
mouvement sur Beauvais et prendra dès maintenant la direction de Breteuil et de Conty. (Les
instructions déjà données, le 16 au soir, pour la
3ᵉ brigade d'infanterie et la 3ᵉ division de cavalerie,
restent en vigueur.) »

Le 18 décembre au soir, le général Manteuffel
se rendit à Marseille, après une marche à cheval
de 7 milles (plus de 52 kilomètres); le 19, il arriva
à Breteuil.

D'après les nouvelles antérieurement reçues et
celles qui parvinrent alors, voici ce qui s'était passé
jusqu'au 19 décembre :

1° Le corps du général Græben, qui était arrivé

à Ailly le 16 décembre, avait continué le lendemain sa marche sur Montdidier ; le même jour, le
gros de la 15ᵉ division y arrivait également. Le général Kummer avait, sur ces entrefaites, reçu l'ordre
du commandant en chef qui prescrivait de réoccuper immédiatement Amiens ; il prit alors les mesures suivantes :

« Le 18, à la première heure, le général Mirus
se portera sur Amiens, en passant par Ailly, avec
5 bataillons, 4 escadrons et 2 batteries ; il devra,
quelles que soient les circonstances, y arriver le
même jour, et, si c'est nécessaire, il en forcera
l'entrée. Il enverra ensuite des reconnaissances
au delà de la ville, dans la directiondu nord. »

Cet ordre fut exécuté ; le général Mirus entra à
Amiens le 18 sans trouver de résistance.

La population était restée assez tranquille. Par
des affiches, les autorités civiles françaises avaient
exhorté au calme et à la circonspection, et recommandé spécialement de respecter les hôpitaux que
nous y avions laissés (1).

Quelques centaines d'ouvriers seulement s'é-
taient rassemblés devant la citadelle en manifes-
tant des dispositions hostiles ; on avait dû les disperser à coups de fusil. D'ailleurs, le capitaine
Hubert, commandant de la citadelle, ayant prévenu

_____

(1) Eu égard à cette louable attitude de la population, le commandant en chef exonéra la ville d'une contribution que lui avait imposée le
commandant de la citadelle.

qu'à la moindre hostilité il bombarderait la ville,
cet avertissement paraît avoir produit l'effet qu'il
en attendait.

Le 17, dans l'après-midi, des troupes ennemies
se montrèrent vers l'ouest, dans la direction de
Pont-de-Metz ; un escadron était en tête. La citadelle leur envoya six coups de canon, qui les déterminèrent à se retirer. Le 18, dans la matinée,
on signala de nouveau des troupes en marche,
mais, cette fois, sur les routes de Poullainville et
de Rainneville. La citadelle tira dans cette direction cinq coups de canon, et l'ennemi se retira
vers le nord ; d'un autre côté, une patrouille, envoyée dans la matinée vers Longueau, village au sud
d'Amiens, essuya des coups de feu. Aucun soldat
français n'avait paru dans la ville ; on pouvait cependant conclure, d'après toutes les apparences,
que l'ennemi se proposait et était sur le point de
s'en emparer (1).

A son arrivée, le général Mirus envoya des reconnaissances dans diverses directions ; la préfecture allemande reprit ses fonctions.

2° A la 15ᵉ division, une avant-garde de la
30ᵉ brigade, commandée par le colonel Loë, avait
occupé Roye le 17 dans l'après-midi, et s'était
mise en relations avec le régiment de uhlans
saxons n° 18. Ce régiment appartenait au détache-

(1) D'après l'ouvrage du général Faidherbe, les généraux Faidherbe et
Farre firent en personne, le 18 décembre, une reconnaissance des hauteurs du faubourg de Noyon.

ment du général Krug (composé de 2 bataillons,
des régiments de uhlans n° 17 et n° 18, et d'une
batterie), envoyé de Compiègne par la division
Lippe et qui, étant arrivé le 17 à Noyon et à Roye,
poussait des reconnaissances de cavalerie vers
Ham et Nesle. On apprit par ces reconnaissances
et par les patrouilles du colonel Loë que, le 15 et
le 16, des troupes ennemies s'étaient portées de
Nesle à Chaulnes; l'ennemi s'était également retiré de Roye sur Chaulnes.

Le 17 au matin, un bataillon de chasseurs à pied
et quelques compagnies de gardes mobiles avaient
déjà quitté ce dernier point, se dirigeant vers
Amiens; ces troupes tirèrent encore sur les patrouilles du colonel Loë. On disait alors que l'armée ennemie marchait sur Amiens en côtoyant la
Somme. Le 18, le général-Kummer fit alors avancer la 30e brigade de Montdidier jusque dans les
environs de Davenescourt sur l'Avre, tandis que
la 29e brigade atteignait Montdidier. Comme on
n'observait plus aucun mouvement de l'ennemi
sur la rive gauche, le général Kummer resta le 19
dans sa position entre Montdidier et l'Avre, et
attendit l'arrivée des autres fractions du VIIIe corps,
ainsi que le lui prescrivait l'ordre général de l'armée. La 3e division de cavalerie, à l'exception du
régiment de uhlans n° 7 qui se trouvait avec le général Mirus, avait dû d'abord se réunir à Montdidier; par suite des nouvelles venant de l'ennemi,
elle avait ensuite été poussée plus au nord. Le 19,
elle était à la droite et en avant de la 15e division

13

dans les environs d'Arvillers, de Bouchoir, du
Quesnel et d'Hangest. Un bataillon et un demi-esca-
dron de la 30ᵉ brigade étaient à Roye.

3° Le général Gœben, quittant la direction de
Beauvais, avait appuyé à gauche le 18 décembre;
le 19, il atteignait Conty avec la 16ᵉ division; l'artillerie du corps arrivait à Breteuil; son quartier
général à Ailly.

On sait que l'inspection générale des étapes se
trouvait à Conty depuis le 16 décembre, avec une
faible escorte. Le 18 au matin, de grosses bandes
de francs-tireurs et de gardes mobiles étant venues
de Poix, le général Malotki s'était vu obligé de
se retirer sur Breteuil; mais, le même jour, le
mouvement en avant de la 16ᵉ division força l'ennemi à se replier de Poix sur Abbeville.

Le 19 décembre, le VIIIᵉ corps d'armée se trouvait donc en général dans le quadrilatère Conty —
Moreuil—Montdidier—Breteuil; plus en avant, à
droite et à gauche, la 3ᵉ division de cavalerie était
au Quesnel, le général Mirus à Amiens; un petit
détachement du VIIIᵉ corps était encore à Rouen.

Le grand quartier général et l'inspection des
étapes à Breteuil.

4° Comme l'ennemi rassemblait derrière la
Somme des forces incontestablement supérieures
à celles de la Iʳᵉ armée qui avait toujours à sa
charge l'occupation de Rouen, le général Manteuffel désirait appeler à lui la 14ᵉ division et se
borner à faire observer Mézières par le corps du
général Senden, plus faible en infanterie. Après la

prise de Montmédy, il avait soumis cette question au grand état-major à Versailles ; cependant toutes les considérations étant pesées, il fut décidé que le siége de Mézières serait fait par la 14ᵉ division, dont la tête de colonne arriva à Boulzicourt le 19 décembre. Le corps Senden partit, au contraire, le même jour pour rejoindre l'armée. D'après la direction qui lui fut tracée par le grand quartier général, il devait arriver le 25 décembre à Saint-Quentin, et y être rallié par le détachement qu'il avait envoyé à Laon.

5° En outre, une brigade de la garde, nouvellement formée sous les ordres du prince Albert fils (régiment de hussards de la garde, régiment de uhlans de la garde n° 2 et une batterie à cheval), était mise à la disposition de la Iʳᵉ armée et se trouverait à Beauvais le 22 décembre (1).

6° Outre les nouvelles de l'ennemi déjà connues, un important avis arriva à Breteuil, le 19 décembre.

On télégraphiait de Versailles, qu'une partie de l'armée du Nord, sous le général Faidherbe, était concentrée à Saint-Quentin le 16 décembre ; par suite de l'arrivée des derniers mobilisés, venant

(1) La Iʳᵉ armée devait être en outre renforcée par 8 bataillons mobiles de landwehr, mis de nouveau à sa disposition pour le service des étapes et de garnison. L'arrivée de ces troupes était déjà annoncée à la Fère, mais elle fut différée. Ces 8 bataillons durent être dirigés vers le sud de l'Alsace, où les circonstances réclamaient un plus grand développement de forces.

de Lille, elle devait avoir 62.000 hommes en campagne.

D'autres renseignements évaluaient à 40,000 hommes l'effectif des troupes ennemies, auxquelles le 1ᵉʳ corps d'armée faisait face vers le Havre.

Le commandant en chef, en se rendant de Marseille à Breteuil, avait déjà eu, à Crèvecœur, une entrevue avec le général Gœben, à la suite de laquelle il avait été reconnu opportun de rapprocher l'armée d'Amiens. Les renseignements qu'il trouva à son arrivée à Breteuil, et particulièrement les rapports de la 15° division, qui indiquaient un mouvement vers l'ouest de l'armée ennemie, l'avaient confirmé dans cette intention. Les troupes alors en marche sur la Somme, étant sous les ordres du général Gœben, le commandant en chef l'invita donc à envoyer une brigade renforcer la garnison d'Amiens et à répartir les autres troupes plus près de la Somme, comme il le jugerait convenable.

Le 20 et le 21 décembre.

En conséquence, le général Gœben fit exécuter les mouvements suivants le 20 décembre :

La 16° division envoya le 32ᵉ brigade à Amiens et la 31° à Sains et à Boves. La 15° division se porta sur la Luce, une brigade à Demuin, une autre à Rozières faisant des patrouilles vers la Somme. L'artillerie du corps se rendit à Ailly, Moreuil et dans les villages intermédiaires. La 3ᵉ division de cavalerie à Chaulnes et à Lihons, faisant des reconnaissances vers le nord et vers l'est.

Les généraux Manteuffel et Gœben transportèrent leurs quartiers généraux à Amiens; au même moment arriva le général Ruville, nouvellement nommé par le roi au commandement de la ville. Le comte Lehndorf-Steinort fut chargé des fonctions de préfet en remplacement du préfet actuel, qui reprit ses fonctions d'intendant de l'armée; le chef de cercle Pfuel fut nommé à la préfecture de Rouen.

Tandis que le VIIIᵉ corps se rapprochait d'Amiens et de la Somme, comme nous venons de le dire, le général Mirus faisait reconnaître la route d'Albert par un détachement mixte sous les ordre du major Bock (un bataillon du régiment nᵒ 44, un peu de cavalerie et deux canons.) Le terrain découvert, commandé par la citadelle, fut parcouru sans difficultés; mais lorsque le détachement s'approcha de Querrieux, à travers les bois qui sont au sud d'Allonville, il fut attaqué par des forces très-supérieures, vivement poursuivi et obligé de se retirer sur Amiens; il perdit environ 50 tués et blessés et quelques disparus. Bien que ce détachement n'eût pas réussi à arriver jusque sur la position principale de l'ennemi, on pouvait cependant supposer cette position entre la Somme et l'Hallue.

Sur la rive droite de la Somme, les avant-postes ennemis étaient en effet à environ 4 kilomètres de la citadelle. Il fallait s'attendre à être prochainement attaqué, et il était donc de la plus haute importance de surveiller les passages de la rivière. Le général Mirus occupait les faubourgs de Saint-Pierre et de Saint-Maurice, à droite et à gauche de la citadelle, le pont de la ville et le passage de la Motte. La 16ᵉ division surveillait la Somme en aval d'Amiens, la 15ᵉ division et la 3ᵉ division de cavalerie la surveillaient en amont du confluent de l'Halluc.

Les reconnaissances du 21 décembre rendirent compte que des troupes ennemies importantes se trouvaient à Corbie. Elles tenaient la ligne de la Somme de Bray à Corbie et avaient dans cet intervalle coupé tous les grands ponts; mais elles avaient fait passer leurs avant-postes par les passerelles des moulins et des écluses. Péronne avait également envoyé quelques petits détachements sur la rive gauche. Dans la direction d'Albert, les avant-postes français faisaient face aux nôtres à l'ouest des bois de Querrieux et d'Allonville. Plus à l'ouest, sur les routes de Doullens et d'Abbeville, on n'avait point vu l'ennemi.

La proximité de l'armée française et le chiffre de ses forces, que l'on s'accordait à évaluer à 60,000 hommes, ne pouvaient guère indiquer d'autre intention que celle de reprendre Amiens.

Le général Græben fut donc invité, le 21 dans l'après-midi, à concentrer ses troupes dans cette ville, en masquant convenablement les mouvements vers la gauche qu'allaient faire la 15ᵛ division et la 3ᵉ division de cavalerie.

Le 22 décembre.

Ces mouvements furent exécutés le 22 décembre.
L'armée se trouva alors massée à Amiens et sur la
rive gauche de la Somme :

Le détachement Mirus à Amiens; la 16e division
à Amiens également et dans les localités environ-
nantes du sud-ouest; la 15e division à Camon et
au sud; derrière elle l'artillerie du corps d'armée.
Le bataillon de chasseurs n° 8 à Villers-Bretonneux; la brigade de cavalerie combinée du général
Dohna dans les environs de ce bourg, surveillant
Corbie et le cours supérieur de la Somme. La
Ire armée avait ainsi cinq brigades d'infanterie et
une division de cavalerie, concentrées à Amiens.
En face d'elle l'armée ennemie du Nord était derrière la Somme et l'Hallue; le quartier général du
général Faidherbe était, disait-on, à Corbie depuis
le 18 décembre. Malgré son incontestable supériorité numérique, l'ennemi conservait une attitude
passive et s'occupait, comme on l'apprit plus tard,
à améliorer ses positions.

Sur la rive droite de la Somme, entre Amiens et
Querrieux et sur la rive gauche entre Corbie et
Villers-Bretonneux les avant-postes se trouvaient
en contact assez rapproché.

CHAPITRE XI.

Bataille de l'Hallue.

Considérations et dispositions préliminaires.

Nous avons suivi dans le chapitre précédent la concentration sur Amiens des premières troupes disponibles. Mais, en raison de la force inattendue de l'armée ennemie, nous devions désirer, de notre côté, mettre également en action le plus de monde possible. — Avant d'indiquer quelles dispositions furent prises à cet effet, il est nécessaire de faire connaître quelles étaient les circonstances dont il fallait tenir compte.

Le 17 décembre, le grand quartier général de Versailles avait envoyé des instructions générales pour les opérations de toutes les armées; ces instructions étaient conformes d'ailleurs à celles qui avaient été données à la Iʳᵉ armée le 13 décembre. Nous devons les citer néanmoins, parce qu'elles font connaître quel était à cette époque l'ensemble de la situation militaire et quelles considérations inspiraient les décisions supérieures. Elles étaient ainsi conçues :

« L'intérêt général des opérations nous commande de ne poursuivre l'ennemi après chaque succès qu'autant qu'on le jugera nécessaire pour

disperser ses masses principales et en retarder la
réorganisation. Nous ne pouvons le suivre jusque
sur ses points d'appui extrêmes, comme Lille,
le Havre et Bourges; nous ne pouvons occuper
d'une manière permanente des provinces éloignées
comme la Normandie, la Bretagne et la Vendée;
mais nous devons nous décider au contraire à évacuer certains points comme Dieppe et Tours, afin
de concentrer nos forces sur quelques positions
principales qui seront autant que possible occupées
par des brigades, des divisions ou des corps d'armée entiers. Des colonnes mobiles en partiront
pour purger les environs de francs-tireurs; mais
on attendra que les forces de l'ennemi se soient de
nouveau constituées en armées pour diriger alors
contre elles de rapides offensives.

« Nos troupes jouiront ainsi, pendant quelque
temps, du repos dont elles ont besoin, pour se re-
faire, recevoir leurs munitions et leurs contingents
de remplacement et réparer leur habillement.

« Pour ces raisons, Sa Majesté le Roi a daigné
ordonner ce qui suit :

« Afin de couvrir l'investissement de Paris du
côté du nord, le gros des forces de la 1re armée se
rassemblera à Beauvais (et plus tard à Creil, lorsque l'on pourra se servir des chemins de fer pour
les transports des grandes masses de troupes). Elle
occupera Rouen, Amiens et Saint-Quentin; le corps
du général Senden arrivera prochainement sur ce
dernier point. La 1re armée abandonnera la rive

gauche de la Seine, mais elle aura à surveiller le cours du fleuve jusqu'à Vernon.

« A l'ouest, le détachement d'armée du grand-duc de Mecklenbourg se réunira à Chartres après avoir terminé la poursuite, dans laquelle il est engagé; il placera un fort détachement à Dreux.

« Au sud, le gros de la IIᵉ armée se concentrera à Orléans. Elle abandonnera le pays sur la rive gauche de la Loire et se bornera à observer le Cher. Elle occupera au contraire sinon Tours, du moins Blois et Gien et fera détruire autant que possible les moyens de passage en amont.

« Les points principaux ci-dessus désignés sont les positions centrales, qu'il faudra soutenir en temps utile, lorsqu'une attaque sera prévue ; dans tous les cas, si les détachements qui les occupent venaient à en être repoussés, il faudrait en reprendre possession immédiatement. »

Signé : MOLTKE.

Jetons maintenant un coup d'œil sur la situation à Rouen. Depuis le départ du commandant en chef, le général Bentheim avec la 1ʳᵉ division occupait Rouen et les positions nouvellement reprises sur la rive gauche : la Bouille—Elbeuf—Pont-de-l'Arche. Sur la rive droite, le général Pritzelwitz continuait à faire face vers le Havre et vers Dieppe et tenait avec la 4ᵉ brigade et la brigade de dragons de la garde la ligne Duclair — Barentin — Clères ; l'artillerie du corps était à l'ouest de Rouen, à Maromme. De petits détachements d'infanterie et quelques cavaliers gardaient les gares de chemin de fer de Buchy et de Forges. Le général Bentheim avait l'intention de se porter au-devant de l'adversaire dans le cas où il prendrait l'offensive du côté du Havre, mais de se borner à conserver sur la rive gauche les positions sur lesquelles il s'était retiré. D'ailleurs les reconnaissances, qui continuaient sur les deux rives de la Seine, ne signalaient pas encore l'approche de l'ennemi; il n'y avait jusqu'à présent que quelques escarmouches sur la rive gauche de la Seine entre les patrouilles prussiennes et les gardes mobiles.

L'ennemi occupait toujours fortement d'un côté les environs de Brionne et de Bernay, de l'autre côté la ligne fortifiée en avant du Havre. Une offensive simultanée de ces deux fractions de l'armée française était d'autant plus probable dans un avenir plus ou moins prochain, qu'elle devait être très-particulièrement favorisée par les conditions topographiques du pays. En effet, tandis que les troupes prussiennes ne disposaient que du pont de Rouen pour leurs communications entre les deux rives de la Seine, les navires de guerre à vapeur de l'ennemi, dont quelques-uns étaient cuirassés, commandaient le cours du fleuve, ne cessaient d'inquiéter nos troupes sur la rive droite et lui permettaient de passer librement d'une rive à l'autre (1).

_____

(1) C'est ici le lieu de rappeler comment le général Bentheim remédia autant que possible à cette situation désavantageuse. Il fit barrer la

Les conditions dans lesquelles était la ville de Rouen ne permettaient donc pas de réduire le chiffre des forces, qui s'y trouvaient. Cependant, en raison des instructions du 17 décembre, la situation militaire à Amiens justifiait la détermination que prit le commandant en chef, dès le 21, de faire venir de Rouen, par le chemin de fer, six bataillons de renfort. Un employé du chemin de fer avait été envoyé d'Amiens à Rouen, le 21, pour préparer ce transport. L'effectif des troupes sur la Seine allait donc être réduit à 13 bataillons; mais les nouvelles instructions dispensaient le général Bentheim de maintenir des détachements sur la rive gauche. Il n'avait qu'à garder la ville même de Rouen. Dans le cas peu probable, mais toujours possible, où il serait obligé de l'abandonner momentanément devant des forces supérieures, il ne devait pas se retirer sur Paris, mais au contraire chercher à se relier à la Ire armée dans la direction de Beauvais ou de Marseille. Dans le cas où l'ennemi paraîtrait alors vouloir dépasser Rouen, on espérait, par un mouvement contre son flanc, le détourner de marcher sur Paris.

Seine à Duclair, point où le fleuve a plus de 900 pieds (280 mètres environ) de large, et 35 pieds (11 mètres) de profondeur, en faisant couler plusieurs bâtiments; cette mesure provoqua, comme on le sait, les plaintes de l'Angleterre. Une batterie fut établie à la Fontaine pour commander ce barrage et, dès lors, les bâtiments de guerre ne purent remonter plus en amont. Pour se garantir contre une surprise du côté de la terre, le général Bentheim fit en outre sauter le pont du chemin de fer d'Yvetot.

Au sujet des instructions, qui prescrivaient au
général Bentheim d'envoyer des renforts d'infanterie à Amiens, nous ferons remarquer, dès maintenant, que l'insuffisance des moyens d'exploitation ne permit pas d'exécuter le transport de ces
troupes avec toute la rapidité désirable. Deux bataillons du régiment n° 3 arrivèrent seulement à
Amiens le 22 décembre ; les quatre autres bataill-
lons les suivirent le 23 et le 24.

En dehors des troupes venant de Rouen, on ne
pouvait compter que sur la coopération directe de la
brigade de cavalerie de la garde du prince Albert
fils. Elle reçut par le télégraphe l'ordre de se mettre
en marche, le 23, dans la direction d'Amiens, de
manière à y arriver le 24. — Une dépêche écrite,
envoyée après ce télégramme, expliquait la situation. Il lui était recommandé de faire passer une
partie de ses forces par Moreuil, de manière à
éclairer le pays vers la Somme, dont le cours, en
amont du confluent de l'Hallue, était entre les
mains de l'ennemi ; ce mouvement devait en outre
lui permettre d'entrer en communication avec le
général Senden et le général Lippe par Ham et
Noyon.

Pour ce qui regarde ces deux derniers détachements, il avait été prescrit, d'une part, au général
Senden d'activer sa marche autant que possible.
Il répondit par le télégraphe, le 22 au matin, de
Montcornet, qu'il arriverait à Saint-Quentin le 24
au lieu du 25. Il fut alors invité à seconder les
opérations de l'armée en prononçant une offensive

dans la direction de Péronne; le cas échéant, il
devait se replier sur Noyon ou sur la Fère.

D'un autre côté, on télégraphia au général Lippe,
qui se trouvait depuis le 21 à Beauvais avec une
brigade de cavalerie, un demi-bataillon et une batterie et qui avait des détachements mixtes à Compiègne et à Clermont, qu'on désirait le voir s'avancer jusqu'à Ham, afin d'appuyer les opérations.

Après avoir jeté ce coup d'œil sur la situation des
troupes, qui directement ou indirectement pouvaient prêter leur concours au moment de l'action
décisive attendue du côté d'Amiens, revenons
maintenant au quartier général de la Ire armée,
le 22 décembre dans la matinée.

Comme il l'avait déjà fait avant la bataille du mois
de novembre, le commandant en chef avait réuni
un conseil de guerre pour délibérer sur les décisions à prendre; il y avait convoqué les généraux
Gœben et Sperling et le colonel Wartensleben.

L'ennemi conservant son attitude passive, la
Ire armée avait pu jusqu'alors se contenter de garder la défensive sur la position d'Amiens, que la
nature des rives de la Somme et la possession de
la citadelle rendaient d'un abord des plus difficiles.

Des raisons très-sérieuses s'élevaient cependant
contre cette manière d'agir. Le commandant en
chef attachait une très-grande importance aux considérations morales. Si l'on restait plusieurs jours
encore dans cette position, en tolérant aussi près
de soi une armée ennemie menaçante, il était à

craindre que l'esprit des populations n'en fût in-
fluencé et que les troupes elles-mêmes ne perdissent
un peu de la confiance que leur avait donnée la victoire. De plus, la situation de Rouen commandait,
comme on le sait, d'agir promptement. En hésitant
à Amiens, allait-on laisser à l'ennemi le loisir de
concerter et d'exécuter une offensive générale, et,
dans l'intervalle le Ier corps, affaibli par les détachements, ne pourrait-il être attaqué à la fois par le
Havre et par Bernay et même forcé d'abandonner
Rouen ? Ainsi, sans compter qu'en tardant plus longtemps, on laissait les forces de l'adversaire sur la
Somme s'accroître chaque jour, les conditions dans
lesquelles était Rouen ne permettaient pas d'attendre
que l'on pût faire venir de Saint-Quentin à Amiens
les troupes du général Senden. On était donc bien
décidé à prendre l'offensive avec un chiffre de
troupes inférieur, et cette résolution se trouvait à
la fois d'accord avec les principes suivis jusqu'à
présent dans la direction de la guerre et avec la
confiance absolue que nous avions dans la solidité
supérieure de nos troupes. Mais il y avait plusieurs
moyens de passer à l'exécution.

Une attaque par le sud contre la vallée de la
Somme, fort difficilement praticable, paraissait
à peine possible ; de plus la rivière formant le
front de la position de l'ennemi, on n'arrivait, en
cas de succès, qu'à le pousser sur sa ligne de retraite naturelle. On avait encore le choix entre
deux autres alternatives : se porter vers la droite en
conservant seulement la citadelle d'Amiens, donner

la main au corps Senden et attaquer l'ennemi par
l'est ; ou bien déboucher d'Amiens sur le flanc
droit de l'adversaire.

Les avis se partageaient sur ces deux dernières
combinaisons. Dans le cas de l'attaque par l'est,
la base d'opération paraissait plus solide et les
forces de l'armée s'augmentaient pour le jour de
la bataille, mais il pouvait en être de même pour
l'ennemi et l'on avait l'inconvénient d'évacuer
provisoirement Amiens. Prenait-on, au contraire,
l'offensive en débouchant d'Amiens, on pouvait,
sans préoccupation, laisser la ville sur ses derrières
avec une faible garnison. Après avoir soigneu-
sement pesé et examiné toutes ces considérations, le commandant en chef s'arrêta à ce dernier
parti.

Dans le conseil de guerre, dont nous venons de
parler, on avait exprimé l'opinion que les positions de l'ennemi derrière l'Hallue pouvaient être
aussi bien le flanc de sa position principale, que
cette position principale elle-même. C'est en partant de ce point de vue que le plan d'une attaque
générale pour le 23 décembre fut verbalement
concerté et discuté.

Le général Gœben s'avancerait avec le VIIIᵉ corps
et trois régiments de la division de cavalerie par
les routes qui conduisent sur l'Hallue. La division de son aile droite devait rejeter autant que
possible l'ennemi au delà de l'Hallue et le maintenir devant elle en occupant le cours de cette rivière, tandis que la division de l'aile gauche et la

cavalerie suivant la route d'Acheux agiraient contre
son flanc droit, que l'on supposait être dans cette
direction et chercheraient à l'envelopper. Le commandant en chef conservant sous sa main le reste
des troupes en réserve devait les employer selon
les circonstances.

D'accord avec ces résolutions arrêtées verbalement, l'ordre d'armée suivant fut adressé aux
troupes, le 22, dans l'après-midi :

« Demain, nous marcherons contre l'ennemi,
qui est massé devant nous. Je n'ai rien de plus à
dire à la Ire armée.

« En conséquence j'ordonne ce qui suit :

« 1° Le VIIIe corps d'armée, avec la 3e division de
cavalerie, commencera son mouvement à 8 heures
du matin. Le général Gœben a reçu ses instructions. Le VIIIe corps fera jeter les ponts en nombre
nécessaire en amont et en aval de la ville.

« 2° Le régiment n° 3, cinq bataillons de la
3e brigade avec ses deux batteries et un régiment
de cavalerie (1), formeront la réserve.

« Un détachement de cette réserve, composé du
régiment n° 3 venant de Rouen, d'un escadron et
d'une batterie, devra être à 10 heures à la Motte-
Brebière (2). Les cinq bataillons de la 3e brigade
d'infanterie, trois escadrons et une batterie, sous
les ordres du général Mirus, partiront d'Amiens à

(1) Régiment de uhlans n° 5.
(2) Passage de la Somme à moitié chemin d'Amiens et du confluent
de l'Hallue.

14

11 heures et iront prendre position sur la hauteur de la ferme des Alençons (sur la route de Querrieux) au sud du bois.

« 3° Il restera à Amiens à la disposition du commandant de la place :

« *a*. La garnison de la citadelle ;

« *b*. Le bataillon d'étapes ;

« *c*. Les écloppés du VIII° corps formés en bataillon ;

« *d*. Les bataillons du Ier corps d'armée, attendus demain matin (1).

« 4° Jusqu'à nouvel ordre, on ne devra pas faire passer les bagages au delà de la Somme.

« 5° Il faudra éviter que les troupes se croisent dans l'intérieur de la ville.

« 6° Je marcherai avec le bataillon de tête du détachement Mirus, et c'est là que jusqu'à nouvel ordre les rapports devront m'être adressés. »

Signé : MANTEUFFEL.

Le détachement destiné à se rendre à la Motte-Brebière reçut les instructions suivantes :

« Le détachement occupera demain matin à 10 heures le passage de la Somme à la Motte-Brebière ; il sera chargé de le défendre contre une attaque de l'ennemi venant de la rive droite et devra se garder en même temps sur la rive

_____

(1) Ces bataillons furent appelés sur le champ de bataille.

gauche. Il faudra autant que possible choisir sur
la rive gauche une position pour l'artillerie, de
manière à prendre l'ennemi d'écharpe, lorsque
nous l'attaquerons. Ce détachement ne doit cependant, dans aucun cas, prendre part à la suite du
combat; il se bornera à conserver le passage de la
rivière et restera sur cette position jusqu'à ce qu'il
ait reçu directement de nouveaux ordres du commandant en chef. »

Signé : SPERLING.

Le 22 au soir, on rendit compte à Versailles,
par télégraphe, des dispositions ordonnées dans
la journée et de la résolution de prendre l'offensive.

Les reconnaissances faites le 22 confirmèrent
l'ensemble des nouvelles antérieures. Tous les passages de la Somme entre Pont-Saint-Christ (au
sud de Péronne) et Vecquemont au confluent de
l'Hallue, et même les petites passerelles pour
piétons avaient été détruits et occupés par l'ennemi. La ligne française s'étendait le long de
l'Hallue de Vecquemont par Querrieux jusqu'à
Beaucourt; des détachements avancés se montraient dans le bois d'Allonville et à Saint-Gratien.

Le 23 décembre.

La température, assez douce depuis le milieu de
décembre, s'était de nouveau successivement abais-

sée depuis le 20. Le 23 décembre, il y avait 8 degrés de froid, mais le temps était clair et sans vent.

A 8 heures du matin, la 15e division, la brigade d'artillerie à cheval de l'artillerie du corps d'armée et la brigade de cavalerie Dohna passèrent la Somme en amont d'Amiens sur des ponts jetés à Camon et à la Neuville. Les troupes s'avancèrent ensuite sur la route d'Albert et sur le terrain à droite. Le pont de la Neuville s'étant enfoncé, le passage des troupes fut retardé d'environ une heure. Le bataillon de chasseurs fut chargé de rester jusqu'à 9 heures devant Corbie ; il se dirigea ensuite au delà de la Motte et prit à l'extrême droite la direction des villages de Vecquemont et de Daours. La 16e division et l'artillerie montée de l'artillerie du corps traversèrent la rivière à Amiens. Le général Gœben leur avait prescrit de prendre la route de Rainneville et de Pierregot et de se diriger ensuite sur le flanc droit de l'ennemi. La brigade Dohna (régiment de cuirassiers n° 8 et régiment de uhlans n° 14) maintint momentanément les communications entre les deux divisions. Le lieutenant-colonel Pestel avec le régiment de uhlans n° 7 battit le pays vers Abbeville, de manière à garantir également Amiens de ce côté. Pendant la journée du 23, il se tint à Picquigny et envoya des détachements en avant surveiller les troupes ennemies, qui se montraient à Longpré et sur quelques autres points. Le général Gœben se trouvait de sa personne avec la 15e division.

A 11 heures, le commandant en chef à la tête
de la réserve prenait la grande route d'Albert. Le
passage de la Motte avait été occupé, ainsi que
l'ordre en avait été donné.

Nous avons déjà eu l'occasion de faire remarquer que, sur la rive droite de la Somme au nord
d'Amiens, le pays commençait par être complétement découvert et qu'il était commandé au loin
par la citadelle. A un mille au delà (7,530 mètres), dans la direction d'Albert, la route traverse
quelques bois.

A un quart de mille (2 kilomètres environ)
avant Querrieux, le plateau est de nouveau découvert et s'abaisse en pente douce jusque sur l'Hallue, ruisseau sans importance, mais bordé de
prairies inondées et qu'on ne peut guère traverser
que sur les ponts des villages; ceux-ci sont pour
la plupart situés sur les deux bords du ruisseau en
face les uns des autres. La rive gauche de l'Hallue
est assez élevée et parfois escarpée. Elle domine
complétement la rive droite, par laquelle arrivaient
alors les troupes prussiennes. Au delà de la vallée
de l'Hallue, entre le cours supérieur de ce ruisseau
et celui de l'Encre, qui se jette dans la Somme à
l'est de Daours, le plateau s'élargit jusque vers
Albert; il est, en général, découvert et très-peu
accidenté.

L'ennemi n'avait à l'ouest de l'Hallue que quelques troupes avancées. La première ligne de l'armée française (son avant-garde) s'était solidement
fortifiée dans les villages de l'Hallue et particu-

lièrement dans ceux de la rive gauche (1). C'était
là, dirent plus tard les prisonniers, que se trou-

---

(1) Le tableau n° 3 donne, d'après un journal de Cambrai, l'ordre de
bataille de l'armée française du Nord à la fin de décembre (*). Il concorde
assez exactement avec les renseignements ultérieurs fournis par un journal
belge. Cette armée comptait alors environ 57 bataillons, répartis en trois
divisions, très-peu de cavalerie et on ignore combien de batteries. On doit
compléter ces renseignements à l'aide de l'ouvrage publié par le général
Faidherbe. Quelques jours avant la bataille de l'Hallue, l'armée du
Nord avait été déjà organisée en deux corps, les 22e et 23e, chacun à
deux divisions de deux brigades. Le général Lecointe commandait le
22e corps ; sous ses ordres, la 1re division était commandée par le général
Derroja, la seconde par le général du Bessol. Le 22e corps, sous les ordres
du général Paulze d'Ivoy, avait sa 1re division constituée par l'ancienne
3e division (amiral Moulac) ; la 2e division était nouvellement formée
avec des gardes mobilisés sous le général Robin. Outre les lourdes pièces
de position, le 22e corps avait, paraît-il, six batteries, et le 23e corps
cinq batteries. Avant la bataille, le 22e corps était en position sur l'Hallue
de Daours à Contay, le 22e corps avait sa 1re division (Moulac) à Corbie
et aux environs, la division Robin à Albert et au sud-est pour protéger le
chemin de fer d'Arras à Corbie. Des détachements étaient à Bray sur
Somme.

Lorsque l'armée prussienne se mit en mouvement, la position fut occupée de la manière suivante . la division Moulac sur les hauteurs de
Daours et de Bussy, la division du Bessol en face Pont-Noyelles et Fréchencourt, a sa droite la division Derroja s'étendant jusqu'à Contay. La
division Robin derrière le 22e corps, dans les environs de Behencourt.
D'après l'ouvrage du général Faidherbe, on n'aurait attaché aucune importance particulière à la conservation des villages sur l'Hallue, donnée
qui se trouve contredite dans une certaine mesure par les évènements de
la journée. Le chiffre des forces de l'armée du général Faidherbe, que l'on

---

(*) On a remplacé ce tableau, qui contenait d'assez notables erreurs, par un tableau
donnant la composition exacte de l'armée française dans les premiers jours de janvier.
Son organisation, le jour de la bataille de l'Hallue, était sensiblement la même. Elle
était composée, en majeure partie, de gardes nationales mobiles, et son effectif en
combattants n'était pas à beaucoup près aussi élevé que le suppose le colonel Wartensleben.   (*Note du traducteur.*)

vaient les meilleures troupes. Derrière cette ligne longue d'un mille et demi (11 kilomètres), les réserves étaient en grandes masses sur les hauteurs de la rive droite. Une partie était placée sur le versant, une autre dans des tranchées devant les épaulements construits sur toute la ligne et armés pour la plupart de grosses pièces de marine à longue portée.

La 15ᵉ division poussa devant elle les faibles avant-postes de l'ennemi et, vers 11 heures, ses têtes de colonne atteignirent la ligne de l'Hallue. Elle trouva le village de Querrieux évacué, mais le village de Pont-Noyelles, qui est situé en face, et ceux de Bussy et de Daours, étaient fortement occupés. L'ennemi se montrait, en outre, dans un bois, ayant la forme d'un bastion, sur la hauteur au nord de Pont-Noyelles. De l'artillerie s'établissait sur cette hauteur d'où l'on domine au loin le terrain en avant. Tandis que les batteries prussiennes prenaient position sur la berge opposée, la 29ᵉ brigade (Bock) attaqua la ligne de l'Hallue. Un combat acharné s'engagea autour des villages, où des troupes fraîches de l'ennemi, venant de Corbie, affluaient sans cesse. Pont-Noyelles

---

avait d'abord évaluées à 60,000 hommes, paraît être exagéré ; cependant on ne peut estimer à moins de 45 à 50,000 hommes l'effectif de quatre divisions complètes indiquées par les renseignements ci-dessus. D'autre part, en comptant les troupes tirées de Rouen et même celles qui n'arrivèrent qu'après la bataille (et en raison de la faiblesse de l'effectif des bataillons à cette époque), l'armée prussienne, le jour de la bataille de l'Hallue, n'avait guère plus de 20,000 combattants.

et ensuite Bussy furent successivement enlevés par
la brigade Bock.

Vers midi, le commandant en chef était arrivé
sur la hauteur au sud du bois des Alençons. Un peu
plus en arrière, la réserve commandée par le général Mirus avait pris la position qui avait été
prescrite. Vers une heure, le colonel Witzendorff,
chef d'état-major du VIII° corps d'armée, vint annoncer que Pont–Noyelles était pris. Il demanda,
en même temps, que l'on soutînt l'aile droite à
Daours, où se livrait depuis une heure un combat
sanglant, auquel était venu très-utilement prendre
part le bataillon de chasseurs qui était passé par la
Motte ; Daours était fortifié avec soin et occupé
par des soldats de la ligne, des gardes mobiles et
des marins ; le colonel Loë commandait les troupes
engagées en cet endroit.

Le point de Daours sur la route directe de Corbie
à Amiens, où se trouvait sur la Somme un pont en
bon état, avait une importance particulière. L'heureux résultat du combat sur l'Hallue rendant maintenant sans objet la présence du détachement à la
Motte, le commandant en chef chargea le major
Lewinski de son état-major de le conduire sur
Daours. Le commandant du régiment, auquel appartenait ce détachement, était encore attendu de
Rouen avec son dernier bataillon ; le major Lewinski devait provisoirement en prendre le commandement et appuyer les troupes du colonel Loë
engagées à Daours. A 3 heures, le major Lewinski
arriva dans les environs de ce village et prit immé-

diatement part au combat. Il fit d'abord avancer
son artillerie et en peu de temps força les pièces
ennemies, qui étaient en position de l'autre côté
de la vallée, à se retirer avec de grandes pertes en
hommes et en chevaux; il conserva momentanément ses deux bataillons formés de manière à
servir de réserve aux troupes du colonel Loë, qui
étaient dispersées dans un combat de maisons.
Enfin, après une lutte sanglante, Daours tomba
entièrement dans nos mains entre 3 et 4 heures de
l'après-midi. Des hauteurs voisines du nord, l'infanterie ennemie, avec ses fusils à tabatière ou des
armes américaines à longue portée et de gros calibre, continuait cependant à inquiéter la lisière du
village et en gênait l'occupation; vers 4 heures et
demie le major Lewinski chercha donc à en déboucher avec ses deux bataillons. Mais la position
ennemie sur la berge, qui s'élevait immédiatement derrière le village, était trop forte. On se
rendit bientôt compte de l'impossibilité de l'enlever à moins de grands sacrifices. L'offensive pro-
jetée n'eut donc pas lieu.

Revenons maintenant au centre. De la hauteur
à l'est du bois des Alençons, le commandant en
chef découvrait la plus grande partie du champ de
bataille de la 14ᵉ division. Mais la hauteur boisée,
qui faisait saillie sur la rive opposée de l'Hallue et
dont il a déjà été question, ne permettait pas de
voir le terrain de la 16ᵉ division.

En raison de la force extraordinaire de la position ennemie derrière Pont-Noyelles, et indépen-

damment de l'ordre qui avait été donné de se
borner à maintenir l'ennemi de front, il n'avait pas
paru opportun de l'attaquer. Le général Kummer
espérait, au contraire, en appuyant à gauche,
pouvoir tourner cette hauteur bastionnée, et se
rapprocher en même temps de la 16ᵉ division.
Il avait jusque-là conservé la 30ᵉ brigade (Strubberg) en réserve. Il fit alors venir deux bataillons
vers Querrieux, de manière à soutenir, le cas
échéant, les troupes de Pont-Noyelles, et il donna
l'ordre au général Strubberg de se porter sur
Fréchencourt avec le reste de sa brigade. L'ennemi était sur le point d'y descendre. Le général
Strubberg réussit cependant à atteindre ce village
avant lui et à résister à son attaque.

Mais, de ce côté encore, la hauteur boisée bastionnée parut inattaquable. Elle était entourée
d'épaulements préparés pour l'artillerie et de tranchées pour tirailleurs très-fortement occupées. Les
talus escarpés de la montagne rendaient difficile
tout mouvement en avant. La ligne de l'Hallue était
donc entièrement en notre possession depuis Daours
jusqu'à Fréchencourt; mais la 15ᵉ division, qui
s'étendait sur une longueur d'un mille (7530
mètres), n'avait plus de réserve particulière.

Le général Gœben n'avait encore aucune nouvelle de la 16ᵉ division. Un peu après 2 heures de
l'après-midi, son action commença cependant à se
faire sentir. Les mouvements de l'ennemi dans la
direction de son aile droite l'indiquaient. — D'après
ces renseignements, le commandant en chef fit

avancer sa réserve autant pour soutenir la 15e division, que pour l'avoir sous la main en vue d'une offensive, si ces suppositions se confirmaient; il se rendit ensuite avec son état-major près du général Gœben sur la hauteur du moulin à vent devant Querrieux.

Pendant que ceci se passait à l'aile droite et au centre, la 16e division, sur l'ordre du général Gœben, s'était dirigée de Rainneville sur Beaucourt. Les avant-postes ennemis avaient partout cédé. On atteignit la ligne de l'Hallue et on prit les villages qui s'y trouvent situés (Montigny, Beaucourt, Béhencourt); mais les hauteurs derrière Béhencourt paraissaient aussi fortifiées et aussi difficiles à attaquer que celles qui se trouvaient devant la 15e division. Non-seulement il était impossible de tourner la ligne française, mais, grâce à son effectif plus de deux fois supérieur au nôtre, c'était l'ennemi qui débordait notre ligne par Contay.

Ainsi, vers 4 heures et demie du soir, le VIIIe corps, après un combat qui sur plusieurs points avait été sanglant et acharné, se trouvait maître du cours de l'Hallue de Beaucourt à Daours. Par contre, les tentatives isolées faites contre la rive opposée n'avaient pas réussi. L'action de flanc, que l'on attendait de la part de la 16e division, avait échoué par suite de la supériorité numérique, qui avait permis à l'ennemi de la déborder.

Cependant la prise des passages de l'Hallue avait barré à l'ennemi les routes d'Amiens; le but

principal de l'attaque se trouvait donc atteint, à la
condition cependant de pouvoir s'y maintenir, malgré le chiffre supérieur des forces de l'adversaire.
C'était à cela que devaient tendre nos efforts, lorsque la nuit commença à tomber. A ce moment, les
mouvements de l'ennemi semblaient indiquer de
sa part une intention d'offensive. Le général Mirus
reçut donc l'ordre de se porter avec la réserve,
que venait de renforcer un bataillon arrivé de
Rouen, dans la dépression de terrain près du
moulin à vent de Querrieux. Les pièces ennemies
avaient mis le feu à tous les points habités que
nous occupions sur l'Hallue. L'incendie de cette
longue ligne de villages jetait sa lumière sur les
positions prussiennes et permettait à l'artillerie
française, dont le tir était très-exact, de distinguer parfaitement son but, tandis que, dans l'obscurité du soir, il nous était impossible de nous
rendre compte de la position des masses ennemies.

Vers 5 heures, la nuit étant complète, l'ennemi
prononça une offensive générale sur toute la ligne;
nous en fûmes avertis par les sonneries de clairon,
que les batailles précédentes nous avaient appris à
reconnaître, et par les cris des Français. Une forte
colonne se porta d'abord entre Daours et Querrieux pour forcer le passage de l'Hallue et couper
les communications entre ces deux points. Ce fut
un moment critique. Le commandant en chef op-
posa aussitôt à l'ennemi le 1er bataillon du régiment n° 4, qui par un feu de vitesse le repoussa

avec de fortes pertes. De notre côté, le capitaine Grumbrecht, qui commandait ce bataillon, fut frappé et tomba près de l'endroit où se trouvait alors le général en chef; le bataillon n'eut, en outre, que six hommes blessés.

A Daours, le colonel Loë et le major Lewinski, après un combat acharné, repoussèrent, sans perdre beaucoup de monde, une attaque très-énergique des Français, qui arrivèrent à trente pas seulement du village. Les pertes de l'ennemi furent très-importantes, surtout au moment de sa retraite, par suite du feu du bataillon de chasseurs embusqué sur la lisière du village.

A Pont-Noyelles l'engagement fut également très-vif. L'ennemi, qui arriva jusqu'aux premières maisons, fut repoussé avec de grandes pertes. Les bataillons de la 29e brigade ayant épuisé leurs cartouches, le général Manteuffel envoya deux autres bataillons de la réserve vers Pont-Noyelles pour occuper la lisière du village pendant le remplacement des munitions. A Fréchencourt le général Strubberg repoussa l'attaque d'une manière décisive.

La 16e division maintint de même ses positions sur la rive droite de l'Hallue et résista à l'attaque que l'ennemi dirigea de Contay en débordant son flanc gauche. — Ainsi à 6 heures du soir, l'offensive, que les Français avaient prononcée sur toute la ligne avec une grande vigueur et une grande bravoure, avait été partout repoussée.

Après ce résultat on ne devait pas s'attendre à

une nouvelle attaque pour la nuit. — Le VIIIᵉ corps, abstraction faite de l'intervention momentanée de la réserve, s'était montré suffisamment fort pour parer au choc de l'ennemi. Le général Manteuffel ordonna donc qu'il conserverait les positions conquises de Daours à Beaucourt et les organiserait pour une défense opiniâtre, en s'attachant plus particulièrement à celles qu'il occupait sur la rive droite de l'Hallue.

La réserve, sous les ordres du général Mirus, se cantonna à Allonville et Cardonnette en restant sur le « *qui-vive* ». Dans le cas où l'alarme ne serait pas donnée plus tôt, elle devait se trouver le lendemain matin prête à combattre entre Saint-Gratien et Querrieux. Le détachement de la réserve, qui était à Daours, où l'avait rejoint le colonel Legat, commandant le régiment n° 3, arrivé de Rouen avec son 3ᵉ bataillon, devait jusqu'à nouvel ordre rester sur ce point. Il fut ainsi possible de mettre à l'abri pour la nuit la majeure partie des troupes, tandis que les corps de l'ennemi, obligés d'être attentifs à une attaque de notre part, se voyaient, presque sans exception, forcés de bivouaquer sur leurs positions des hauteurs, où se trouvaient peu de lieux habités. — Ces dispositions étant prises, et les troupes étant rendues sur leurs emplacements, les généraux Manteuffel et Gœben rentrèrent à Amiens pour y passer la nuit. Ainsi se termina cette journée du 23 décembre.

Le 24 décembre.

La journée précédente avait montré que la supériorité numérique de l'ennemi ne permettait pas
de l'attaquer de flanc sur son aile droite, comme
on en avait eu jusque-là le projet, et que d'ailleurs sa position était trop forte par elle-même
pour qu'il fût possible de l'enlever de front sans
de grands sacrifices. C'eût été d'autant moins
justifiable que l'effectif de nos bataillons, affaiblis
par les fatigues et les combats, et qui n'avaient
pas toujours régulièrement reçu leurs troupes
de remplacement, n'était en moyenne que d'environ 500 combattants. Au contraire, la solidité et la brillante valeur de nos soldats avaient
prouvé que l'on pouvait compter d'une manière
absolue de leur part sur une force de résistance
et sur des qualités manœuvrières supérieures à
celles de l'ennemi. On résolut alors de conserver
tout le terrain conquis la veille. Si, après le 24,
l'ennemi de son côté se maintenait encore dans ses
positions, on se proposait de diriger, le 25, vers
Corbie une opération offensive, dont on détermi-
nerait plus tard les conditions.

Le 24 décembre, le froid augmenta encore. Pendant toute la journée, les troupes furent exposées
à un vent glacé soufflant du nord-est.

Le 24, à 9 heures du matin, lorsque le commandant en chef arriva sur le champ de bataille et
reprit son poste d'observation, sur la hauteur du

nord-ouest de Querrieux, l'ennemi parut avoir
conservé ses anciens emplacements. Il entretenait
contre nos positions un feu d'artillerie sans importance et sans effet. La 16ᵉ division seulement
eut à soutenir et repoussa une attaque venant de
Contay. Dans la matinée, on remarqua déjà quelques mouvements du côté de l'ennemi, mais on n'en
pouvait encore connaître l'objet. Il semblait que
des colonnes se retiraient sur le versant opposé des
hauteurs, mais d'autres arrivaient dans une direction différente. L'artillerie ennemie, couverte par de
longues lignes, restait dans ses positions. Vers midi
parut le prince Albert. Il avait précédé sa brigade
pour annoncer lui-même qu'elle allait arriver sur
le champ de bataille. Elle fut plus tard placée
dans une position couverte à la droite de la réserve, qui s'était alors rapprochée de Querrieux. A
partir de 2 heures 3/4 du soir des renseignements
envoyés de Daours à plusieurs reprises par le bataillon de chasseurs firent connaître que, dans la
direction de Corbie et d'Arras, de forts détachements ennemis paraissaient se mouvoir dans les
deux sens. Il n'était donc pas possible tout d'abord
de se rendre compte s'il s'agissait d'une retraite
de l'ennemi ou de l'arrivée de renforts. Dans tous
les cas, le point de Corbie paraissait très-important
pour les Français. Le colonel Witzendorff, qui s'était
rendu à Daours, croyait positivement reconnaître
les indices d'un commencement de retraite. Vers
4 heures, d'après les rapports successivement reçus,
ces indices parurent devenir de plus en plus certains.

La nuit empêcha bientôt toute observation. Il paraissait d'autant moins prudent de se porter en avant dans l'obscurité, que très-souvent déjà on avait été induit en erreur par de semblables mouvements.

Dès le 23 décembre, comme nous l'avons dit, on s'était clairement rendu compte que le cours de l'Hallue, dans tout son développement, formait le front de la position ennemie. On avait reconnu, au contraire, que le point de Corbie, très-important comme station terminus des transports par chemins de fer, se trouvait derrière le flanc gauche de l'ennemi et devait être, par conséquent, un point d'attaque très-délicat. La défense opiniâtre de Daours l'avait encore particulièrement prouvé; les observations de la journée le confirmaient. — Dans ces circonstances, les dispositions prises, le 24 dans l'après-midi, par le commandant en chef, devaient prévoir deux cas : soit la persistance de l'ennemi dans ses positions, soit sa retraite. Dans le premier cas, on avait l'intention d'attaquer Corbie le 25; dans l'autre, on devait commencer la poursuite en partant des positions alors occupées. L'ordre d'armée envoyé à 4 heures du soir, de la hauteur au sud de Querrieux, prescrivait d'abord ce qui suit :

1° La réserve de l'armée, sous les ordres du général Mirus, y compris le détachement de Daours et l'artillerie de corps du VIII⁰ corps, devait, après la nuit close, passer sur la rive gauche de la Somme de manière à se porter sur Corbie au point du jour et attaquer l'ennemi par le sud avec toutes ses forces. La nombreuse artillerie donnée au général Mirus devait préparer l'attaque, et le matériel de pont nécessaire pour le passage de la Somme à Corbie serait mis à sa disposition.

2° Au VIIIᵉ corps, la 16ᵉ division se rapprocherait de la 15ᵉ; le lendemain, tout en gardant Daours et les passages de la Somme jusqu'à Amiens, une division suivrait le général Mirus sur la rive gauche, et l'autre division couvrirait Amiens.

3° La brigade de cavalerie du prince Albert, en raison des marches forcées qu'elle avait faites, dut aller passer la nuit à Amiens et se mettre ensuite à la disposition du général Gœben. Pendant la marche, le prince Albert avait détaché sur son flanc droit, de Breteuil sur Moreuil, pour battre le pays jusqu'à la Somme, deux escadrons, commandés par le lieutenant-colonel Hymmen.

4° En prévision du mouvement vers la droite, que l'on pensait faire opérer à l'armée, l'ordre avait déjà été expédié, dans la matinée, au général Senden de se diriger de Saint-Quentin sur Ham. On devait ainsi se mettre plus rapidement en relation avec lui et éviter que ce faible corps de troupes eût avec l'ennemi une rencontre isolée.

Vers le soir, la retraite des Français se confirmant de plus en plus, le commandant en chef prescrivit que les mouvements du VIIIᵉ corps ordonnés pour le lendemain, commenceraient seulement lorsque l'on aurait plus exactement reconnu ce qui se passait du côté de l'ennemi. Dans le cas où il battrait en retraite, le VIII° corps le poursuivrait immédiatement, et le général Mirus, après avoir occupé Corbie, s'avancerait provisoirement sur la rive gauche de la Somme jusqu'à Bray. Ce mouvement devait préparer l'investissement de Péronne, qu'on avait déjà en vue. A 6 heures du soir, le général Mirus se mit en marche avec la réserve. La 15° division resta dans ses positions, la 16° s'en rapprocha, comme on l'avait prescrit. Les quartiers généraux du commandant en chef et du commandant du VIII° corps passèrent la nuit à Amiens.

Les pertes de la Ire armée dans la bataille de l'Hallue se rapportent presque exclusivement à la journée du 23 décembre.

Elles s'élèvent :

Pour le VIII° corps,	à 4 officiers,	80 hommes	tués.
Idem,	à 33 —	724 —	blessés.
Idem,	à » —	93 —	disparus.
Pour la réserve,	à 1 —	» »	tué.
Idem,	à » —	20 hommes	blessés.

Total. . . . 38 officiers, 917 hommes.

Les pertes de l'ennemi étaient indubitablement beaucoup plus importantes ; rien qu'en déblayant le champ de bataille, on dut enterrer 261 soldats français. En prisonniers non blessés les Français perdirent 20 officiers et 1100 hommes, dont un lieutenant-colonel et un *capitaine de marine* et plus de 400 hommes de troupes de ligne ou de marine. Le régiment n° 70 enleva un drapeau à la prise de Beaucourt.

Dans l'après-midi du 23, six compagnies du régiment n° 33 (colonel Henning) ayant poursuivi vers les hauteurs au delà de Noyelles, l'ennemi qui pliait devant elles, deux canons restèrent momentanément entre leurs mains. Mais un retour offensif de six bataillons les força d'abandonner ces pièces, dont l'une fut enclouée.

Les premières lueurs de la journée du 25 décembre trouvèrent l'ennemi en pleine retraite vers le nord. Comme il avait commencé ses mouvements la veille, il avait gagné, pendant la nuit, assez d'avance pour qu'il fût impossible de l'atteindre. Sa retraite s'était donc effectuée généralement en ordre. On peut dire cependant que les armes jetées sur les chemins indiquaient les traces des fractions les moins solides de l'armée française et qu'un certain nombre de traînards furent ramassés dans la poursuite. Toutefois nous devons aussi rendre pleinement hommage à l'attitude de cette armée qui venait à peine d'être organisée, et à la manière dont elle fut dirigée pendant le combat. Nous sommes loin de vouloir considérer cette bataille comme une défaite de l'ennemi, si l'on entend par cette expression une catastrophe suivie d'une désorganisation tactique plus ou moins complète.

La bataille de l'Hallue n'en a pas moins eu pour nous la signification d'une victoire importante et décisive.

Les villages enlevés après de sanglants combats, et conservés malgré les vigoureux retours offensifs de l'ennemi, plus de mille prisonniers tombés entre nos mains, donnent à cette action le caractère d'une victoire tactique; cette considération n'est cependant que secondaire. Les batailles des temps modernes ne sont pas seulement, comme les tournois du moyen âge, des rixes sanglantes, où les coups mortels s'échangent. Ce qui était alors le but des batailles n'est plus aujourd'hui que le moyen d'obtenir un résultat plus élevé. Ce résultat a-t-il été obtenu ou non? Tel est le criterium auquel on jugera de la victoire ou de la défaite. Par la bataille de l'Hallue, le commandant des forces allemandes se proposait, d'abord, de s'assurer l'occupation d'Amiens, de déloger l'armée ennemie des positions trop rapprochées d'où elle menaçait cette occupation, et par là de remplir la mission qui lui avait été donnée de couvrir les derrières de l'armée de la Meuse. Ces deux résultats furent complétement atteints. Nous devons également supposer que le commandant en chef de l'armée française ne se proposait pas seulement de nous tenir tête un certain temps sur les versants inhabitables de la rive gauche de l'Hallue. Si le général Faidherbe n'avait pas l'intention de chercher à débloquer Paris ou d'inquiéter l'investissement du côté nord, il devait au moins avoir pour but de s'emparer d'Amiens et de reprendre la ligne de la Somme en vue d'une offensive ultérieure. La bataille de l'Hallue eut pour premier résultat de rejeter l'armée française à une notable distance d'Amiens et ensuite, d'amener la

chute de Péronne, dernier point d'appui des Français sur la Somme.

Nous entrons ainsi dans la quatrième période
d'opérations.

———

QUATRIÈME PÉRIODE

OPÉRATIONS ET COMBATS DEPUIS LA BATAILLE DE L'HALLUE JUSQU'A LA PRISE DE PÉRONNE.

(Du 25 decembre au 10 janvier.)

CHAPITRE XII.

Marche du VIIIᵉ corps sur Bapaume. — Investissement et bombardement de Péronne. — Combat de Longpré, de Busigny , etc. — Surprise de Souchez. — Marche de l'ennemi sur Rouen, combats sur la Seine. — Prise d'assaut du château de Robert-le-Diable.

(Du 25 au 31 décembre.)

Le 25 au matin, les rapports du VIIIᵉ corps d'armée avaient confirmé la retraite de l'ennemi; les dispositions que le commandant en chef avait alors à prendre étaient indiquées par les considérations suivantes :

1º Il fallait poursuivre l'armée ennemie pour vérifier la direction de sa ligne de retraite, lui porter autant que possible de nouveaux coups et ne pas la perdre de vue;

2º S'emparer de Péronne, si on en avait les moyens;

3° Conserver Rouen et, par conséquent, renforcer en temps utile sa garnison, affaiblie par les détachements envoyés à Amiens.

Ces trois points principaux forment la base des opérations qui vont suivre et dont nous allons présenter l'exposé jour par jour.

Le 25 décembre.

Le 24 dans l'après-midi, dès que la retraite de l'ennemi avait paru probable, les préparatifs pour la poursuite avaient été faits, comme nous l'avons dit. La cavalerie, qui était à l'aile gauche, avait été renforcée par la brigade de cavalerie de la garde, mais elle était fort gênée dans son action par la neige et par la gelée.

Le 25 au matin, le général Gœben se mit lui-même à la tête de son corps d'armée, la 15e division s'avançant sur la route d'Albert, la 16e division sur celle de Contay. Il arriva vers 4 heures du soir à Albert avec la 30e brigade, tandis que l'avant-garde de la 16e division poussait jusqu'à Avelay. Sur l'ordre du commandant en chef, la batterie à cheval du VIIIe corps, alors à Corbie avec le général Mirus, fut renvoyée à son corps d'armée.

Plusieurs centaines de morts ou d'hommes grièvement blessés furent trouvés dans les villages que l'on traversa; d'après le dire des médecins français, les pertes de l'ennemi avaient été « *immenses* ». La veille, le régiment de uhlans n° 7.

battant le pays vers Abbeville, avait reconnu que les environs de Longpré, de Quesnoy et le ruisseau d'Hangest plus à l'est, étaient fortement occupés par des francs-tireurs. Ces nouvelles déterminèrent le général Gœben à envoyer à Hangest, le 25 au matin, le bataillon de fusiliers du régiment n° 70, et il chargea le lieutenant-colonel Pestel d'opérer en colonne volante avec ses uhlans et ce bataillon, de manière à couper les communications entre Abbeville et le Nord.

Tandis que le général Gœben poursuivait l'ennemi dans la direction d'Arras, le commandant en chef se résolut à envoyer le reste de ses troupes du côté de Péronne. D'après les derniers renseignements, on voyait encore des détachements français sur la Somme ; par conséquent, la retraite de l'ennemi avait dû s'effectuer d'un côté sur Arras et de l'autre par Péronne sur Cambrai. Les rapports du VIII° corps faisaient d'ailleurs supposer que le général Mirus s'était emparé de Corbie sans résistance.

Le 25 dans la matinée, l'ordre lui fut donc envoyé « de s'avancer sur la rive gauche de la Somme, jusqu'à la hauteur de Bray, avec les cinq bataillons de la 3° brigade, le régiment de uhlans n° 5 et les six batteries qui lui resteraient encore après le départ de l'artillerie à cheval du VIII° corps, et de faire rétablir le pont sur la Somme. Il devait en outre se relier par Ham au détachement Senden, attendu de Saint-Quentin ».

Sur ces entrefaites, un détachement de la division de cavalerie saxonne (un régiment de cavalerie et une batterie sous le général Senfft) venant de Compiègne était arrivé à Ham le 24 décembre. Le major Strantz, qui surveillait Péronne avec deux escadrons du régiment de uhlans n° 14, était déjà entre Bray et Chaulnes.

Le général Mirus était arrivé à Corbie le 25 dans la matinée avec une partie de ses troupes ; l'autre partie était restée en réserve à Villers-Bretonneux. Le pont de Corbie, que l'ennemi avait détruit en se retirant, fut rétabli dans l'après-midi. Le général Mirus ayant reçu seulement entre trois et quatre heures du soir la dépêche lui prescrivant de se porter vers l'Est, il ne put envoyer dans la journée qu'une avant-garde à Warfusé-Abancourt. On avait été prévenu que Bray et Cérisy étaient encore occupés ; mais une patrouille du régiment de uhlans n° 5, envoyée dans l'après-midi vers Bray par la rive droite de la Somme, rapporta la nouvelle que l'ennemi, fort de 8,000 hommes, disait-on, s'était retiré vers le Nord. — Le général Mirus se mit en communication par la rive gauche avec le major Strantz, dont le détachement se replia de Méharicourt sur Vauvillers devant de fortes colonnes sorties de Péronne, et qui avaient poussé jusqu'à Lihons.

Des six bataillons de la 2ᵉ brigade arrivés de Rouen, quatre se trouvaient depuis le 24 décembre avec le général Mirus ; les deux autres et le sixième bataillon de la 3ᵉ brigade étaient à Amiens. Ce dernier bataillon fut dirigé sur Corbie le 25 ; mais

par suite des nouvelles reçues de Rouen le même
jour, le commandant en chef en fit revenir au contraire les quatre bataillons de la 2ᵉ brigade.

Avant même d'avoir envoyé ses détachements à
Amiens, le général Bentheim avait dû, en raison de
la situation sur la rive gauche de la Seine, rapprocher de Rouen sa ligne de défense, jusqu'alors établie entre la Bouille et Elbeuf. Il fit donc détruire les
passages de la Seine à Elbeuf et à Pont du Gravier,
et ne conserva que celui de Pont de l'Arche, pour
s'en servir dans le cas où il aurait à prendre l'offensive. Les patrouilles envoyées sur la Rille ne
trouvèrent pas l'ennemi dans la direction de Louviers et de Pont-Audemer ; mais du côté de Brionne
elles rencontrèrent des forces supérieures ; elles
furent poursuivies et durent se replier jusqu'au
delà de Saint-Philbert. Déduction faite des troupes
envoyées à Amiens et de celles qui étaient détachées aux commandements d'étapes de Gisors, de
Buchy et de Forges, le général Bentheim disposait
encore de plus de douze bataillons.

Pour le moment, l'attitude de l'ennemi sur la
rive droite de la Seine ne faisait, il est vrai, prévoir
aucune attaque. Les patrouilles prussiennes s'avançaient, sans être inquiétées, jusqu'à Yvetot et Caudebec, et depuis qu'un barrage avait été établi sur
la Seine à Duclair, les bâtiments de guerre français
ne naviguaient plus au delà de Gainville. Mais sur
la rive gauche, l'ennemi paraissait devenir plus
agressif. Dans la forêt entre Grand-Couronne et
Bourgtheroulde et à Saint-Ouen sur la route de

Bourgachard, c'est-à-dire très-près de Rouen, nos patrouilles recevaient des coups de feu et perdaient du monde.

Le général Bentheim croyait sa position compromise à Rouen, s'il était attaqué à la fois par les deux rives de la Seine, et s'il ne pouvait compter sur le prochain retour de ses détachements.

Le général Manteuffel ordonna donc de renvoyer à Rouen la 2° brigade. Quatre bataillons durent commencer leur mouvement le 26, tandis que les deux autres bataillons restaient pour former la garnison d'Amiens, jusqu'à ce qu'ils eussent été relevés par d'autres troupes. Les irrégularités dans le service du chemin de fer et en particulier le départ soudain des mécaniciens français retardèrent ce transport, de sorte qu'un seul bataillon put arriver à Rouen le 26, et que les trois autres ne le suivirent que le 28 et le 29.

Nous ferons observer ici, que si l'armée du général Faidherbe eût encore été intacte en face de nous à Amiens, lorsque ces nouvelles arrivèrent de Rouen, nous nous serions vus dans l'alternative, soit d'affaiblir notre armée avant le moment décisif, soit peut-être d'abandonner Rouen. On voit ainsi combien nous avions eu raison de provoquer sans retard la bataille que l'ennemi ne cherchait pas, et en outre, combien était difficile la mission de la Ire armée. Elle avait à garder avec des forces relativement faibles les deux positions d'Amiens et de Rouen, distantes l'une de l'autre de cinq fortes journées de marche, et devait en outre couvrir l'in-

vestissement du nord de Paris. Il lui fallait donc
être toujours prête à faire front de trois côtés différents, afin de pouvoir, selon l'attitude de l'ennemi,
concentrer ses forces vers le point où le danger
paraîtrait le plus menaçant.

Le 26 décembre.

Le général Gœben avait appris par son aile
gauche que tout le pays était libre jusqu'à Doullens.
Il continua donc à s'avancer, le 26, sur les routes
qui conduisent à Arras et s'établit avec *trois brigades combinées* à Bucquoy, Achiet le Grand et
Bapaume, ayant en arrière une brigade en réserve.
A l'aile gauche la brigade de cavalerie Dohna et
l'infanterie montée sur des voitures, battait le pays
dans la direction de Beaumetz ; à l'aile droite la
cavalerie de la garde avec une batterie à cheval et
un bataillon de fusiliers était à Sailly. De ce point,
elle devait se maintenir en relations avec les troupes qui se trouvaient vers Péronne, et battre la
route de Péronne à Cambrai. Le général Gœben
lui-même transporta son quartier général à Bapaume, où il arriva le 26 à trois heures du soir,
après avoir ramassé encore un certain nombre de
traînards. D'après les renseignements qu'on y reçut, l'ennemi paraissait s'être retiré au delà d'Arras,
vers Douai et en partie aussi vers Cambrai.

Le général Mirus continua, le 26, sur la rive
gauche de la Somme, le mouvement qui lui avait été
prescrit ; il n'eut que des escarmouches insigni-

fiantes avec des francs-tireurs et des hommes en
blouses à Vermandovillers et à Estrées; l'avant-garde
s'établit sur ce dernier point et le gros dans les environs de Foucaucourt. Un détachement envoyé sur
la gauche à Bray avec un train de bateaux, rétablit
le passage de la Somme sur ce point. Le major
Strantz annonça que les colonnes ennemies sorties
de Péronne, et qui s'étaient avancées jusqu'à Lihons,
s'étaient retirées le 25. Le général Senden, dont les
troupes faisaient des marches forcées depuis Mézières, les fit reposer un jour à Ham. Le général
saxon Senfft était à Chaulnes.

Le 26 décembre, le commandant en chef se
rendit d'Amiens à Bray-sur-Somme, où le suivit le
bataillon de la 3ᵉ brigade envoyé la veille d'Amiens
à Corbie. Après avoir reçu les rapports des troupes,
le commandant en chef donna, pour le 27, les ordres
suivants :

« Le général Gœben restera dans sa position à
Bapaume ; il ne perdra pas de vue l'ennemi qui
s'est retiré sur Arras ou sur d'autres points, et cou-
vrira ainsi l'investissement de la place de Péronne,
actuellement projeté et qui sera exécuté de la manière suivante :

« Le général Mirus enverra un petit détachement
devant la place sur la rive gauche de la Somme ;
avec le gros il passera la rivière à Bray et se portera
au nord de Péronne. Le général Senden, venant de
Ham avec tout son détachement (cinq bataillons,
trois batteries et la brigade de cavalerie Strantz).
investira la ville au sud et à l'est, y compris la

route de Roisel — Péronne, qui formera la ligne de démarcation entre ses troupes et celles du général Mirus. La brigade de cavalerie Strantz occupera dès le 27 au matin, concurremment avec la cavalerie de la garde, qui se trouve à Sailly, la route de Péronne à Cambrai, et s'opposera, le cas échéant, à la retraite de l'ennemi, s'il voulait sortir de Péronne. Le 27 dans l'après-midi, l'investissement devra être terminé, et l'on devra avoir reconnu autour de la place les positions à prendre par l'artillerie de campagne. »

Le général Senfft, qui était à Chaulnes, fut invité à se relier avec la droite du détachement Mirus et à maintenir les communications entre les deux rives de la Somme.

Il nous reste à dire quelques mots des raisons qui déterminèrent cette opération contre Péronne.

Depuis le commencement de la campagne en Picardie, cette petite place nous avait, comme on le sait, fort gênés pour nos communications, tandis qu'elle favorisait de toutes manières les entreprises de l'ennemi. Elle avait servi d'appui aux corps de partisans et de point de départ pour leurs coups de main ; récemment encore elle avait couvert la concentration de l'armée française et lui avait permis de nous surprendre jusqu'à un certain point. Située sur la rive droite de la Somme, elle n'était pas à proprement parler une tête de pont pour ses opérations vers le sud; mais à moins d'être surveillée et tenue en échec par des forces suffisantes, elle lui permettait de déboucher à l'improviste.

Au contraire, entre nos mains, Péronne nous rendait maîtres absolus de toute la ligne de la Somme, de la Fère à Amiens. Jusqu'à présent les opérations sur la Seine, puis le mouvement contre le général Faidherbe, n'avaient permis d'entreprendre rien de sérieux contre cette place.

D'ailleurs, on manquait toujours d'un parc régulier, et les siéges de la Fère et des places des Ardennes venaient encore de confirmer ce principe, posé au début de la campagne d'automne, de ne jamais commencer un siége sans avoir sous la main tous les moyens nécessaires.

Les seules causes de retard avaient été dues au transport du matériel et à la construction des batteries ; il avait ensuite suffi de deux jours de bombardement pour réduire ces forteresses. Cependant il y avait un précédent contraire. Sous la première impression produite par la bataille d'Amiens, on avait réussi, en déployant un nombre supérieur de pièces de campagne, à faire capituler la citadelle de cette ville, bien qu'elle fût convenablement armée et à l'abri d'un assaut. Péronne semblait être une place assez faible, autant du moins que les reconnaissances antérieures avaient permis d'en juger ; on crut donc qu'il ne serait pas impossible de s'en emparer en profitant de l'effet causé par la retraite de l'armée française et en l'attaquant à l'improviste avec de l'artillerie de campagne. Ce n'était d'ailleurs qu'une chance à courir, et la ten-

tative pouvait échouer. Dans ce cas, pour ne pas
abandonner l'entreprise une fois commencée, on
aurait recours au matériel d'artillerie français
d'Amiens et de la Fère, dont il était possible de
disposer sans compromettre les conditions de défense de ces villes. Déjà, au milieu de décembre,
le premier lieutenant Schmidt, officier d'artillerie
de place de la citadelle d'Amiens, avait exprimé
l'avis, que l'on pouvait en tirer dix pièces de siége
avec leurs accessoires et un approvisionnement de
deux cents coups par pièce. L'emploi d'un matériel
de siége ainsi improvisé ne pouvait promettre un
résultat certain ; cependant il y avait de grandes
probabilités pour qu'on pût en tirer bon parti
contre de petites places comme Abbeville ou Péronne.

Le 25 décembre, avant de partir d'Amiens, le
général Manteuffel avait donc donné l'ordre de préparer aussi promptement que possible ce petit parc,
composé de six pièces de 12 rayées, de deux mortiers et de deux obusiers sous le commandement
du lieutenant Schmidt, et il avait chargé le commandant de place d'Amiens de réunir les moyens
de transport nécessaires, c'est-à-dire 257 chevaux
et 53 voitures. Le commandant de la Fère, auquel
on avait demandé également des pièces de siége, ne
pouvait pour le moment envoyer que six mortiers.
Les servants furent pris dans les détachements
d'artillerie de forteresse d'Amiens.

Comme le parc ne pouvait être prêt à partir avant
le 28, il fut décidé que l'attaque commencerait avec

16

l'artillerie de campagne seule, sans toutefois entamer d'une manière trop sérieuse les approvisionnements de munitions de l'armée d'opération. Si
l'on n'obtenait pas ainsi rapidement le résultat
désiré, les petits parcs d'Amiens et de la Fère
seraient alors amenés (1).

Le 27 décembre.

Le 27 décembre, le général Mirus se mit en
marche comme il en avait reçu l'ordre. Le détachement laissé sur la rive gauche sous les ordres
du colonel Tietzen, s'avança jusqu'à la ligne Villers-
Carbonnel—Herbecourt. Le gros traversa la Somme

---

(1) Nous désirons présenter quelques observations à l'occasion de cette
attaque contre Peronne. Dans certaines publications françaises, on nous a
opposé une théorie surprenante et quelque peu sentimentale. On cherche
à nous taxer d'inhumanité parce que nous avons bombardé les petites
places, ce moyen nous paraissant le plus propre à amener une solution
prompte. Outre que ce procédé est parfaitement justifié par les usages de
la guerre, nous ne trouvons point à côté de la théorie de nos adversaires
son corollaire nécessaire. Si nous nous plaçons au point de vue humani-
taire, il nous est impossible de faire quelque différence entre les populations des villes et celles des campagnes.

Or, si le général français Faidherbe, pour des motifs militaires très-
valables du reste, a fait incendier par son artillerie le village français de
Pont-Noyelles, le général allemand était à coup sûr dans son droit en
bombardant une ville ennemie défendue par des fortifications, et dont la
possession, ainsi que nous l'avons expliqué plus haut, avait pour lui
une grande importance. D'ailleurs il est avéré, et les faits ont encore
récemment démontré, qu'il succombe moins de victimes, surtout dans la
population civile pendant un bombardement dont la durée est toujours
relativement courte, qu'à la suite de la famine et des maladies d'un long
investissement et d'un siège en règle.

à Bray et arriva sans résistance jusqu'au sud de Combles ; mais les patrouilles revinrent prévenir que, sur les deux rives du ruisseau de Tortille, les villages d'Allaines, Bouchavesnes, Aizecourt étaient occupés et que le feu de l'ennemi les avait obligées à rétrograder.

Le général Mirus disposa son avant-garde pour attaquer ces villages ; mais, avant qu'on les eût abordés, l'ennemi s'était déjà retiré sur Péronne. Cependant la cavalerie l'attaqua en queue et lui fit des prisonniers. La nuit étant venue, on ne continua pas la poursuite. L'avant-garde occupa le ruisseau de Tortille depuis Moislains jusqu'à son confluent avec la Somme ; le gros s'établit à Cléry (1 mille, 7 kilomètres environ au sud de Combles), en restant sur le qui-vive. Des détachements de cavalerie furent poussés en avant jusqu'à la route de Péronne au Catelet pour chercher à se mettre en relations avec le détachement Senden. On avait trouvé intacts les ponts de Saint-Christ et de Brie ; on rétablit celui de Hem à l'ouest de Cléry.

De grand matin, la brigade de cavalerie Strantz du détachement Senden s'était portée sur Tincourt pour menacer la route de Cambrai et se mettre en relation par Sailly avec la cavalerie de la garde. Le général Senden en venant de Ham avait trouvé les villages de Bruntel et de Doingt au sud et au sud-est de la place occupés par l'ennemi. Après avoir préparé l'attaque de Doingt par quelques coups de canon, les villages avaient été enlevés par l'avant-garde et l'ennemi rejeté jusque sur la place, dont les canons, à la nuit tombante, prirent part à la fin du combat.

Le général Senden établit ses avant-postes depuis la lisière ouest du village de Doingt jusqu'à la Somme. Le détachement fut cantonné à Bruntel, Doingt, Cartigny et dans les villages contigus de Tincourt et de Boucly, où le général Senden établit son quartier général. A la suite des reconnaissances faites au nord et au sud de la place, on avait déterminé deux positions pour l'artillerie de campagne destinée au bombardement. Elles étaient situées à un quart de mille (1,600 mètres environ) du centre de la ville et offraient des emplacements suffisants pour plusieurs batteries, l'une sur un mouvement de terrain au sud-ouest de la route de Cléry à Péronne, l'autre sur une hauteur à l'ouest de Doingt.

Le général Senfft s'avança, le 27, de Chaulnes jusque dans les environs de Villers-Carbonnel et de Brie, d'où il se mit en communications avec le général Senden et le colonel Tietzen. Cependant le général Lippe, auquel on avait demandé sa coopération, arrivait le 26 à Roye avec deux régiments de cavalerie, un bataillon de chasseurs et une batterie à cheval et s'avançait le 27 jusqu'à Nesles.

Tandis que ces mouvements s'exécutaient le 27, le commandant en chef se rendit de Bray à Combles, où il établit son quartier général vers midi. Un ordre d'armée, envoyé de Bray dans la matinée, avait donné au général Senden, le plus ancien des officiers généraux présents, le commandement de

toutes les troupes réunies devant Péronne. Le major
Strantz avec ses deux escadrons de uhlans devait rejoindre la division de cavalerie. Le général Lippe
fut invité à se porter le 28, de Nesles dans la direction de Saint-Quentin, pour couvrir l'investissement du côté de l'est et envoyer des reconnaissances vers Cambrai.

Le 27, dans l'après-midi, un nouvel ordre fut
adressé au général Senden. Il prescrivait que les batteries de campagne seraient mises en position le
28, sous la protection des troupes d'investissement.

Au même moment la place serait sommée de se
rendre aux conditions de la capitulation de Sedan;
on lui laisserait un court délai pour réfléchir, et en
cas de refus le bombardement commencerait immédiatement.

Le général Gœben resta le 27 dans ses positions
de la veille près de Bapaume. Les détachements
envoyés vers Arras trouvèrent inoccupés les villages à l'ouest de cette place. L'ennemi, disait-on,
s'était entièrement retiré du côté de Douai. Le
général Gœben résolut alors d'appuyer également
vers sa droite, en portant une brigade à Sailly et
poussant vers Fins, sur la route de Péronne à
Cambrai, le détachement du général Gœben qui
était à Sailly.

Journées du 28 au 31 décembre.

Le général Senden reçut le 27 au soir, après le
combat, le premier ordre d'armée daté du même

jour ; le second lui parvint le 28 au matin. Son détachement n'ayant point de colonnes de munitions,
il en fit demander au commandant en chef, qui
prescrivit de lui en envoyer le lendemain de Bapaume à Sailly.

Le 28 à midi, conformément aux ordres précédents, le général Senden fit prendre position aux
troupes et aux batteries, et somma la place de
Péronne de se rendre.

Le commandant répondit qu'il allait envoyer un
parlementaire, mais celui-ci ne parut pas, et à trois
heures du soir le feu fut ouvert sur tous les points.
Quelques pièces seulement ripostèrent et des incendies se déclarèrent bientôt. L'ennemi ne faisant
toutefois aucune proposition de capitulation, le
commandant en chef télégraphia au commandant
d'Amiens de mettre en route le lendemain le parc
de siége, de manière qu'il arrivât le 29 à Villers-
Bretonneux et le 30 à Villers-Carbonnel. Ce parc
serait installé sur la rive gauche, où il serait mieux
protégé, et les troupes d'investissement de la rive
droite auraient ainsi une plus grande liberté de
mouvements.

Le général Senden fut invité à continuer le bombardement le 29 avec son artillerie de campagne, et
si la place ne s'était pas rendue avant le soir, il
ferait retirer les batteries, cantonnerait ses troupes
et attendrait l'arrivée du parc de siége.

On savait que l'armée ennemie du Nord était
derrière la Scarpe entre Arras et Douai ; il fallait

donc maintenant penser à se conformer aux instructions de Versailles du 13 et du 17 décembre, d'après lesquelles le gros des forces de la Ire armée devait être réuni à Beauvais. Cependant, avant de prendre cette position, il restait encore à terminer deux affaires : s'emparer de Péronne et repousser l'ennemi, qui reprenait l'offensive sur la Seine.

Des nouvelles de Rouen étaient arrivées au commandant en chef le 26 et le 27, pendant que les troupes se dirigeaient sur Péronne. Un télégramme du 26 annonçait que l'ennemi s'avançait au delà de la Rille et que ses avant-postes étaient déjà à l'est de Bourgtheroulde. D'autre part, le 24 décembre, sur la rive droite de la Seine, le lieutenant-colonel Plœtz avait rejeté au delà de Bolbec les avant-postes des troupes du Havre, qui se trouvaient à Rouville et à Roncherelles, mais il avait dû se replier ensuite sur Bolbec devant un corps de 7,000 hommes de toutes armes. Les probabilités d'une attaque simultanée de l'ennemi par les deux rives de la Seine s'augmentaient sans cesse, et les demandes de renforts du général Bentheim étaient de plus en plus pressantes. Afin de le mettre à même de porter un coup énergique à l'adversaire par une rapide offensive, le commandant en chef résolut d'envoyer momentanément la 3e brigade à Rouen.

Lorsque cette opération serait terminée et que l'on se serait emparé de Péronne, la Ire armée prendrait les positions suivantes : la moitié du Ier corps et la brigade de dragons de la garde à Rouen, la moitié du VIII° corps, la division de cavalerie et la division Senden sur la Somme ; le reste des troupes, c'est-à-dire un peu moins de la moitié de la Ire armée à Beauvais. Le départ pour Rouen des fractions du Ier corps, qui se trouvaient encore sur la Somme, devait préparer ces modifications.

Le commandant en chef désirait se rendre à Rouen pour examiner lui-même la situation.

Il pria le général Gœben, à qui allait revenir le commandement supérieur des troupes sur la Somme, de venir conférer avec lui à Combles. Le général Gœben avait alors son quartier général à Bapaume, il arriva le 28 dans la matinée. Les ordres suivants furent donnés dans la journée :

« Le 29, une brigade du VIII° corps et deux batteries remplaceront devant Péronne la 3° brigade, et ses deux batteries qui partiront pour Rouen le lendemain. Le bataillon de cette brigade, qui se trouve au quartier général du commandant en chef, se rendra avec lui à Amiens. Les deux bataillons de la 2° brigade, qui sont encore à Amiens, seront de même relevés par des troupes du VIII° corps. Le général Mirus, dont le détachement est dissous, rejoindra la 3° division de cavalerie avec le régiment de uhlans, n° 5. »

Le 29 au matin, avant de partir de Combles pour Albert, le général Manteuffel adressa aux généraux Gœben et Bentheim la dépêche complémentaire suivante :

« Le général Gœben considérera le cours de la

Somme comme sa ligne de défense principale ; afin
de s'en assurer la possession, il doit chercher à
s'emparer de Péronne et d'Abbeville. Dans ce but,
le parc de siége, qui arrivera aujourd'hui à Villers-
Carbonnel, sera mis à sa disposition. Le général
Gœben occupera solidement Amiens et un rayon
autour de Saint-Quentin et de Ham ; il ne devra
pas rétablir les passages de la Somme que l'ennemi
a détruits. Il fera mettre le château de Ham en état
de défense. Il enverra, autant qu'il sera possible de
le faire sans fatiguer les troupes, des colonnes mobiles au nord de la Somme et même au delà d'Arras,
afin de désarmer le pays, détruire les chemins de
fer et couper les télégraphes ; à l'aide de ces colonnes, le général Gœben sera prévenu en temps utile
lorsque l'ennemi reprendra l'offensive, et il pourra
faire constater la direction générale de son mouvement ; dès maintenant on peut prévoir que ce
mouvement s'effectuera soit vers la Somme, soit
vers Soissons, soit vers Mézières.

« Le rôle du général Bentheim reste toujours tel
qu'il a été tracé, avant l'envoi de la brigade appelée
à Amiens, au moment de la bataille de l'Hallue ;
il continuera à garder Rouen et à surveiller la rive
droite de la Seine du Havre à Vernon ; les positions
à occuper sur la rive gauche devront être très-rap-
prochées du fleuve et n'auront d'autre objet que de
couvrir la ville même ; sur la rive droite, au contraire, il faudra occuper des positions plus avancées
et envoyer fréquemment des colonnes mobiles dans
la direction du Havre.

« Aussitôt que l'armée du grand-duc de Mecklenbourg aura pris position à Chartres, il se mettra en communication avec elle par le chemin le plus sûr.

« Le commandant en chef sera tantôt à Beauvais, tantôt à Amiens ou à Rouen ; l'inspection générale des étapes se rendra à Creil ou à Chantilly. »

Le tableau de répartition des troupes, qui accompagnait cette dépêche, avait été établi dans l'hypothèse que la moitié de l'armée serait plus tard réunie à Beauvais. Mais ce projet ne devait pas être réalisé. Le 28 au soir, le commandant en chef avait télégraphié à Versailles pour faire connaître quelles étaient ses intentions et sa manière d'envisager la situation. Le lendemain, dans l'après-midi, il reçut à Albert la réponse et les instructions qu'il avait demandées. Le général de Moltke approuvait l'opération sur Péronne ; le chemin de fer de Rouen—Amiens—Gonesse étant maintenant en état d'être exploité, il modifiait ses précédentes instructions. Il était en effet devenu possible, en réunissant le gros des forces à Amiens, de tenir simultanément la ligne de la Seine et celle de la Somme, et le cas échéant de protéger également l'investissement de Paris. Le général de Moltke recommandait en outre de faire une courte expédition contre Vervins (1).

Le général Lippe, qui était à Saint-Quentin, se

_____

(1) Les environs de Vervins étaient un foyer de fréquentes alarmes pour le gouvernement général de Reims. Un détachement de ses troupes venait d'être écrasé par un ennemi supérieur en nombre.

trouvait le plus à portée de faire cette expédition ;
le détachement Senfft avait été sur sa demande remis à sa disposition. Il fut donc invité à se diriger sur
Vervins avec toutes ses forces. Les généraux Gœben
et Bentheim furent prévenus des nouvelles instructions de Versailles, d'après lesquelles, la position
de Beauvais ne devant pas être occupée, le gros des
forces de l'armée était maintenu sur la Somme.
Le VIII° corps, la division Senden, la 3° division
de cavalerie et la brigade de cavalerie de la garde
furent définitivement placés sous les ordres du général Gœben, et le I⁰ʳ corps avec la brigade de dragons de la garde fut provisoirement mis à la disposition du général Bentheim. Le général Gœben
devait avoir ainsi 31 bataillons, 40 escadrons et
20 batteries, et le général Bentheim disposerait,
pour le mouvement offensif qu'il allait exécuter, de
25 bataillons, 16 escadrons, 14 batteries.

Ces dispositions furent prises le 29 au soir à
Albert. Le 30, le commandant en chef se rendit à
Amiens.

Il nous reste à faire connaître les événements
qui se sont passés aux fractions isolées de l'armée
jusqu'à la fin de l'année.

Le général Kameke était arrivé devant Mézières
le 20 décembre avec le gros de la 14° division, et
avait achevé l'investissement de la place le 23. La
semaine suivante avait été employée à la construction des batteries et aux autres préparatifs du
siége ; quelques petites attaques de bandes de

francs-tireurs sortant de Givet et de Rocroi avaient
inquiété l'investissement du côté du nord. Les
compagnies d'artillerie et les approvisionnements
de munitions encore attendus étant arrivés le 30,
le bombardement avait commencé le lendemain.

Le 26 décembre, des ordres supérieurs avaient
appelé le général Kameke à Versailles, pour y
prendre la direction des attaques du génie devant
Paris. Il devait être remplacé à la tête de la 14e division par le général Senden, et le général Woyna
prit par intérim le commandement des troupes
réunies devant Mézières.

A Péronne, dans le but de ménager les munitions,
le bombardement n'avait été continué que modéré-
ment pendant la journée du 29 ; il n'avait d'ailleurs
amené aucun résultat. Le feu de l'ennemi n'avait
d'autre part causé que très-peu de pertes aux troupes de siége. Comme on attendait prochainement
une deuxième colonne de munitions du VIIIe corps
d'armée, et que la ville avait déjà subi des dom-
mages considérables, le général Senden espéra la
faire capituler en reprenant le bombardement le
30 à midi. Cette espérance ne se réalisa pas. On
suspendit donc le feu des batteries de campagne
jusqu'au moment où le parc de siége, qui venait
d'arriver à Villers-Carbonnel, pourrait entrer en
action sur la rive gauche. A la Fère, on avait préparé le transport de six mortiers, de trois pièces
de 12 et de deux obusiers, mais on ne les avait pas
encore mis en route. La 3e brigade, qui partit pour

Amiens le 30, avait été relevée la veille par une brigade de la 16e division.

Le 29, le général Lippe avait dirigé deux escadrons de Saint-Quentin sur le Catelet, pour surveiller Cambrai.

Le 30, le général Lippe s'avança lui-même jusqu'au Catelet ; les deux escadrons qui s'y trouvaient se portèrent à Masnières. Un peloton commandé par le lieutenant Milkau, du régiment de uhlans n° 17, pénétra dans Cambrai et apprit par les habitants eux-mêmes, que 2,000 hommes venant du nord étaient arrivés dans la journée pour renforcer la garnison jusqu'alors très-faible. Le peloton ayant reçu quelques coups de feu rétrograda. — Le général Lippe, conformément à l'invitation qu'il avait reçue du commandant en chef, se proposait d'exécuter, le 31, son mouvement sur Vervins ; mais il apprit alors qu'un détachement d'une compagnie de chasseurs et d'un escadron, qu'il avait envoyé pour détruire le chemin de fer à l'embranchement au nord de Busigny, avait rencontré sur ce point une troupe nombreuse de gardes mobiles, avec laquelle il avait engagé le combat. Par suite de la supériorité numérique de l'ennemi, le détachement n'avait pu remplir sa mission, et avait pris position à Serain en emmenant avec lui 40 prisonniers. Le général Lippe occupa Montbrehain un peu plus au sud, mais il crut devoir différer son mouvement sur Vervins, afin de surveiller les environs de

Cambrai, jusqu'à ce que ses troupes eussent été relevées au Catelet.

Le général Senfft s'était déjà dirigé sur Origny, au delà de Saint-Quentin, afin de rallier le général Lippe, pour marcher avec lui sur Vervins.

Revenons maintenant près des troupes du général Gœben. On sait que depuis le 28 décembre le détachement du général Gœben se trouvait à l'aile droite à Fins et surveillait les environs de Cambrai. Jusqu'au 29, cette place paraissait pour ainsi dire abandonnée par l'ennemi. Dans cette même journée une patrouille de hussards de la garde pénétra encore dans la ville, très-faiblement gardée, et ne se retira que parce que l'on cherchait à fermer les portes derrière elle. Mais le 30, au moment où le lieutenant Milkau entrait à Cambrai par le sud et constatait l'arrivée de renforts, des troupes ennemies se montraient au sud-est au bourg de Marcoing sur l'Escault. Dans le but d'avoir des renseignements plus précis, le 4e escadron du régiment de hussards de la garde partit de Fins, le 31 à 7 heures du matin. En tournant Cambrai à l'est, il arriva jusqu'à Jouy et fit sauter avec un quintal de poudre le pont du chemin de fer entre Cambrai et Bouchain. Après avoir parcouru plus de 10 milles (75 kilomètres), l'escadron revint rendre compte que Bouchain et Cambrai étaient, il est vrai, occupés par quelques milliers d'hommes, mais que pendant la dernière semaine les troupes ennemies s'étaient retirées, disait-on, de Cambrai sur Maubeuge.

Depuis le 29, l'ennemi avait envoyé des détachements au sud d'Arras, dans les villages d'Achicourt et de Beaurains, qu'il n'occupait pas jusque-là. Les localités situées sur la Scarpe entre Arras et Douai paraissaient aussi fortement gardées. Les patrouilles de cavalerie, qui s'avançaient du côté du chemin de fer, étaient arrêtées par des bataillons entiers. Cependant le 29, l'une d'elles appartenant au régiment de hussards n° 7, réussit à détruire le télégraphe et à couper le chemin de fer entre Arras et Douai en enlevant quelques rails. — Sur le flanc gauche du général Gœben, le régiment de hussards n° 9 et de l'infanterie portée sur des voitures, sous les ordres du colonel Wittich, battait le pays en corps volant. Ce détachement était arrivé le 28 décembre à Avesnes-le-Comte ; il en partit le 29 dans la direction du sud-est, pour se porter vers le chemin de fer d'Arras à Béthune. A Souchez (à un mille et demi, 11 kilomètres au nord d'Arras), le colonel Wittich surprit un détachement de gardes mobiles (1) et fit prisonniers 5 officiers et 170 hommes. Mais, en continuant à se porter en avant, il trouva l'ennemi en forces très-supérieures dans le pays à l'est de la route d'Arras à Béthune, et ne put arriver jusqu'à la gare de Lens.

---

(1) Ce n'étaient pas des gardes mobiles, mais bien des gardes nationaux *mobilisés*, qui n'étaient pas encore incorporés dans l'armée du Nord et n'avaient même pas de cartouches. (Voir le rapport du général Faidherbe.) (*Note du traducteur.*)

Une autre colonne volante, sous les ordres du lieutenant-colonel Pestel (régiment de uhlans n° 7 et bataillon de fusiliers du régiment n° 70), s'était réunie à Picquigny ; elle avait devant elle dans les environs de Longpré des troupes ennemies sorties d'Abbeville.

Le lieutenant-colonel Pestel réussit à surprendre l'adversaire. Faisant garder le pont d'Hangest sur la route directe d'Amiens à Abbeville, il se dirigea avec le gros de son détachement (3 escadrons et 3 compagnies) vers Molliens—Vidame. De ce point, il s'avança au delà d'Airaines et se rabattit soudain à droite sur Longpré, où se trouvaient trois bataillons de gardes mobiles. Il les attaqua à l'improviste, les battit complétement après deux heures de combat et les dispersa. L'ennemi perdit plus de 50 hommes tués et blessés, 3 drapeaux, 10 officiers et 250 hommes prisonniers non blessés. Du côté prussien on avait eu seulement 5 blessés. Les autres détachements ennemis, qui se trouvaient encore dans le pays se retirèrent sur Abbeville. Le lieutenant-colonel Pestel se porta les jours suivants vers Abbeville par Domart et Saint-Ricquier et chercha à profiter de l'effet produit par cette défaite pour faire capituler la place. Les négociations entamées à ce sujet dans la nuit du 30 au 31 décembre restèrent toutefois sans résultat. Le général Gœben fit établir des communications avec le détachement Pestel par Bernaville.

D'après tous ces événements et toutes les observations, il n'y avait pas lieu de penser que l'ennemi

fût disposé à prendre prochainement l'offensive.
Ses troupes paraissaient, il est vrai, se rapprocher
d'Arras et de Cambrai ; mais d'un autre côté des
patrouilles de cavalerie et des corps volants avaient
réussi non-seulement à pénétrer dans le rayon de
ses cantonnements, mais encore à détruire des chemins de fer dans l'intérieur de ses lignes et à enlever un cantonnement entier sur leurs derrières ;
des cavaliers étaient même entrés dans la place
forte de Cambrai.

Les nouvelles de Rouen étaient plus sérieuses.
Les rapports du 26 avaient déjà fait savoir que les
avant-postes ennemis étaient à l'est de Bourgtheroulde sur la rive gauche de la Seine, tandis que
sur la rive droite on remarquait un mouvement
continuel en avant du Havre. Des nouvelles plus
récentes étaient arrivées à Albert le 29. D'après un
télégramme du 27, l'ennemi continuait à s'avancer
sur la rive gauche, et dans l'après-midi, de fortes
colonnes s'étaient portées sur Bourgachard. — Une
autre dépêche rendait compte des événements
du 29. Sur la rive gauche, l'ennemi fort de 10,000
hommes, disait-on, avait poussé ses têtes de colonne jusqu'à l'ancienne ligne de défense la
Bouille—Elbeuf. Sur la rive droite, 8,000 hommes
étaient à Saint-Romain entre Bolbec et Harfleur.
Dans les continuels combats d'avant-postes des
derniers jours, le Ier corps d'armée avait perdu
environ 80 hommes.
Le 30 au soir et dans la nuit du 31, le comman-

dant en chef reçut à Amiens de nouveaux rapports.

L'ennemi avait attaqué sur la rive gauche ; mais les troupes du Iᵉʳ corps s'étaient maintenues à Grand-Couronne. Sur la rive droite les patrouilles avaient trouvé les avant-postes français à Fauville et à Héricourt, c'est-à-dire déjà entre Yvetot et Bolbec. D'après tous les renseignements, l'ennemi, ayant appris que les troupes de Rouen avaient été affaiblies par les détachements envoyés à Amiens, se proposait d'attaquer par les deux rives de la Seine. Des dépêches du grand quartier général de Versailles, arrivées presque simultanément, avaient confirmé les avis donnés par le Iᵉʳ corps et évaluaient de même à 20,000 hommes les forces françaises sur la rive gauche de la Seine.

D'après ces dépêches, les troupes rassemblées à Bernay sous les ordres du général de Lauriston se composaient de six bataillons de troupes de ligne, d'un bataillon de troupes de marine, de 12,000 gardes mobiles et francs-tireurs, de 600 cavaliers et de quelques batteries. Les renseignements qu'il avait eus sur la situation de Rouen avaient engagé, disait-on, le général de Lauriston à s'avancer de Bernay sur Rouen pour donner la main à 12 ou 15,000 hommes qui venaient du Havre ; le 26, il avait porté ses avant-postes à Bourgtheroulde. — Il fallait donc s'attendre à une attaque très-prochaine contre Rouen. Sur ces entrefaites, la 2ᵉ brigade, à l'exception d'un bataillon, était déjà revenue à Rouen et la 3ᵉ brigade, qui était en

marche de Corbie vers Amiens, devait être transportée aussitôt après.

Le 31 au matin, le commandant en chef se rendit
lui-même à Rouen par un train spécial, avec une
partie de son état-major et une petite escorte d'infanterie (1). Il était suivi par un train portant le
dernier bataillon de la 2ᵉ brigade. — L'ennemi
n'ayant point renouvelé son attaque le 31, comme
on s'y attendait, le général Bentheim était de son
côté sorti de Rouen, par le sud, afin de dégager un
peu sa position par un rapide mouvement offensif.

Aux Moulineaux, au sommet de la grande courbe
décrite par la Seine à l'ouest de Grand-Couronne,
on trouva un fort détachement ennemi. Il fut dis-
persé et en partie rejeté dans les vieilles ruines du
château de Robert-le-Diable situées sur une hauteur
escarpée, qui fut à son tour enlevée d'assaut. Outre
un nombre considérable de morts et de blessés,
l'ennemi perdit une centaine de prisonniers; leur
arrivée à Rouen refroidit sensiblement les espérances de la population déjà très-surexcitées.
L'ennemi avait, il est vrai, continué à avancer sur
la rive droite, mais il était encore à l'ouest d'Yvetot.
— C'est ainsi que se termina dans le Nord l'année
1870.

Le premier jour de l'année nouvelle, le commandant en chef adressa aux troupes l'ordre d'armée

---

(1) Ce trajet de 15 milles (113 kilomètres), sur une ligne qui n'était
pas pourvue de télégraphe spécial, fut effectué en moins de deux heures.

suivant pour les remercier et leur rappeler les faits
accomplis :

« J'adresse mes souhaits de nouvel an à la
Ire armée, à la tête de laquelle je suis fier de me
trouver.

« Victorieuse dans quatre batailles livrées avec ses
seules forces : devant Metz, à Noisseville, à Amiens
et sur l'Hallue, la Ire armée a largement contribué
au succès dans les trois journées de Sarrebrück,
de Vionville et de Gravelotte. Elle a glorieusement
soutenu les rudes combats du long investissement
de Metz, et c'est à elle qu'est échu l'honneur d'occuper la première cette vieille place allemande de
nouveau reconquise. Plus tard, elle a assiégé et pris
les forteresses de Thionville, de la Fère et de Montmédy ; elle est entrée après de victorieux combats
dans les grandes et populeuses cités d'Amiens et de
Rouen. Sans compter les résultats obtenus en com-
mun avec la IIe armée dans les batailles et les siéges
où elles se sont trouvées réunies, la Ire armée a
dans ses opérations indépendantes fait 15,000 prisonniers, enlevé 500 canons et conquis un immense
matériel de guerre. Elle a toujours eu à combattre
contre un ennemi supérieur en nombre, car sa
tâche était si étendue et ses devoirs si nombreux,
qu'il lui a été rarement permis de concentrer ses
forces. Les difficultés qu'elle a eu à surmonter
ont exigé des efforts extraordinaires ; aujourd'hui
encore, il lui faut combattre et bivouaquer par la
glace et par la neige.

« La Ire armée a entièrement justifié la confiance

que notre ancien commandant en chef, le général
d'infanterie von Steinmetz avait exprimée en prenant son commandement, et qu'il exprimait encore
après l'avoir conduite de succès en succès, au moment où il la quittait pour se rendre au nouveau
poste auquel le roi l'avait appelé. Elle a toujours
su mériter la satisfaction de Sa Majesté. Je me crois
donc autorisé, à la fin de cette année, à la remercier
au nom de son ancien commandant en chef comme
en mon nom personnel.

« Pendant l'année qui commence, que la béné-
diction de Dieu descende encore sur nos drapeaux,
et qu'elle y amène de nouvelles victoires. Telle est
ma prière ! »

Signé : MANTEUFFEL.

CHAPITRE XIII.

Capitulation de Mézières, le 1er janvier ; de Rocroi, le
6 janvier. — La 14e division cesse de faire partie de
la Ire armée. — Défaite des détachements français
sur la rive gauche de la Seine, le 4 janvier. —
Offensive de l'armée du Nord, dans le but de dégager
Péronne. — Bataille de Bapaume. — Opérations de
la division de cavalerie Lippe dans la direction de
Vervins, du 2 au 6 janvier. — Prise du commandement de la Ire armée par le général Gœben. — Capitulation de Péronne, le 9 janvier.

Les vœux de nouvel an du commandant en chef
furent bientôt réalisés. Les événements se préci-

pitaient. A la suite du bombardement commencé
les jours précédents, la place de Mézières capitula
le 1er janvier avec 2000 hommes et 193 canons.
Le général Manteuffel espérait alors pouvoir faire
venir la 14e division sur la Somme pour renforcer
l'armée, et il donna des ordres dans ce sens. Mais
à Versailles, on avait déjà disposé de cette division
d'une manière différente, et on lui avait prescrit
directement de commencer par tenter un coup de
main sur Rocroi. Le général Senden, arrivé à
Mézières le 3 janvier, destina à cette expédition
cinq bataillons, deux escadrons, six batteries et
une compagnie de pionniers sous les ordres du
général Woyna. L'entreprise réussit complètement. Le 6 janvier, par un temps brumeux, la
petite place fut investie à l'improviste et canonnée
par l'artillerie de campagne. Mais on n'avait pu se
rendre compte de l'effet produit et l'on était sur le
point d'abandonner l'opération, lorsque le premier lieutenant Fœrster, adjudant de division,
envoyé en parlementaire, tirant parti des circonstances avec habileté et énergie, réussit à déterminer le commandant de la place à capituler.
300 hommes et 72 canons tombèrent entre nos
mains; la petite place de Givet, située au nord, à
l'angle extrème de la frontière, se trouvait maintenant complétement isolée.

Le 5 janvier, pendant cette opération, on avait
commencé à transporter par le chemin de fer la
14e division et le parc de siége. Le parc devait
servir à renforcer les attaques du nord contre Paris.

Quant à la 14e division, elle allait faire partie de l'*Armée du Sud*, alors en formation à Châtillon-sur-Seine et destinée à faire face aux événements, qui paraissaient s'aggraver dans le sud-est de la France; elle se sépara donc définitivement de la Iᵣᵉ armée. La colonne de ponts de bateaux jusqu'alors employée devant Mézières fut mise en marche le 7 janvier, vers Rouen en passant par Reims. Une partie du parc de siége et une compagnie d'artillerie furent destinées au siége de Péronne, mais elles n'y prirent point part, la place ayant capitulé avant leur arrivée.

Le général Bentheim, après avoir dégagé les abords de Rouen, le 31 décembre, attendait maintenant l'arrivée du régiment n° 44, venant d'Amiens. Il était prévenu toutefois que ce renfort ne serait que provisoire, et avait pu être mis à sa disposition, seulement parce qu'une nouvelle offensive de l'ennemi, à laquelle il fallait s'attendre tôt ou tard sur la Somme, n'était cependant pas probable pour le moment. Aussitôt l'arrivée de ce régiment, il devait donc s'avancer rapidement et énergiquement sur la rive gauche de la Seine, afin d'être à même, plus tard, de jeter de nouveau de Rouen sur Amiens, non-seulement le régiment n° 44, mais encore d'autres troupes. Après avoir ainsi réglé cette question avec le général Bentheim, le général Manteuffel revint à Amiens, le 1ᵉᵗ janvier dans l'après-midi.

Le général d'artillerie Bergmann prit, par intérim, le commandement de la 1ʳᵉ division et des troupes sur la rive gauche de la Seine en remplacement du général Falkenstein alors malade. Sur la rive droite, l'ennemi n'avait fait aucun nouveau mouvement en avant depuis le 1er janvier. Le détachement prussien envoyé dans cette direction arriva à Yvetot et y demeura le 3 janvier, sans être inquiété. Déjà la veille, l'ennemi s'était replié jusqu'à Languetot sur la route de Bolbec à Yvetot; dans la direction de Caudebec, il n'avait pas dépassé Anquetierville.

Le régiment n° 44 étant arrivé à Rouen, le mouvement offensif projeté sur la rive gauche de la Seine commença le 4, de grand matin. L'ennemi, sous les ordres du général Roye, paraissait avoir en première ligne trois groupes principaux : environ 1500 hommes à la Londe (à l'ouest d'Elbeuf), 2500 hommes à Bourgtheroulde, 4000 hommes à Bourgachard; un fort brouillard et la nature couverte du terrain ne permettaient pas de voir les réserves placées plus en arrière.

Le général Bentheim se mit en mouvement à 4 heures du matin et dirigea le premier choc contre Moulineaux. La lune était cachée par un épais brouillard ; on ne distinguait qu'à quelques pas devant soi; les lignes de défense et les barricades de Moulineaux n'étaient pas gardées; une colonne de flanc attaqua les ruines du château de Robert-le-Diable, que l'ennemi avait réoccupées. Ses défenseurs furent en grande partie tués ou faits prisonniers. Au lever du jour, la colonne arriva au nœud de routes de la Maison-Brûlée. L'ennemi défendit cette position et accueillit les troupes par une vive fusillade, tandis que deux pièces balayaient la route de Moulineaux. Mais la position fut enlevée par une attaque de flanc faite à la faveur d'un bois en arrière duquel elle se trouvait. La plus grande partie des défenseurs furent faits prisonniers dans les maisons; deux canons furent pris en batterie.

Pour continuer son mouvement, le général Bentheim forma ses troupes en trois colonnes; à l'aile droite, le colonel Legat avec deux bataillons du régiment n° 3, sur la route de Bourgachard; au centre, le colonel Busse avec un bataillon du régiment n° 43 et le régiment n° 44 vers Bourgtheroulde; à l'aile gauche, le lieutenant-colonel Hullesem avec le régiment n° 41, sur un chemin de bois conduisant directement vers la Londe.

Le colonel Legat trouva une forte résistance à Saint-Ouen; l'ennemi avait environ huit pièces en batterie et cherchait à déborder notre aile droite. Sur quelques points, le combat fut très-sérieux; l'aile gauche surtout fut fortement pressée par une colonne française, mais l'artillerie prussienne se portant en avant arrêta l'attaque. La batterie Hoffbauer, entre autres, débouchant très-opportunément de Saint-Ouen, dégagea l'aile gauche; l'ennemi, qui s'était avancé jusqu'à 300 pas, recula sous un feu de mitraille bien dirigé; il céda aussi sur les autres points; on put donc continuer à avancer et Bourgachard fut encore enlevé avant la nuit. L'adversaire se replia en désordre. Un petit détachement sous le major Preinitzer (un escadron, deux pièces, une compagnie d'infanterie montée sur des voitures) continua la poursuite et l'atteignit à Rougemontier (un mille et demi, 11 kilomètres à l'ouest de Bourgachard). Attaqué de nouveau, il perdit encore deux canons, de nombreux prisonniers, et se retira en déroute vers Pont-Audemer. — La colonne du centre, sous les ordres du colonel Busse, trouva l'ennemi dans les environs de Bourgtheroulde, devant la lisière sud-ouest de la grande forêt de la Londe et le repoussa après un petit combat de mousqueterie. Bourgtheroulde fut ensuite pris sans grande résistance. Favorisé par le brouillard, l'adversaire parut se retirer dans les deux directions de Bourgachard et de Brionne. Du côté de la Londe, l'ennemi sembla s'être replié à temps pour se dérober à l'attaque de la colonne de l'aile gauche et d'un détachement, qui coopérait à son mouvement en venant de Pont-de-l'Arche sur Elbeuf.

Les trophées de cette journée consistèrent en quatre pièces de canon, trois drapeaux et environ 500 prisonniers non blessés. La perte totale de l'ennemi était naturellement beaucoup plus élevée. Il se retira sur les deux rives de la Seine à une grande distance de Rouen et, dès lors, il n'y eut plus de sérieux engagements sur cette partie du théâtre de la guerre. On verra plus loin quels autres avantages nous pûmes en retirer.

Revenons maintenant sur la Somme. — Le 1er janvier, après le départ du général Senden, le général Barnekow, commandant la 16ᵉ division, prit le commandement devant Péronne ; la direction de l'attaque d'artillerie fut donnée au colonel Kameke. Par un ordre d'armée du 31 décembre, l'infanterie et l'artillerie de l'ancienne division Senden et la brigade de cavalerie de la garde avaient été, avec l'assentiment du roi, réunies en un corps séparé sous le commandement du prince Albert; la brigade de cavalerie Strantz avait été attachée à la 3ᵉ division de cavalerie. — Le 1ᵉʳ janvier, avant que cette nouvelle formation eût été prise, les troupes occupaient les emplacements suivants :

Devant Péronne, la plus grande partie de la 16ᵉ division et l'ancienne division Senden (à l'exception d'un bataillon toujours à la Fère). Le général Gœben faisait face au nord. Les transports de troupe signalés de Douai sur Cambrai l'avaient engagé à appuyer un peu à l'est. A l'aile droite, un détachement mixte sous les ordres du prince Albert était à Fins. Après quelques petits combats de tirailleurs avec les troupes sorties de Cambrai, on réussit le 1ᵉʳ janvier à faire sauter les trois ponts de l'Escault à Noyelles, Marcoing et Masnières (ce dernier incomplétement). Le général Grœben se trouvait à l'aile gauche à Bucquoy avec trois régiments de la 3ᵉ division de cavalerie, un bataillon et une batterie. Le général Mirus avec le régiment de uhlans n° 5 l'avait rallié le 31 décembre. Au centre, la 15ᵉ division était aux environs de Bapaume ; la brigade Strubberg, plus en avant, à Sapignies, détachait sur sa gauche un poste à

Achiet-le-Grand. Le régiment n° 70 de la 16° division était réparti entre Amiens, quelques points d'étapes des lignes ferrées, et le détachement du lieutenant-colonel Pestel.

Ce détachement continuait à battre le pays à l'ouest sur le flanc de l'armée. Après avoir sommé inutilement Abbeville, le lieutenant-colonel Pestel s'était dirigé du côté de Nouvion pour couper les communications entre Abbeville et Boulogne. Le 1er janvier il détruisit les télégraphes et le pont de fer du chemin de fer sur le canal de Maie.

L'inspection générale des étapes se transporta, le 2 janvier, d'Amiens à Chantilly.

La division Lippe était encore au Catelet ; le général Senden devait envoyer un détachement la relever, afin qu'elle pût entreprendre l'opération sur Vervins. Le 31 décembre, le général Gœben avait transporté son quartier général de Bapaume sur Combles pour se rapprocher de Péronne. Le parc de siége venu d'Amiens était établi sur la rive gauche de la Somme, prêt à entrer en action. Le bombardement, qui avait cessé depuis le 31 décembre, fut repris le 2 janvier au matin.

Cependant, le général Faidherbe ayant appris notre marche contre Péronne, voulut essayer de dégager la place. Le 2 janvier, il sortit d'Arras avec deux divisions par les routes de Bucquoy et de Bapaume. L'aile gauche prussienne (général Gœben) se replia sur le ruisseau d'Encre ; le petit détachement qui occupait Achiet sur le chemin de fer, l'évacua devant les colonnes qui s'avançaient de Bucquoy. Mais à Sapignies, la brigade Strubberg repoussa toutes les attaques d'un ennemi supérieur en nombre; le feu de l'artillerie fut particulièrement efficace, et un escadron du régiment de hussards n° 7 eut l'occasion de charger avec succès. Les pertes de la brigade Strubberg ne furent pas considérables; celles de l'ennemi furent beaucoup plus importantes; on lui fit 250 prisonniers non blessés. Mais le soir, les patrouilles envoyées dans toutes les directions ayant annoncé l'arrivée de nouvelles colonnes françaises venant de Douai et d'Arras, le général Kummer rapprocha la brigade Strubberg de Bapaume et y concentra le reste de sa division; le lendemain matin deux batteries à cheval arrivèrent du Transloy pour le renforcer.

Le général Gœben reçut à Combles la nouvelle du combat de Sapignies; il prescrivit à la 15° division de résister à Bapaume. Quant au général Grœben, il devait prendre position plus à l'ouest, à Pys, et, si l'ennemi attaquait Bapaume, chercher à se porter sur ses flancs et sur ses derrières, avec la plus grande partie de sa cavalerie et quelques canons.

Le détachement du prince Albert, fort de trois bataillons, trois régiments de cavalerie et trois batteries, reçut l'ordre de se porter, le 3 au matin, de Fins à Bertincourt. Trois bataillons et l'artillerie du corps d'armée venant de l'investissement de Péronne devaient être placés en réserve à Sailly. De sa personne, le général Gœben se rendit, le

3 janvier au matin, de Combles au Transloy, où se
tenaient provisoirement en réserve deux bataillons
et deux batteries à cheval, mais, dès le commencement du combat, les batteries furent mises à la
disposition du général Kummer.

Le 3 janvier au matin, l'ennemi attaqua avec
ses deux corps d'armée réunis. La 15ᵉ division
défendit jusque vers midi le terrain au nord de
Bapaume contre un ennemi deux ou trois fois
supérieur en nombre. Le combat fut très-vif, principalement autour des villages de Favreuil et de
Biefvillers; le succès flotta d'un parti à l'autre, mais
un peu plus tard le général Kummer crut devoir
donner l'ordre de se replier; il fit prendre position
à la 30ᵉ brigade sur une hauteur au sud de Bapaume
et fit déployer la 29ᵉ brigade en avant. Au moment
même où les troupes se retiraient, le prince Albert
arrivait de Bertincourt sur Fremicourt. Il attaqua
aussitôt le flanc gauche de l'ennemi et arrêta son
mouvement offensif, sans toutefois pouvoir lui-
même gagner du terrain. Son détachement s'établit entre Bapaume et Fremicourt pour appuyer la
15ᵉ division et couvrir son flanc droit.

L'ennemi chercha alors à déborder l'aile gauche
tout en attaquant Bapaume de front. Mais on resta
maître de la ville, tandis que la réserve se portant
à l'aile gauche regagnait une partie du terrain
perdu et particulièrement le village de Tilloy, qui
fut enlevé à la baïonnette; soutenue par le détachement du général Grœben, elle se maintint,
après une lutte acharnée dans les environs de

Ligny, jusqu'à sept heures du soir, moment où l'ennemi cessa le feu.

Cette bataille sanglante de neuf heures nous laissa maîtres de Bapaume et de la position principale sur les hauteurs derrière la ville. Nous avions enlevé à l'ennemi 300 prisonniers non blessés. De notre côté également les pertes étaient considérables (1); les troupes, fatiguées par deux jours de combats, avaient besoin de compléter leur approvisionnement de munitions.

Dans ces conditions, en continuant immédiatement la lutte contre un ennemi aussi supérieur en nombre et dont la contenance avait été si ferme jusqu'à la fin, c'était s'exposer, en cas d'insuccès, à une défaite sérieuse. Le général Gœben, appréciant exactement l'ensemble de la situation politique et militaire, voulut éviter un combat dans lequel l'avantage d'une victoire ne serait pas en rapport avec les inconvénients d'une défaite. Il donna donc à la 15ᵉ division l'ordre de se retirer, le 4 à huit heures du matin, dans la direction du sud, et au détachement du prince Albert de prendre la direction de Roisel à l'est de Péronne. La division de

---

(1) Les pertes prussiennes s'élevèrent, pour les journées des 2 et 3 janvier, à :

11 officiers,	117 hommes tués ;	
35 —	667 —	blessés,
» »	236 —	disparus.
46 officiers,	1020 hommes.	

Sur ce chiffre, on doit attribuer une perte d'environ 200 hommes à la journée du 2 janvier.

cavalerie renforcée par les troupes d'infanterie, qui
avaient été employées à l'aile gauche, c'est-à-dire
par cinq bataillons, devait se rendre à Albert, de
manière à se trouver sur le flanc de l'ennemi s'il
marchait sur Péronne.

Mais l'adversaire avait encore été plus éprouvé
que nous par la bataille. Dans la nuit même, il
évacua les villages les plus rapprochés de Bapaume,
et le 4, au matin, il battit en retraite, en bon ordre
d'ailleurs, sur Arras et sur Douai (1). Les Prussiens en eurent promptement connaissance. Tandis
que le gros des troupes exécutait le mouvement
prescrit, une partie de la division de cavalerie con-

_____

(1) D'après l'ouvrage du général Faidherbe, les pertes de l'armée
française à Bapaume s'élevèrent à 53 officiers et 2,119 hommes, c'est-à-
dire au double de celles des troupes prussiennes. Cependant les Français
s'attribuèrent la victoire. Pendant la bataille, l'armée française, il est vrai,
grâce à sa grande supériorité numérique, gagna du terrain ; et les Prussiens ne purent le reprendre qu'après le combat. Toutefois ce n'est pas
là le critérium d'après lequel on pourra juger cette question. S'il eût été
victorieux, un général aussi énergique que le général Faidherbe n'aurait
pas battu en retraite, et aurait réussi à délivrer Péronne, comme il se
le proposait. Le manque d'abris dans les villages encombrés de morts et
de blessés, le bruit d'après lequel le bombardement de Peronne aurait été
arrêté, le grand froid et la fatigue des troupes, raisons qui ont été données
pour expliquer le mouvement rétrograde de l'armée française, conviennent
beaucoup mieux pour dissimuler une défaite que pour illustrer une victoire. La vérité est qu'au point de vue tactique, la victoire resta indécise,
puisque des deux côtés on ne se trouva pas disposé à continuer immédiatement le combat ; de part et d'autre également, on s'en sentait peu
capable, et l'on chercha par conséquent à mettre une distance suffisante
entre l'adversaire et soi. Mais, au point de vue stratégique, la victoire
appartint aux Prussiens, puisque cette tentative faite pour délivrer
Péronne manqua son but.

serva le contact avec l'ennemi; le régiment de cuirassiers n° 8 attaqua les derniers bataillons et leur fit des prisonniers. Le 4 janvier au soir, la 15° division était dans les environs de Bray, en grande partie sur la rive gauche de la Somme, la 16° division et la division du prince Albert sur la rive droite autour de Péronne.

La division Grœben, renforcée par de l'infanterie, occupa Bapaume et continua de surveiller l'ennemi. Le général Gœben établit son quartier général à Becquincourt (entre Bray et Péronne).

Pendant que ces événements se passaient à Bapaume, le bombardement de Péronne, repris depuis le 2 janvier, avait été continué le 3 et le 4. Le parc de siége de 11 pièces, préparé à la Fère, fut mis en route par Villers-Carbonnel le 4. Mais, comme les circonstances pouvaient obliger à suspendre momentanément l'investissement de Péronne, le général Barnekow le fit provisoirement rétrograder sur la Fère, où arriva le même jour une compagnie d'artillerie venant de Mézières.

Le lieutenant-colonel Pestel, après son expédition vers l'ouest, avait repris son ancienne position entre Amiens et Abbeville; le 4 janvier, il était à Picquigny.

Tel était l'ensemble de la situation sur la Somme, le 4 au soir. Il ne nous reste plus qu'à faire connaître les opérations de la division de cavalerie Lippe.

Le 2 janvier, le général Lippe était parti du Catelet, se dirigeant vers l'ouest sur Bohain. Un dé-

18

tachement envoyé sur son flanc gauche, vers l'embranchement du chemin de fer à Busigny, avait chassé l'ennemi de Maretz, et la supériorité numérique de ses adversaires ne lui ayant pas permis de pousser plus loin, il avait pris une position d'observation.

L'ennemi s'avançant de Busigny sur le terrain boisé, qui s'étend au nord de Bohain, entre Premont et Becquigny, le général Lippe rappela à lui, vers Bohain, les deux escadrons qui se trouvaient dans ces villages, et le détachement de Maretz. Pendant toute la journée le canon s'étant fait entendre du côté de Péronne et au nord de cette place, le général Lippe se décida, avant de poursuivre sa marche sur Vervins, à faire un mouvement vers Busigny, afin de se rendre compte de la situation sur son flanc gauche. Le général Senfft, qui était arrivé à Origny, le 2 janvier, fut appelé vers Bohain le 3. Maretz et Busigny étaient abandonnés par l'ennemi; la nuit précédente il s'était, disait-on, retiré sur Cambrai; les patrouilles envoyées plus au nord ne rencontrèrent plus personne.

On détruisit complétement le chemin de fer à Busigny, destruction qu'on avait en vain cherché à accomplir plus tôt.

Le 4, on continua à marcher vers Guise. La ville et les environs étaient occupés par des bandes de gardes mobiles, qui reçurent l'avant-garde par une violente fusillade; mais ils paraissaient se disposer à se retirer, et une partie était même déjà montée sur des voitures. Des hauteurs, à l'ouest de Guise, l'artillerie saxonne ouvrit le feu sur tout ce qui lui offrait un but et hâta la retraite de l'ennemi. La ville fut occupée par le sud, les défilés à l'ouest furent dégagés, et la poursuite entamée simultanément du côté de Vervins par le régiment de cavalerie de la garde et, vers le nord, par le régiment de uhlans n° 17. La cavalerie de la garde ramassa, près de Beauvais, vingt gardes mobiles isolés, et envoya des patrouilles dans la direction de Vervins et de Marle ; ces deux localités ne paraissaient plus être occupées. De son côté, le régiment de uhlans donna contre un millier de gardes mobiles sur le ruisseau d'Iron ; il fallut faire venir la batterie et une compagnie de chasseurs. Le feu de l'artillerie empêcha l'ennemi de continuer son mouvement offensif. Le combat s'arrêta à l'entrée de la nuit.

Mais, le 5 au matin, un détachement mixte de toutes armes se porta au delà d'Étreux, pour éclairer le pays plus en avant dans la direction de Landrecies ; le régiment de cavalerie de la garde se dirigea de nouveau vers Marle et Vervins. Ils ne trouvèrent plus l'ennemi ; ses détachements paraissaient avoir abandonné le pays pour chercher à se réunir à l'armée du Nord vers Arras et Douai.

Ce résultat obtenu, le général Lippe reprit, le 6 janvier, la direction de Saint-Quentin.

Revenons vers l'ouest.

Le 7, dans l'après-midi, l'issue de la bataille

de Bapaume fut connue à Amiens; le général Gœben avait ordonné aux troupes les plus rapprochées de l'ennemi de tirer de cette victoire si difficilement remportée, les avantages qui pouvaient en résulter, et il avait prescrit particulièrement de continuer le siége de Péronne.

Les munitions ayant été remplacées, le 5 janvier, et la cavalerie envoyée au delà de Bapaume ayant fait connaître que l'ennemi était en pleine retraite vers Arras et vers Douai, une partie de la 15ᵉ division fut cantonnée du côté d'Albert et le parc de siége de la Fère fut amené de nouveau. Le lieutenant-colonel Pestel reçut l'ordre de se rapprocher de l'aile gauche; il se dirigea donc, le 6 janvier, sur Villers-Bocage avec trois escadrons, et, le 7, sur Acheux. Un escadron resta à Picquigny; le bataillon de fusiliers nº 70 rallia la 16ᵉ division.

Le 6 janvier, le général Gœben rendit compte de ces dispositions au commandant en chef, à Amiens, et donna les informations suivantes sur ses projets ultérieurs :

Afin de ne plus être obligé de livrer une nouvelle bataille défensive, le front tourné vers le nord, il devait prendre les positions ci-après :

1º La 15ᵉ division à Albert et le long du chemin de fer d'Arras ;

2º La division du prince Albert et l'artillerie du corps dans les environs de Combles ;

3º La 3ᵉ division de cavalerie avec deux bataillons à Bapaume ;

4° La 16ᵉ division et la brigade de cavalerie Strantz devant Péronne, chargée de couvrir elle-même l'investissement du côté de Cambrai.

Si l'ennemi faisait de nouveau un mouvement en avant dans le but de dégager Péronne, le général Gœben avait l'intention de lui abandonner la route de Bapaume et d'opérer sur ses flancs et ses derrières avec les troupes désignées dans les paragraphes 1, 2 et 3 ci-dessus, c'est-à-dire avec 18 bataillons, 24 escadrons et 90 canons.

Le 7 janvier, on apprit de divers côtés, que de nouveaux renforts arrivaient à l'armée française du Nord. 20,000 hommes devaient débarquer à Boulogne et une partie être jetés vers Abbeville. Le général Faidherbe, disait-on, se proposait de marcher sur Amiens avec trois corps d'armée, et il avait déjà rassemblé des masses considérables à Hamelincourt à moitié chemin d'Arras et de Bapaume. Si ces renseignements se confirmaient, la supériorité numérique de l'ennemi serait écrasante et le général Gœben avait alors l'intention de replier toutes ses forces derrière la Somme et d'y attendre l'attaque. La division de cavalerie resterait seule en contact avec l'ennemi à Bapaume, mais se retirerait vers le sud devant des forces supérieures.

Les projets du général Gœben et les dispositions qu'il avait prises étaient exactement conformes aux intentions du commandant en chef. Pour les raisons déjà indiquées, il était, certainement, très-important de s'emparer de Péronne, mais il ne fallait cependant pas s'exposer à une défaite au nord de la Somme. On devait donc abandonner momentanément l'investissement sur la rive droite, si cela devenait nécessaire, et provisoirement ne continuer le bombardement que sur la rive gauche, où les positions étaient plus sûres ; c'est pour cette raison, d'ailleurs, que le parc de siége y avait été établi. Le 6 et le 7 janvier, le commandant en chef et le général Gœben échangèrent plusieurs dépêches à ce sujet (1).

C'est ici le lieu de faire connaître quelques autres mesures arrêtées par le commandant en chef. Nous avons vu que dans les premiers jours de janvier quatre importantes nouvelles étaient successivement arrivées à Amiens : d'abord la 14ᵉ division cessant désormais et définitivement de faire partie de la 1ʳᵉ armée, il ne fallait plus compter sur elle comme renfort. On avait ensuite appris le résultat de la bataille de Bapaume ; plus tard on avait été informé de l'arrivée des contingents importants que recevait l'armée ennemie; enfin le général Bentheim avait rendu compte du succès de ses opérations contre le général Roye ; ce dernier avis avait été reçu le 5 janvier, avec d'autant plus de satisfaction, qu'il allait être possible maintenant de faire venir de Rouen sur la Somme les renforts que l'on y désirait vivement.

(1) Nous ne nous croyons pas autorisés à reproduire cette correspondance très-caractéristique, dans laquelle les convenances de service étant toujours observées, se montrent d'une manière remarquable, l'indépendance des vues et la confiance mutuelle des deux généraux.

Le Ier corps avait neuf bataillons sur la rive gauche de la Seine sur la ligne Bourgachard — Pont de l'Arche, six bataillons sur la rive droite de Pavilly à Duclair, six bataillons à Rouen même, un bataillon à Gisors et dans les autres petites localités d'étapes ; les trois bataillons du régiment n° 4 et deux batteries étaient restés à Amiens. L'ordre fut donné par le télégraphe au général Bentheim d'envoyer par le chemin de fer six bataillons et deux batteries à Amiens. Ces transports, qui devaient élever de nouveau à neuf bataillons et quatre batteries la force des détachements envoyés par le Ier corps sur la Somme, commencèrent le 7 janvier dans l'après-midi (1).

Le même jour, on fut informé à Amiens du mouvement du lieutenant-colonel Pestel vers Acheux ; en même temps on apprenait que les troupes ennemies d'Abbeville, restées depuis le combat de Longpré dans une attitude toute passive, avaient envoyé le 5, vers midi, des détachements à Pont-Remy (entre Abbeville et Longpré). C'était probablement grâce à l'arrivée des renforts de Boulogne qu'il leur avait été possible d'occuper ce point. Dans le but de couvrir le chemin de fer d'Amiens à Rouen, le général Manteuffel fit partir pour Molliens-Vidame, le 7 janvier, un bataillon du régi-

---

(1) L'ennemi ayant continué a rester inactif en Normandie, il fut encore possible plus tard de tirer d'autres troupes de Rouen, leur coopération ne fut pas sans importance pour le brillant résultat de la bataille de Saint-Quentin.

ment n° 4 et un escadron des hussards de la garde,
jusqu'alors à Amiens ; de ce point ils devaient se
mettre en relations avec l'escadron de Picquigny.

Ces troupes arrivèrent à Molliens-Vidame le 7
au soir et envoyèrent des reconnaissances jusqu'à
Airaines sans trouver l'ennemi. Le 8 janvier, le
lieutenant-colonel Pestel parcourut également sans
difficulté le pays entre le chemin de fer d'Albert à
Arras et la route de Doullens à Arras, et il envoya
ses patrouilles plus loin encore dans la direction
de cette place et sur la route d'Arras à Frévent par
Avesnes. Le mouvement de l'armée ennemie sur
Bapaume, auquel on s'attendait pour le 7, n'avait
pas eu lieu. Hamelincourt devait également avoir
été abandonné.

Les bruits que nous avons rapportés plus haut
se réduisaient donc pour le moment à un changement de cantonnements de l'armée ennemie, qui
après s'être ravitaillée derrière les places fortes,
s'était avancée de nouveau un peu vers le sud. Les
avant-postes occupaient à peu près la ligne Douchy—
Ervillers—Croisilles; les troupes étaient cantonnées
dans les environs de Boisleux et de Boyelles, c'est-
à-dire environ à moitié chemin entre Arras et
Bapaume.

Le général Gœben était alors resté le 7 dans ses
positions (la 15ᵉ division entre Bray et Albert ; le
prince Albert à Combles ; la 16ᵉ division et la brigade Strantz autour de Péronne ; le quartier général
à Becquincourt).

Le 8, la situation ne se modifia pas. Le bombar-

dement de Péronne était énergiquement continué ;
le 9 au matin le feu de la place cessa, et le soir elle
capitula avec 3,000 hommes et 47 canons. Pendant
un moment l'exécution de la capitulation fut encore
mise en question. Des troupes ennemies étaient
sorties de Cambrai; le colonel Wittich s'était replié
devant elles, de Fins à Nurlu. En outre, le 10 au
matin, on annonçait que l'armée française marchait
sur Sailly par Bapaume. Mais les troupes venues de
Cambrai s'étant retirées de nouveau au nord de
Fins, on reconnut que la nouvelle d'un mouvement
offensif de l'ennemi était exagérée (1). Péronne fut
occupé par les troupes prussiennes le 10 janvier à
une heure.

Le général Manteuffel avait ainsi atteint le but
qu'il se proposait depuis la bataille de l'Halluc,
c'est-à-dire de s'assurer la possession de la ligne
de la Somme de la Fère à Amiens. — Mais il était
parti d'Amiens, lorsque cette nouvelle y parvint.

Le 7 au soir, une dépêche télégraphique l'avait
appelé à Versailles pour prendre le commandement
de l'*armée du Sud*, nouvellement formée avec les
II°, VII° et XIV° corps. Le commandement de la
Ire armée passa aux mains du général Gœben le
9 janvier. L'ancien commandant en chef adressa, le

---

(1) Le général Faidherbe dit, dans son livre, qu'il voulait se rendre
compte de la situation devant Péronne, et que, dans ce but, il avait, le
10 janvier, porté ses cantonnements autour d'Ervillers (un mille et demi,
11 kilomètres au nord de Bapaume).

même jour, ses adieux aux troupes par l'ordre suivant :

« Sa Majesté le Roi m'ayant appelé à un autre poste, m'a prescrit de remettre le commandement de la Iʳᵉ armée au général d'infanterie von Gœben. C'est avec la plus grande confiance que je dépose ce beau commandement dans des mains aussi éprouvées.

« A partir de demain, la Iʳᵉ armée sera sous les ordres du général d'infanterie von Gœben ; mais je ne puis m'en séparer sans lui renouveler les vœux que je lui exprimais dernièrement pour le nouvel an.

« Aujourd'hui, mais seulement en mon nom personnel, j'adresse de tout cœur à l'armée mes plus sincères remercîments et mes souhaits les plus cordiaux pour ses succès à venir ! Je remercie l'état-major général, je remercie MM. les généraux, les commandants de régiments et les officiers ; je remercie chacun des soldats de l'armée ; je remercie MM. les médecins qui sous le feu, comme loin de l'ennemi, ont accompli leur mission avec un égal dévouement ; je remercie spécialement les deux médecins généraux consultants, dont l'infatigable activité a conservé au Roi tant de braves soldats ; je remercie les aumôniers, qui n'ont également jamais hésité à s'exposer au danger, lorsqu'ils avaient à remplir un devoir de leur ministère ; je remercie tous les employés militaires en rappelant avec gratitude que les fonctionnaires de l'intendance ont toujours su assurer les subsistances de l'armée et que les officiers et les soldats employés au service du train et des étapes ont été leurs utiles auxiliaires.

« Je vous dis adieu à tous! et dans cet adieu je me souviens aussi avec un profond sentiment de reconnaissance de ceux de nos camarades tués et blessés, dont le sang a tant contribué à la gloire de la Ire armée.

« Que Dieu soit toujours avec vos drapeaux! »

Amiens, le 8 janvier 1872.

Signé : MANTEUFFEL.

Nous arrêtons ici cet historique. L'auteur ne devait parler que des faits dont il avait été le témoin ou dont il connaissait complétement les détails. Une autre plume écrira l'histoire de la dernière période de la campagne dans le nord de la France, pendant laquelle le général Gœben couronna les succès de son prédécesseur par la brillante victoire de Saint-Quentin (1).

---

(1) Le récit de cette dernière période a été fait par le major von Schell : *Operationen der I Armee unter General von Gœben.* (*Note du traducteur.*)

SUPPLÉMENT

Tout ce qui se manifeste extérieurement à la guerre, c'est-à-dire les mouvements de troupes, les combats, les batailles, excite l'intérêt général. Cependant les résultats d'une campagne dépendent encore d'autres éléments; et bien qu'ils soient plus ou moins laissés au second plan, lorsque l'on ne considère que l'extérieur des faits, ils n'en exercent pas moins une influence des plus considérables sur l'issue définitive de la guerre. Ce sont eux qui forment en quelque sorte la charpente intérieure du mécanisme des armées, dont il est si important d'assurer le fonctionnement régulier en tenant compte des leçons de l'expérience ; aussi dans son ordre d'adieu du 8 janvier, le commandant en chef avait-il raison de reconnaître les services rendus par ces auxiliaires. Pour pouvoir les apprécier en parfaite connaissance de cause, il est nécessaire de donner quelques détails.

Ce sujet tout spécial est aussi aride pour l'auteur que pour le lecteur; aussi nous bornons-nous à un petit nombre de renseignements sur l'approvisionnement des vivres et sur le remplacement des munitions; nous nous mettrons au point de vue du commandement en chef de l'armée et nous nous ap-

SUPPLÉMENT

———

Tout ce qui se manifeste extérieurement à la guerre, c'est-à-dire les mouvements de troupes, les combats, les batailles, excite l'intérêt général. Cependant les résultats d'une campagne dépendent encore d'autres éléments; et bien qu'ils soient plus ou moins laissés au second plan, lorsque l'on ne considère que l'extérieur des faits, ils n'en exercent pas moins une influence des plus considérables sur l'issue définitive de la guerre. Ce sont eux qui forment en quelque sorte la charpente intérieure du mécanisme des armées, dont il est si important d'assurer le fonctionnement régulier en tenant compte des leçons de l'expérience ; aussi dans son ordre d'adieu du 8 janvier, le commandant en chef avait-il raison de reconnaître les services rendus par ces auxiliaires. Pour pouvoir les apprécier en parfaite connaissance de cause, il est nécessaire de donner quelques détails.

Ce sujet tout spécial est aussi aride pour l'auteur que pour le lecteur ; aussi nous bornons-nous à un petit nombre de renseignements sur l'approvisionnement des vivres et sur le remplacement des munitions ; nous nous mettrons au point de vue du commandement en chef de l'armée et nous nous ap-

puierons sur des données authentiques, qui nous
ont été amicalement communiquées par des personnes compétentes.

1. *Aperçu des dispositions relatives aux subsistances
prises par le commandement en chef de la* 1re *armée
dans la guerre contre la France.*

Au commencement de la campagne, la 1re armée
était composée des VIIe et VIIIe corps et de la 3e division de cavalerie. Tout d'abord le Rhin a été la
base naturelle de ses magasins. Un approvisionnement courant de six semaines et une réserve de 14
jours avaient été réunis à Coblentz et à Cologne,
et l'on supposait que le chemin de fer du Rhin-Nahe
pourrait servir au transport des vivres lorsque l'armée se porterait en avant ou bien que la ligne de
Call à Trèves serait prochainement livrée à l'exploitation. Ni l'une ni l'autre de ce ces hypothèses
ne se réalisèrent, et le ravitaillement dut se faire par
transports sur route ordinaire. Leur insuffisance
se fit déjà sentir lorsque l'armée traversait l'Eifel
et le Hundsrück et qu'elle occupait encore les positions à l'est de la Sarre.

Mais lorsqu'elle eut dépassé cette rivière et que
l'inspection générale des étapes commença à fonctionner, la base d'approvisionnement fut transportée du Rhin sur la Sarre ; des magasins principaux
et des boulangeries furent installés à Trèves et à
Sarrelouis, où le matériel et les denrées de Coblenz
et de Cologne et ceux des magasins d'étapes de
l'Eifel et du Hundsrück furent amenés par les routes

de terre. L'inspection générale des étapes se rendit à Sarrelouis. Elle y organisa un parc en faisant requérir 2,000 voitures dans le cercle de Trèves, et s'occupa d'y établir des fours de campagne, qui fonctionnèrent rapidement avec les ouvriers tirés des colonnes de boulangerie des corps d'armée.

Cependant les troupes avaient déjà été obligées d'entamer leurs vivres de réserve, et n'avaient pu les remplacer régulièrement. Il parut nécessaire de les compléter avant d'entrer en France ; mais les approvisionnements réunis à Sarrelouis pouvaient d'autant moins y suffire que l'armée venait d'être renforcée par le Ier corps et la 1re division de cavalerie. On dut alors, avec l'assentiment du commandement supérieur, puiser dans les approvisionnements particuliers de la garnison de cette place (sous la condition de les remplacer promptement en nature). C'est ainsi que les troupes purent être de nouveau pourvues de vivres de réserve.

Tant que l'armée était en marche, il n'était pas possible d'établir de magasin en avant de Sarrelouis pour le ravitaillement des corps d'armée. Il fallait donc, lorsque les réquisitions sur place ne pouvaient y suffire, faire transporter sur des voitures les vivres nécessaires à la consommation de chaque jour. Dans ce but, l'inspection générale des étapes laissa à Sarrelouis le personnel nécessaire et suivit le quartier général à un jour de distance.

Vers le milieu du mois d'août, l'armée s'étant rapprochée du chemin de fer de Forbach à Metz, l'intendant général prescrivit que l'un des magasins d'étapes établis sur cette ligne par la IIe armée, celui de Courcelles, serait cédé à la Ire armée, mais il ne fut pas possible de l'utiliser pendant la période d'opérations. Il fallut continuer à faire venir de Sarrelouis des colonnes de voitures d'approvisionnements ; les dernières de ces colonnes, composées d'environ 600 voitures, arrivèrent à Gravelotte le 19 et le 20 août. Les troupes y trouvèrent les vivres dont elles avaient besoin après la bataille, et les voitures déchargées servirent à transporter les blessés jusqu'aux stations de chemin de fer.

Lorsque l'armée eut pris position devant Metz, l'inspection générale des étapes fit amener les approvisionnements de Sarrelouis à Courcelles. Les corps d'armée venaient y puiser à leur tour les vivres, qu'ils faisaient transporter dans leurs magasins particuliers au moyen de leurs colonnes d'approvisionnement et du train (*Proviant-und Fuhrenpark-Colonnen*). Ils y réunirent peu à peu la quantité de vivres que leurs voitures étaient en état d'emporter en cas de départ subit.

Pendant toute la durée de l'investissement de Metz, ce service de transport se fit avec une persévérance et une énergie remarquables, autant entre Sarrelouis et le magasin principal qu'entre celui-ci et les magasins de corps d'armée. Par suite des modifications des cantonnements des troupes, il fallut fréquemment déplacer ces derniers magasins et par conséquent transporter d'un point à l'autre les approvisionnements qui s'y trouvaient réunis. — La consommation s'étant accrue par l'arrivée de la

3e division de réserve (Kummer), il fut impossible, jusqu'à la fin de septembre, de faire venir de Courcelles, par voie de terre, les vivres suffisants, d'autant plus que le transport des malades de Gravelotte, et diverses autres causes avaient réduit presque de moitié le parc des voitures de l'inspection générale des étapes.

Lorsque les transports purement militaires nécessités par la bataille de Gravelotte et par les préparatifs de l'investissement de Metz furent terminés, la Ire armée fut autorisée à utiliser partiellement pour son ravitaillement le chemin de fer de Forbach. L'inspection générale des étapes réussit aussi à se créer de nouvelles ressources pour son magasin principal de Sarrelouis; elle y fit faire les livraisons directement, et les voitures ainsi rendues disponibles purent servir aux transports de ravitaillement.

La Ire armée reçut également par Ars-sur-Moselle plusieurs convois de vivres de toutes sortes; ces convois, sans doute destinés à la IIIe armée, n'avaient pu être expédiés au delà de Nancy et il avait fallu les décharger pour dégager le chemin de fer. Ils furent mis à la disposition de la IIe armée et la Ire en eut une certaine part. — Il fut ainsi possible de réunir peu à peu dans les différents magasins de grands approvisionnements, et l'on put non-seulement nourrir 50,000 prisonniers de Sedan avec leurs troupes d'escorte, mais encore, pendant un certain temps, envoyer chaque jour à Etain cent voitures de vivres de toute nature à la division d'armée du prince de Saxe, qui opérait dans l'Argonne .Mais, vers la fin d'août, une grande calamité vint entraver le service des subsistances. Une épizootie se déclara presque simultanément dans les troupeaux de l'armée à Sarrelouis, Courcelles, Ars-sur-Moselle et Jouy aux Arches ; les vétérinaires, requis par le gouvernement de Trèves, constatèrent que c'était la peste bovine même. Il fallut abattre environ 1,000 têtes de bœufs de Podolie et établir un cordon pour interdire tout transport de bêtes vivantes. Afin de pourvoir toujours les troupes de viande fraîche, on étendit de plus en plus sur les derrières la zone des réquisitions ; on en appliqua le système sans égard pour toute autre considération, et encore ne réussit-on pas à se procurer ainsi toute la viande nécessaire. Il ne restait plus qu'à distribuer aussi souvent que possible du mouton et du porc, à augmenter les approvisionnements de lard fumé et à acheter dans les grandes villes maritimes et commerciales des viandes de bœuf et de porc salées et fumées. Les troupes ne pouvant pas cependant être toujours privées de viande de bœuf fraîche, on organisa à Mayence une boucherie de campagne, où les viandes abattues étaient échaudées, séchées et saupoudrées de sel et de poivre, de manière à pouvoir être conservées ; elles étaient ensuite expédiées par le chemin de fer emballées dans de la paille.

On fit donc tout ce qui était imaginable pour remédier à ces circonstances difficiles et l'on peut dire que cette crise pénible fut en général traversée sans inconvénients pour la santé des troupes.

On continuait en outre à accumuler, dans les magasins, des approvisionnements pour une marche en avant; mais au moment de la capitulation de Metz, c'est à peine si toutes ces mesures de précautions se trouvèrent suffisantes.

Tandis que la IIe armée n'avait à s'occuper que du ravitaillement de la population de la ville, la Ire armée devait pourvoir à la subsistance d'environ 150,000 prisonniers de guerre pendant leur transport jusqu'à la frontière. Les approvisionnements en magasin furent ainsi absorbés, et il fallut en réunir de nouveaux avant que l'armée ne se mît en mouvement. Afin de dégager le chemin de fer, l'inspection générale des étapes fit transporter à Metz le magasin, qui depuis le milieu d'octobre avait été transféré de Courcelles à Herny. Les distributions des corps d'armée furent ainsi facilitées, et l'on put satisfaire en temps utile à toutes les demandes.

Il s'agissait ensuite de faire les préparatifs nécessaires pour la marche en avant. La Ire armée devant commencer par se porter sur l'Oise, l'intendant général lui avait assigné comme base d'approvisionnements la ligne Reims-Rethel. Dès le 2 novembre, des agents furent envoyés pour assurer les ravitaillements. dont l'armée aurait besoin, lorsqu'elle aurait consommé les vivres qu'elle emmenait avec elle; ils devaient dans l'espace de douze jours réunir à Laon et à Rethel pour le Ier corps, à Reims et à Soissons pour le VIIIe corps

et la 3ᵉ division de cavalerie, des vivres pour quatorze jours. On comptait, pour faciliter la création
de ces magasins, sur le concours du gouvernement
général de Reims, et l'intendant général avait de
son côté invité le commandant de l'armée de la
Meuse à y contribuer également en donnant l'excédant de ses propres ressources. Des mesures particulières furent prises pour la création d'un grand
magasin à Soissons.

Les approvisionnements d'avoine, qui se trouvaient à Clermont, furent ainsi mis à la disposition
de la Iʳᵉ armée et servirent à la division de cavalerie
lorsqu'elle se porta en avant; l'armée de la Meuse
ne put donner pour le moment d'autres ressources.

L'extrait suivant de l'ordre de l'armée, du 4 novembre, fait connaître les dispositions prises pour
assurer les subsistances pendant la marche :

« Dans les deux jours, qui précéderont le départ,
les corps d'armée recevront les vivres nécessaires ;
c'est-à-dire, ils compléteront trois jours de vivres
de réserve, les colonnes d'approvisionnement recevront au moins quatre jours de vivres et de pain
et l'on chargera sur les 400 voitures disponibles du
parc six jours d'avoine et une réserve de farine ou
de biscuit. L'inspection générale des étapes rassemblera toutes les voitures à sa disposition ; en
admettant que 1000 voitures puissent être réunies
les premiers jours, elles recevront trois jours
d'avoine et de vivres et seront réparties de telle
manière qu'il y ait sur la route d'étapes du nord un

approvisionnement pour un corps d'armée et sur
celle du sud un approvisionnement pour un corps
d'armée et une division de cavalerie. L'inspection
générale des étapes rendra compte du nombre, du
chargement et de la mise en route des voitures. On
exigera formellement que les habitants fournissent
les vivres, et c'est seulement en cas de nécessité
absolue que l'on aura recours aux provisions qui
suivent l'armée ; on commencera par entamer celles
des colonnes d'approvisionnements et du parc. Les
voitures vides seront réunies chaque jour et seront
jusqu'à nouvel ordre renvoyées à Metz à l'inspection générale des étapes ; elles y prendront de nouveaux chargements et rejoindront immédiatement
l'armée. Pendant la marche, on achètera les vivres
et l'on ne fera pas de réquisitions ; chaque corps
devra prendre les mesures convenables pour faire
ouvrir des marchés. Un magasin existe à Sedan,
le Ier corps pourrait peut-être y puiser après entente
préalable avec le commandant de la place et envoyer un agent sur ce point. On fera connaître
ultérieurement au VIIIe corps, s'il peut se servir
des approvisionnements de la ligne d'étapes de
l'armée de la Meuse. Le plus grand soin devra être
apporté à l'installation des magasins pendant la
marche en avant. »

Ces mesures, appropriées aux circonstances, se
trouvèrent, en général, répondre parfaitement au
but proposé. Après la capitulation de Verdun quelques approvisionnements d'avoine provenant de
cette place furent donnés au VIIIe corps ; il prit

également une partie des approvisionnements de même nature que la division de cavalerie reçut de l'armée de la Meuse à Clermont. L'armée put ainsi, sans difficultés pour la nourriture des hommes et des chevaux, traverser l'Argonne et arriver en Champagne, où elle trouva des magasins installés avec une grande prévoyance ; elle y prit tous les compléments dont elle avait besoin et fut à même de commencer ses opérations au nord-est de la France, pourvue d'approvisionnements en quantité suffisante.

A partir de ce moment, il s'agissait d'organiser un ravitaillement régulier à l'aide des magasins des derrières. Ceux de Reims et de Soissons situés sur des lignes de chemin de fer étaient le plus favorablement placés ; ils ne purent cependant s'approvisionner directement et durent faire venir leurs denrées d'Allemagne. Le magasin principal de la 1ʳᵉ armée fut alors transporté de Sarrelouis à Metz, où des livraisons pouvaient avoir lieu et d'où les vivres furent amenés dans les magasins de Reims et de Soissons. Ces derniers eurent par conséquent plutôt le caractère de magasins avancés, que celui de magasins principaux.

Lorsque l'armée continua ses opérations au delà de l'Oise, ses approvisionnements furent d'abord conduits de Soissons à Compiègne ;· les corps d'armée avaient ensuite à pourvoir eux-mêmes à leur ravitaillement particulier. Le 1ᵉʳ décembre, la ligne ferrée de Crépy à Creil étant devenue praticable, tous les approvisionnements de Reims et de

Soissons furent transportés à Compiègne ; des magasins furent ensuite établis à Beauvais et à Creil. A Beauvais, on put également se servir des approvisionnements de l'armée de la Meuse. Les ravitaillements étaient en général favorisés par la facilité des communications avec l'Allemagne ; il fallait pourtant rétablir les chemins de fer sur le territoire que nous occupions. Il fallait aussi se procurer ou réparer le matériel d'exploitation, dont on avait besoin, et particulièrement les locomotives. C'était au passage du pont provisoire de l'Oise que se trouvait la principale difficulté des communications entre Crépy et Creil d'un côté, Amiens et Rouen d'un autre côté. Il était impossible de l'utiliser pour les grands transports d'approvisionnements, et l'on ne pouvait s'en servir que pour les besoins journaliers urgents. La mise en exploitation de la ligne de Reims, Laon, la Fère, Ham, Amiens (un peu exposée, il est vrai, au point de vue militaire) ouvrait au contraire une communication directe avec l'Allemagne et permettait d'effectuer sans transbordement les gros transports depuis Metz jusqu'à Amiens et Rouen. Les trains partant de Metz arrivaient directement aux magasins des corps d'armée, sans qu'il fût nécessaire de déposer préalablement les vivres dans l'un des magasins de l'inspection générale des étapes.

2° Exposé sommaire du remplacement des munitions à la Ire armée.

Nous devons commencer par rappeler que, d'après les prescriptions alors en vigueur, les munitions des armées d'opérations pendant la campagne de 1870-71 étaient réparties de la manière suivante :

1° En première ligne, les munitions portées par les combattants et celles des caissons et des voitures de munitions ;

2° Les colonnes de munitions du corps d'armée;

3° Les colonnes de munitions de réserve de l'armée ;

4° Les dépôts des munitions de réserve de l'armée ;

Le remplacement des munitions consommées par les troupes se faisait au moyen des colonnes de munitions et autant que possible au moyen de celles du corps d'armée.

Le remplacement des munitions du corps d'armée était réglé par le commandant du corps et dirigé par le commandant de l'artillerie, qui disposait à cet effet des colonnes de munitions de réserve et des dépôts de munitions de réserve. Les premières consistaient en voitures chargées, mais non attelées, les autres en caisses pleines. En règle générale, les colonnes de munitions de corps d'armée devaient se pourvoir près des colonnes de munitions de réserve et celles-ci dans les dépôts. Ces dépôts étaient organisés dans des localités situées à une certaine distance en arrière et se rapprochaient à mesure que l'armée se portait en avant. Régulièrement, les colonnes de munitions devaient ou bien s'approvisionner elles-mêmes dans les dépôts, ou en recevoir les munitions par le chemin de fer ; ce dernier moyen était plus simple et plus rapide ; il pouvait être employé également pour envoyer directement des dépôts aux colonnes de munitions de corps d'armée, les compléments, dont elles avaient besoin ; on s'en servit toutes les fois que le transport par chemins de fer put se faire jusque dans le voisinage de l'armée (1).

C'est d'après ces bases que le remplacement des munitions de la Iʳᵉ armée était dirigé par le général Schwartz. Dans la première période de la guerre et pendant l'investissement de Metz, les colonnes de réserve de munitions affectées à l'armée se trouvaient à Sarrelouis, sous les ordres du major Rosenzweig ; le capitaine Bœttcher était à la tête du dépôt de munitions situé également à Sarrelouis.

Après la prise de Metz, on y transporta d'abord

(1) Lorsqu'on n'avait pas de voie ferrée à sa disposition pour les transports de munitions, il fallait d'abord mobiliser les voitures non attelees des colonnes de munitions de réserve, en requérant des attelages, et les conduire au-devant des voitures vides qui venaient à leur rencontre.

Mais l'expérience montra, pendant la campagne de France, que la réunion d'attelages, d'une certaine importance, était toujours entravée par des retards : les calculs de temps sur lesquels on se basait ne se vérifièrent que rarement.

une partie des colonnes de réserve. A la fin de novembre, lorsque commencèrent les opérations sur la Somme et sur la basse Seine, l'ensemble des colonnes fut amené à Laon. L'ordre de les transporter sur ce point fut donné le 20 novembre; elles y arrivèrent du 24 novembre au 2 décembre. Le dépôt de réserve fut également transporté de Sarrelouis à Soissons, où il arriva du 7 au 10 décembre. Plus tard, on amena aussi les colonnes de Laon à Soissons avec des attelages de réquisition; dépôt et colonnes y restèrent jusqu'à la fin de la campagne.

Les chemins de fer, qui de Soissons conduisaient vers l'ouest, permettaient d'opérer le remplacement des munitions dans le rayon même des colonnes de munitions des corps d'armée, c'est-à-dire à peu de distance des armées elles-mêmes.

On n'avait pas de matériel de chemin de fer pour le transport des voitures des colonnes de munitions; d'un autre côté, les difficultés d'exploitation, résultant du mauvais état de quelques parties des lignes, rendaient assez incertaine la circulation de trains considérables; dans le cas même où il eût été possible de se servir de la voie ferrée pour le transport des colonnes de munitions, elles eussent encombré les stations, gêné l'exploitation, et l'auraient, en outre, privée pour plusieurs jours d'un matériel considérable.

Il était avantageux, ainsi que nous l'avons dit, d'approvisionner les colonnes des corps d'armée

directement par les dépôts, et comme, pour transporter les caisses de munitions, il suffisait d'attacher quelques wagons aux trains de chemin de fer,
l'avantage fut encore plus grand. A de rares excep-
tions près, on employa ce moyen pendant les opérations sur la Somme et sur la Seine.

Le transport s'exécutait, en général, de la manière suivante : Aussitôt qu'une bataille était prévue, le télégraphe prévenait Soissons de préparer
les munitions à expédier. Grâce à cette précaution,
il fut toujours possible de remplacer, en temps
utile, les munitions dépensées, même au moment
des plus grandes consommations. Une deuxième
dépêche, expédiée aussitôt après la bataille, prescrivait l'envoi dont l'importance était indiquée
d'après un calcul approximatif fait sur le champ de
bataille, à l'aide de renseignements rapidement recueillis près des aides de camp (*Adjudanten*), et sans
attendre les rapports des troupes; si, plus tard, on
reconnaissait qu'il fallait des remplacements plus
considérables, on demandait le supplément nécessaire. Au contraire, les besoins avaient-ils été dé-
passés, l'excédant était réexpédié par le chemin
de fer.

Les wagons de munitions étaient amenés sur des
rails dans le voisinage des gares, et les voitures
pouvaient s'en approcher pour prendre leur chargement, sans que la circulation sur la voie en fût
gênée.

Outre le dépôt principal de Soissons, des dépôts
intermédiaires et des stations de remplacement

furent créés à mesure que les opérations s'éten-
daient, à Laon, Creil, Beauvais, Breteuil, Nesle et
Longueau près d'Amiens. Le remplacement des
munitions consommées le jour de la bataille
d'Amiens, 27 novembre, se fit à Laon du 2 au
4 décembre.

Les munitions expédiées de Soissons vers Amiens,
pour les troupes en opérations sur la Somme, et
celles dirigées par Beauvais, pour les troupes en
opérations sur la Seine, devaient toutes passer par
Creil. On établit donc sur ce point, pour alimenter
l'une et l'autre direction, un dépôt très-convena-
blement situé, à la fois à l'abri de l'ennemi, et à
proximité de l'armée. Il reçut provisoirement l'excédant des munitions, qui n'avaient pas été distribuées aux troupes. En cas de nouveaux besoins,
on pouvait les en faire venir promptement et tirer
rapidement de Soissons celles qui devaient les remplacer.

La veille de la bataille de l'Hallue, le 22 décembre au soir, le commandant en chef donna, par le
télégraphe, l'ordre à l'artillerie de préparer un envoi de munitions à Amiens. Le soir de la bataille,
après une estimation approximative des besoins, il
fit connaître la quantité de munitions à expédier,
et le lendemain, c'est-à-dire le 24 décembre, la
station de Breteuil fut désignée comme station de
remplacement, où devaient se rendre les voitures
vides partant du champ de bataille.

Le premier remplacement eut lieu les jours suivants; l'excédant fut provisoirement renvoyé à

Creil, puis, le 28 décembre, ramené à Longueau, près d'Amiens. L'armée y compléta toutes ses munitions; le supplément, nécessité par le bombardement de Péronne, y arriva en très-peu de temps; c'est à Longueau également, que furent immédiatement remplacées les munitions dépensées à Bapaume; malgré la grande consommation qui en fut faite pendant cette bataille et pendant le siége de Péronne, les remplacements ne manquèrent jamais. La colonne de munitions de réserve, qui avait été autrefois attachée à la 3ᵉ division de réserve, contribua également à pourvoir le corps de siége de Péronne; elle s'approvisionnait à la Fère. Les munitions, qui ne furent pas distribuées, restèrent à Longueau jusqu'au 14 janvier. Elles furent ensuite renvoyées au dépôt intermédiaire de Creil, qui était plus à l'abri.

A la suite de la bataille de Saint-Quentin, du 19 janvier, on eut besoin d'un nouveau remplacement; il se fit avec une remarquable célérité. La dépêche télégraphique, prescrivant d'expédier des munitions de Creil à Nesle, parvint seulement à Creil dans la nuit, qui suivit la bataille, et le lendemain soir, ces munitions arrivaient à Nesle, en même temps que les colonnes de voitures qui venaient s'y approvisionner. Sur le champ de bataille, le général Schwartz avait donné l'ordre que la moitié seulement des colonnes se rendrait à Nesle et que l'autre irait à Soissons, afin que, s'il survenait quelque irrégularité sur le chemin de fer, la moitié du remplacement nécessaire fût dans tous les cas, assurée par Soissons. Il suffirait de quelques jours à ces dernières pour rallier l'armée. Mais le transport sur Nesle n'ayant subi aucun retard, on eut, dès le 20 au soir, à proximité de l'armée la plus grande partie des munitions nécessaires et le remplacement put immédiatement commencer.

On n'eut à diriger de Soissons sur Beauvais, pour les troupes d'opérations de la Seine, que deux convois de munitions peu considérables. Les voitures vides envoyées de Rouen vinrent prendre leur chargement à Beauvais. Pendant l'armistice le remplacement se fit charge pour charge.

Le tableau suivant fait connaître, d'une manière sommaire, la quantité de munitions prises dans les réserves et distribuées dans chacune des localités de remplacement.

COLONNE ou dépôt de réserve distributeur.	LOCALITÉ où s'est fait le remplacement.	CHARGES pour pièces de 4	CHARGES pour pièces de 6	CARTOUCHES pour fusils à aiguilles.	CARTOUCHES pour carabines à aiguilles.	CARTOUCHES de cavalerie.	COLONNE ayant reçu le remplacement.
Colonne de munitions de reserve de la Ire armée.	Laon.	4,055	1,552	121,155	800	623	Colonne de munitions des Ier et VIIIe corps d'armée.
Idem.	Soissons.	»	1,457	»	»	»	Idem.
Dépôt de munitions de réserve de la Ire armée.	Soissons.	1,931	»	»	»	»	Idem.
Idem.	Breteuil.	2,949	1,131	227,500	21,290	12,000	Colonne de munitions du VIIIe corps.
Idem.	Amiens (Longueau).	2,490	3,323	10,460	»	»	Colonne de munitions des Ier et VIIIe corps.
Idem.	Nesle.	5,212	3,550	549,265	1,300	17,688	Idem.
Idem.	Beauvais et Creil.	1,105	486	256,984	50,622	19,281	Colonne de munitions du Ier corps.
Idem.	La Fère.	1,034	896	162,530	8,660	6,000	13e colonne du parc de munitions de réserve attachée à la division de réserve.
TOTAL des munitions de réserve distribuées pendant les operations de la Ire armée dans le nord de la France......		18,796	11,395	1,227,894	94,872	55,577	

Le dépôt de réserve de munitions donna, en outre, à la citadelle d'Amiens 450,000 cartouches pour fusil à aiguille, qui, d'ailleurs, ne furent pas dépensées.

Les munitions distribuées, conformément au tableau précédent, furent remplacées au moyen de réquisitions directes adressées par les dépôts de munitions de réserve aux dépôts d'artillerie de Coblentz, Cologne, Minden et Spandau. On satisfit toujours rapidement à ces réquisitions; mais le transport par chemin de fer jusqu'à Soissons prit souvent beaucoup de temps. Ainsi, un convoi venant de Minden ne mit pas moins de sept jours; un autre venant de Spandau en réclama quatorze.

APPENDICE

ORDRE DE BATAILLE DE LA Iʳᵉ ARMÉE

AU MOMENT DE SON DÉPART DE LA MOSELLE (7 NOVEMBRE).

Commandant en chef : général de cavalerie baron de MANTEUFFEL.

Chef d'état-major : général von SPERLING (détaché).

Chef d'état-major par intérim · commandant du quartier général (Oberquartiermeister) colonel comte von WARTENSLEBEN.

Commandant du quartier général par intérim . major von LEWINSKI I.

Commandant de l'artillerie ; général-lieutenant SCHWARTZ.

Commandant du génie et des pionniers : général-major BILHLER.

A. Iᵉʳ CORPS D'ARMÉE.

Général de cavalerie baron de MANTEUFFEL (puis général-lieutenant von BENTHEIM).

Chef d'état-major · lieutenant-colonel von der BURG.

Commandant de l'artillerie : général-major von BERGMANN.

1ʳᵉ DIVISION.		2ᵉ DIVISION.	
Général-lieutenant von BENTHEIM (puis général-major baron von FALCKENSTEIN).		Général-major von PRITTZELWITZ.	
1ʳᵉ Brigade.	**2ᵉ Brigade.**	**3ᵉ Brigade.**	**4ᵉ Brigade.**
Colonel von Boeckling, commandant le régiment nº 44. Régiment nº 4. *Idem*, nº 41.	Général-major von Falckenstein, puis colonel von Massow, commandant le régiment nº 4. Régiment nº 3. *Idem*, nº 43.	Général-major von Memerty (malade, il ne rejoignit l'armée que le 3 décembre, et fut provisoirement remplacé par le colonel von Busse, commandant le régiment nº 43). Régiment nº 4. *Idem*, nº 44.	Général-major von Zglinitzki. Régiment nº 5. *Idem*, nº 45.
Bataillon de chasseurs, nº 4. Régiment de dragons, nº 4. 1ʳᵉ brigade (1) d'artillerie montée (2).		Régiment de dragons, nº 10. 3ᵉ brigade d'artillerie montée.	

ARTILLERIE DU CORPS D'ARMÉE.

2ᵉ brigade montée ; brigade à cheval (2 batteries).

(1) On a traduit par *brigade* le mot allemand *Abtheilung*, qui n'a pas de correspondant exact dans l'organisation de l'artillerie française. Sous l'ancienne monarchie, on désignait sous le nom de *brigade* une réunion de batteries assez analogue à l'*Abtheilung* de l'armée prussienne. (Voir le Dictionnaire de Bardin.)

(2) L'artillerie, appelée dans l'armée prussienne *Fuss-Artillerie*, correspond à l'artillerie montée de l'armée française.

— 317 —

B. VIIᵉ CORPS D'ARMÉE.

Général d'infanterie von ZASTROW.
Chef d'état-major : colonel von UNGER.
Commandant de l'artillerie : général-lieutenant von ZIMMERMANN.

13ᵉ DIVISION.		**14ᵉ DIVISION.**	
Général-lieutenant von BOTHMER.		Général-lieutenant von KAMECKE.	
23ᵉ *Brigade*.	**26ᵉ *Brigade*.**	**27ᵉ *Brigade*.**	**28ᵉ *Brigade*.**
Général-major v. d. Osten-Sacken.	Général-major baron v. d. Goltz	Colonel von Pannewitz, par intérim	Général-major von Woyna.
Régiment nº 13.	détaché; par intérim colonel	colonel von Conady, comman-	Régiment nº 53.
Idem, nº 73.	v. Barby, commandant le régi-	dant le régiment nº 77.	*Idem*, nº 77.
	ment nº 55.	Régiment nº 39.	
	Régiment nº 15.	*Idem*, nº 74.	
	Idem nº 55.		

Bataillon de chasseurs nº 6.
Régiment de hussards nº 8.
3ᵉ brigade d'artillerie montée.

Régiment de hussards nº 15.
1ᵉ brigade d'artillerie montée.

ARTILLERIE DU CORPS D'ARMÉE.
2ᵉ brigade d'artillerie montée; brigade d'artillerie à cheval (2 batteries).

C. VIIIᵉ CORPS D'ARMÉE.

Général d'infanterie . von GOEBEN.
Chef d'état-major colonel von WITZENDORFF.
Commandant de l'artillerie : colonel von KAMECKE.

15ᵉ DIVISION.		**16ᵉ DIVISION.**	
Général-lieutenant von KUMMER.		Général-lieutenant von BARNEKOW.	
29ᵉ *Brigade*.	**30ᵉ *Brigade*.**	**31ᵉ *Brigade*.**	**32ᵉ *Brigade*.**
Général-major v. Sperling (ma-	Général-major von Strubberg.	Général-major comte Gneisenau.	Colonel von Rex (malade), par in-
lade), il fut remplacé par le co-	Régiment nº 28.	Régiment nº 29.	térim colonel Beyer von Karjer.
lonel Mettler, commandant le	*Idem*, nº 68 (1).	*Idem*, nº 69.	Régiment nº 40.
régiment nº 70, plus tard par			*Idem*, nº 70 (1).
le colonel von Bock.			
Régiment nº 33.			
Idem, nº 65 (1).			

Bataillon de chasseurs nº 8
Régiment de hussards nº 7.
1ᵉ brigade d'artillerie montée.

Régiment de hussards nº 9.
3ᵉ brigade d'artillerie montée.

(1) Les régiments nºˢ 65, 68, 70 rem- encore au détachement Gayl devant Ver-
plaçant les régiments nºˢ 60, 67, 72, dun, il ne fut échangé contre le régiment
qui appartenaient primitivement au VIIᵉ nº 60, que lorsque l'armée arriva dans
corps, toutefois le régiment nº 65 était les environs de Verdun, le 9 novembre.

ARTILLERIE DU CORPS D'ARMÉE.
2ᵉ brigade d'artillerie montée; brigade à cheval.

D. 3ᵉ DIVISION DE RÉSERVE.

(Jusqu'à cette époque, général-lieutenant von Kummer.)

A. *Brigade combinée d'infanterie.*

Général-major von Blankensée

Régiment n° 49.

Idem, n° 81.

B. *Division de landwehr.*

Général-major Schuler von Senden.

Les douze bataillons de landwehr furent dissous pour escorter les prisonniers de Metz ; de l'ancienne formation il resta :

La 3ᵉ brigade de cavalerie de réserve, général-major von Stranz ;

5ᵉ régiment de réserve de uhlans ,

3ᵉ régiment de réserve de hussards ,

2ᵉ régiment de réserve de cavalerie ;

1ᵉʳ régiment de réserve de dragons ;

3ᵉ compagnie de pionniers de forteresse du IXᵉ corps d'armée ;

1ʳᵉ batterie légère de réserve du régiment d'artillerie n° 41 ,

Trois batteries de réserve.

———

E. 3ᵉ DIVISION DE CAVALERIE.

Général-lieutenant comte von der Groeben.

6ᵉ *Brigade de cavalerie.*

Général-major von Mirus.

Régiment de cuirassiers n° 8 (colonel comte Rœdern),

Régiment de uhlans n° 7 (lieutenant-colonel von Pestel).

Batterie à cheval du régiment d'artillerie de campagne n° 7.

7ᵉ *Brigade de cavalerie.*

Général-major comte zu Dohna.

Régiment de uhlans n° 5 (colonel von Reitzenstein).

Régiment de uhlans n° 44 (colonel von Luderitz).

ORDRE DE BATAILLE DU Iᵉʳ CORPS D'ARMÉE
(9 DÉCEMBRE).

Général commandant en chef : général-lieutenant et commandant de division von BENTHEIM.
Chef d'état-major : lieutenant-colonel von der BURG.
Commandant de l'artillerie : général-major von BERGMANN.
Commandant du génie et des pionniers : major FAHLAND.

2ᵉ DIVISION D'INFANTERIE.		1ʳᵉ DIVISION D'INFANTERIE.	
Général-major von PRITZELWITZ.		Général-major von FALCKENSTEIN.	
4ᵉ Brigade d'infanterie.	*3ᵉ Brigade d'infanterie.*	*2ᵉ Brigade d'infanterie.*	*1ʳᵉ Brigade d'infanterie.*
Général-major von Zglinitzki.	Général-major von Nemerty.	Colonel von Busse, commandant le	Colonel von Böcking, commandant
Régiment d'infanterie n° 5 :	Régiment d'infanterie n° 4 :	régiment d'infanterie n° 43.	le régiment d'infanterie n° 44.
Major von der Dollen.	Colonel von Tietzen und Hen-	Régiment d'infanterie n° 3 :	Régiment d'infanterie Prince héri-
Régiment d'infanterie n° 45 :	nig.	Colonel von Legat.	tier n° 4 :
Colonel von Mutzschefal.	Régiment d'infanterie n° 44 :	Régiment d'infanterie n° 43 :	Colonel von Massow.
	Major Bock.	Lieutenant-colonel von Rosen-	Régiment d'infanterie n° 44 :
4ᵉ compagnie du bataillon de pionniers n° 4 : capitaine Ritter.		berg.	Lieutenant-colonel von Meer-
Régiment de dragons n° 40 : colonel von der Goltz.		Bataillon de chasseurs n° 4 : Lieutenant-colonel von Plotz.	scheidt-Hullessem.
3ᵉ brigade montée du régiment d'artillerie de campagne n° 2 :		Régiment de dragons n° 4 : major Oetinger.	
major Müller.		4ʳᵉ brigade montée du régiment d'artillerie de campagne n° 4 :	
		major Preminer.	
		2ᵉ et 3ᵉ compagnies de pionniers avec une colonne de parc du génie.	
		2ᵉ compagnie, capitaine Neumann.	
		3ᵉ compagnie, capitaine Niemann.	

ARTILLERIE DU CORPS D'ARMÉE : colonel JUNGÉ.

Section de colonne du régiment d'artillerie de	2ᵉ brigade du régiment d'artillerie de cam-	Brigade à cheval du régiment d'artillerie de
campagne n° 4 : major von Kaunhoven.	pagne n° 4 : lieutenant-colonel von Grego-	campagne n° 4 : major Gerhardts.
Colonne de munitions d'infanterie.	rovius.	
Colonne de munitions d'artillerie.		
Colonne de pontons du XIIᵉ corps.		

TRAINS : major von HOSE.

ORDRE DE BATAILLE DU VIIIᵉ CORPS D'ARMÉE
(9 DÉCEMBRE).

Général commandant en chef : général d'infanterie von GOEBEN.
Chef d'état-major : colonel von WITZENDORFF.
Commandant de l'artillerie : colonel KAMECKE.
Commandant du génie et des pionniers : lieutenant-colonel SCHULZE.

16ᵉ DIVISION D'INFANTERIE.		15ᵉ DIVISION D'INFANTERIE.	
Général-lieutenant baron von BARNEKOW.		Général-lieutenant von KUMMEER.	
32ᵉ *Brigade d'infanterie.*	31ᵉ *Brigade d'infanterie.*	30ᵉ *Brigade d'infanterie.*	29ᵉ *Brigade d'infanterie.*
Colonel von Rex	Général-major comte Berthardt von	Général-major von Strubberg.	Colonel von Bock.
(par intérim, colonel Beyer von	Gneisenau	Régiment d'infanterie n° 68 : colo-	Régiment d'infanterie n° 65 : lieu-
Karger du régiment n° 69).	(par intérim, colonel Meiller du	nel von Sommerfeld.	tenant-colonel baron von Dœrn-
Régiment d'infanterie n° 70 : colo-	régiment d'infanterie n° 70).	Régiment d'infanterie n° 28 : colo-	berg.
nel Meiller (par intérim, ma-	Régiment d'infanterie n° 69 : colo-	nel von Rosenzweig.	Régiment de fusiliers n° 33 : lieu-
jor Brix).	nel Beyer von Karger (par inté-		tenant-colonel von Henning.
Régiment de fusiliers n° 40 : lieu-	rim, lieutenant-colonel Mar-	Bataillon de chasseurs n° 8.	
tenant-colonel Reinicke.	schall von Sulicki).	Régiment de hussards du Roi n° 7 : colonel baron von Loe.	
	Régiment d'infanterie n° 29 : lieu-	1ᵉ brigade montée du régiment d'artillerie de campagne n° 8 :	
	tenant-colonel von Blumreuder	major Mertens.	
	(par intérim, major von Llern).		
Régiment de hussards n° 9 : colonel von Wittich (par intérim,			
Hartmann-Hallmann).			
3ᵉ brigade montée du régiment d'artillerie de campagne n° 8 :			
lieutenant-colonel Hildebrand.			

ARTILLERIE DU CORPS D'ARMÉE : Colonel von BROECKER.

Brigade à cheval du régiment d'artillerie de campagne n° 8 : lieute- 2ᵉ brigade montée du régiment d'artillerie de campagne n° 8 :
nant-colonel Borkenhagen.   major Zwiruemann.

SECTION DE COLONNES :
Capitaine EGGERS (par intérim, capitaine von TEICHMANN-LOGISCHEN).

BATAILLON DU TRAIN N° 8 :
Colonel von der MARWITZ (par intérim, capitaine FISCHER).

COMPOSITION DE L'ARMÉE FRANÇAISE DU NORD
AU 15 JANVIER 1871.

Nota. Le colonel Wartensleben avait donné la composition de l'armée française du Nord d'après un journal de l'ambroi du 30 décembre. Nous avons cru devoir supprimer ce tableau, qui contenait d'assez notables erreurs, nous l'avons remplacé par le tableau suivant, d'après des documents exacts. (Note du traducteur.)

Commandant en chef · général de division FAIDHERBE.
Chef d'état-major général : général de division FARRE.

22ᵉ CORPS D'ARMÉE.

Commandant le corps : général de division LECOINTE.
Chef d'état-major : colonel AYNÈS.

1ʳᵉ DIVISION.		2ᵉ DIVISION.	
Général de brigade DERROJA.		Général de brigade : DU BESSOL.	
1ʳᵉ Brigade.	**2ᵉ Brigade.**	**1ʳᵉ Brigade.**	**2ᵉ Brigade.**
X.	Colonel Pitié.	Colonel Fœrster.	Colonel de Gislain.
2ᵉ bataillon de marche de chasseurs à pied.	17ᵉ bataillon de marche de chasseurs à pied.	20ᵉ bataillon de chasseurs à pied.	48ᵉ bataillon de marche de chasseurs à pied.
67ᵉ régiment de marche { 2 bataillons de marche du 75ᵉ. 1 bataill. de marche du 65ᵉ.	68ᵉ régiment de marche { 2 bataillons de marche du 21ᵉ. 1 bataill. de marche du 64ᵉ.	69ᵉ régiment de marche { 2 bataillons de marche du 43ᵉ. 8ᵉ bataill. d'infanterie de marine.	72ᵉ régiment de marche { 2 bataillons de marche du 91ᵉ. 1 bataill. de marche du 33ᵉ.
91ᵉ régiment de mobiles { 5ᵉ, 6ᵉ, 7ᵉ bataillons de mobiles du Pas-de-Calais.	46ᵉ régiment de mobiles { 1ᵉʳ, 2ᵉ, 3ᵉ bataillons de mobiles du Nord.	44ᵉ régiment de mobiles { 2ᵉ, 3ᵉ, 3ᵉ bis bataillons de mobiles du Gard.	104ᵉ régiment de mobiles { 1ᵉʳ, 4ᵉ bis bataillons de mobiles de Somme et Marne.
Trois batteries.		Trois batteries	

23e CORPS D'ARMÉE.

Commandant le corps : général de division PAULZE D'IVOY.

Chef d'état-major : lieutenant-colonel MARCHAND.

1re DIVISION.		2e DIVISION (gardes nationales mobilisées).	
Capitaine de vaisseau PAYEN (antérieurement amiral MOULAC).		Général de brigade : ROBIN.	
1re *Brigade.*	2e *Brigade.*	1re *Brigade.*	2e *Brigade.*
Lieutenant-colonel Michelet (antérieurement capitaine de vaisseau Payen).	Colonel Delagrange.	Colonel à titre auxiliaire Brusley.	Colonel à titre auxiliaire Amos.
19e bataillon de marche de chasseurs à pied.	24e bataillon de marche de chasseurs à pied.	1er régiment de mobilisés.	2e régiment de mobilisés.
Régiment de fusiliers marins.	5e bataillon de mobilisés du Pas-de-Calais.	6e idem.	4e idem.
48e régiment { 7e, 8e, 9e bataillons de mobiles du Nord.	47e régiment de mobiles. { 4e, 5e, 6e bataillons de mobiles du Nord.		
de mobiles.	48e régiment de mobiles { 10e, 11e, 12e bataillons de mobiles du Nord.		
	2e bataillon de marche du 55e.		
Trois batteries (dont deux de garde mobile).		Deux batteries (mobilisées).	

CAVALERIE.

Deux escadrons de gendarmes mobilisés.

Trois escadrons du 7e dragons.

Un peloton du 8e dragons.

En outre, une colonne volante avait été formée :

Avec { le 3e de ligne, le 40e de ligne, les mobiles des Ardennes, } pour harceler l'ennemi du côté de Saint-Quentin.

L'armée du Nord, qui n'était d'abord composée que du 22e corps, fut organisée en deux corps d'armée quelques jours avant la bataille de l'Hallue, le 20 décembre. A la date du 15 janvier, l'effectif de l'armée du Nord était de 38,800 hommes, dont 10 000 hommes de gardes nationales mobilisées, et seulement 535 cavaliers. — La colonne volante était forte de 4,000 hommes.

TABLE DES MATIÈRES

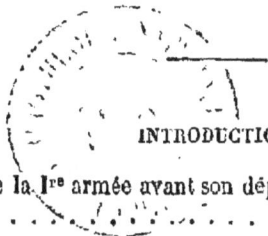

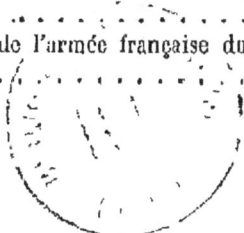

Imprimerie de J. Demanet, rue Christine, 2

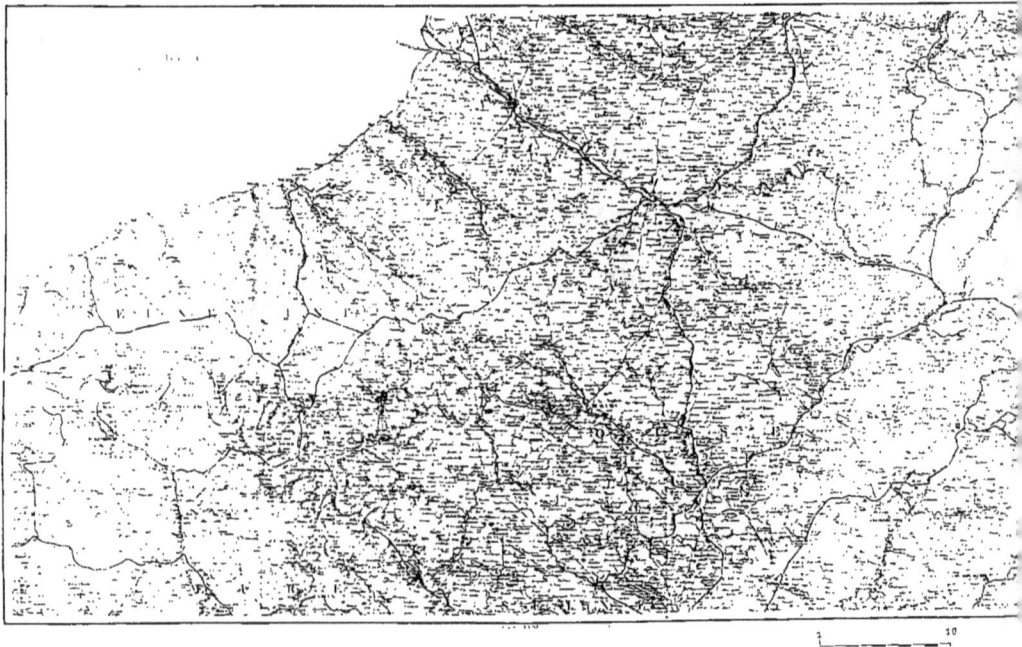

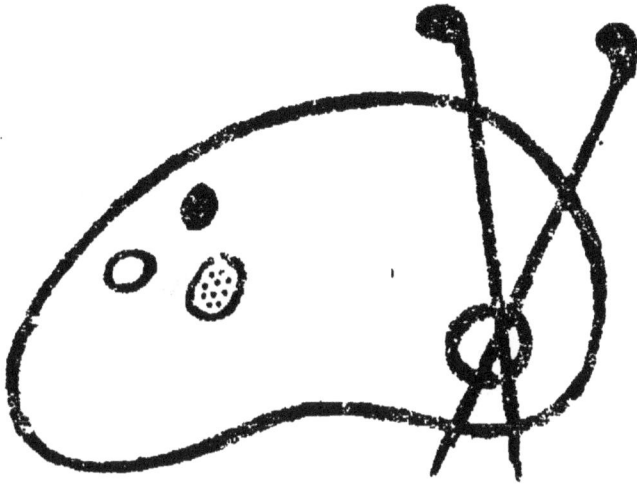

www.ingramcontent.com/pod-product-compliance
Lightning Source LLC
Chambersburg PA
CBHW050459270326
41927CB00009B/1817